Beck'sche Schwarze Reihe
Band 198

W0067146

HELMUT ERLINGHAGEN

Japan

Eine Landeskunde

VERLAG C. H. BECK MÜNCHEN

Mit 8 Abbildungen im Text

Umschlagbild: Das Torii von Miyajima, der Schreininsel inmitten der
Inlandsee in der Nähe von Hiroshima (Südd. Verlag).
   Wie die Wurzeln eines uralten Zahnes liegen die Fundamente des
Torii zur Ebbezeit frei. Am nahen Horizont die steil aufragenden
Berge der Hauptinsel Honshû, so wie sie den weitaus größten Teil des
Landes bedecken, zahl- und namenlos. In dem schmalen Industrie- und
Wohngebiet davor drängt sich der Verkehr auf der einzigen Verbin-
dungsstraße zwischen Honshû und Kyûshû. Auch der Superexpreß
mußte noch Platz finden. – Im Schintô verehrt Japan sich selbst, seine
Natur, seine Geschichte und seine moderne Leistung.

CIP-Kurztitelaufnahme der Deutschen Bibliothek

Erlinghagen, Helmut:
Japan: e. Landeskunde/Helmut Erlinghagen. –
München: Beck, 1979.
   (Beck'sche Schwarze Reihe; Bd. 198)
   ISBN 3 406 06798 0

ISBN 3 406 06798 0

Einbandentwurf von Rudolf Huber-Wilkoff, München
© C. H. Beck'sche Verlagsbuchhandlung (Oscar Beck), München 1979
Satz: Georg Appl, Wemding – Druck: aprinta, Wemding
Printed in Germany

Inhalt

Vorwort

Nachdem ich vor einigen Jahren bei der Deutschen Verlags-
Anstalt in Stuttgart das Buch „Japan, ein deutscher Japaner
über die Japaner" herausgebracht hatte und auch eine Taschen-
buchausgabe im Deutschen Taschenbuchverlag folgte, ließ
mich der Gedanke nicht los, die dort niedergelegten grundsätzlichen Erwägungen über die japanische Wirtschaft und seine
Kultur bei Gelegenheit in Form einer kleinen Landeskunde
zu erweitern, zu vertiefen und in gewissem Sinne zu verändern.

Denn die Erfolge Japans auf wirtschaftlichem Gebiet wurden
in den letzten Jahren so offenbar, daß wir Deutsche, die wir uns
lange als Senior-Partner im Verhältnis zu Japan fühlten, nunmehr beginnen sollten, unsere neue Lage als Junior-Partner zu
begreifen. Ebenso wichtig ist eine tiefere Kenntnis über Psychologie, Geschichte und heutiges relevantes Brauchtum Japans, um Fehler im Dialog zu vermeiden.

Dies Buch will daher Japan verstehen helfen und deswegen
japanische Tatsachen keineswegs mystifizieren oder dem Leser
durch Zusammentragen unverständlicher Fakten den Weg zu
Japan versperren. Die Fakten sind interessant genug, eine Auf-
bereitung nicht mehr nötig. Es gilt Gründe zu erklären, warum
sie so sind, und dadurch Möglichkeiten zu eröffnen, mit Japanern zusammenzuarbeiten.

Die Grenzen dessen, was wir Ethik nennen, sollen historisch,
aber auch in ihren heutigen Zusammenhängen aufgewiesen
werden; wo Brauch und Mißbrauch aneinander grenzen, gilt es
trotz prinzipieller Klarheit Vorurteile abzubauen. Daher die
kurzen Rückgriffe auf die Geschichte, sie sollen helfen, das heutige Japan von innen her zu begreifen. Über die Zukunft kann
wenig Sicheres ausgesagt werden, denn es zeichnet sich eine so

völlig neue Situation ab, daß man mit Prognosen besonders vorsichtig sein sollte.

Sicher zählt Japan zu den westlich-demokratischen Mächten und spielt dort, ähnlich wie die Bundesrepublik Deutschland, eine immer größere Rolle. Zusammen mit den Vereinigten Staaten gehört es wirtschaftlich zu den führenden Ländern des Westens. Alles spricht dafür, daß sich diese Führungsstellung noch verstärken wird und vom Wirtschaftlichen immer mehr ins Politische und Militärische wächst. Die Verlierer des Zweiten Weltkriegs sehen sich paradoxerweise vor die Notwendigkeit gestellt, die Verantwortung für die zukünftige Friedenssicherung übernehmen zu müssen. Die Bundesrepublik unterzieht sich dieser Aufgabe in engster Tuchfühlung mit den Ländern des Westens, Japan, seiner geographischen Entfernung entsprechend, mit innerer Distanz.

Nach mehreren fehlgeschlagenen Versuchen, sich ihrer Leistung gemäß in der Familie der Völker den ihnen zustehenden Platz zu suchen, kann man nur wünschen, daß es diesmal den Deutschen wie auch den Japanern gelingt.

Dies Buch möchte zum Verständnis beitragen und darum zum Frieden.

Geographie, Klima und Reiseziele

Verglichen mit der Bundesrepublik Deutschland erstreckt sich Japan mit seinen vier Hauptinseln und Tausenden von kleineren Inseln über ein Gebiet, das viel schmaler ist und bedeutend weiter südlich liegt. Nach der Rückgliederung der Ryûkyû-Gruppe mit Okinawa dehnt sich das Land wieder, wenn es mit uns bekannten Regionen verglichen wird, von der Breite Venedigs im Norden zunächst südlich bis Tunis und dann südwestlich bis mitten in die Sahara aus, während die inzwischen ebenfalls zurückgegebenen Bonin-Inseln zum Teil in die Nähe der Südgrenze Libyens zu liegen kommen würden.

Die Gesamtfläche Japans läßt sich mit der der Bundesrepublik plus der DDR vergleichen, die Hauptinsel Honshû allein mit der Bundesrepublik, die Nordinsel Hokkaidô mit Bayern, Kyûshû mit der Schweiz und Shikoku mit Hessen.

Vulkane und Taifune

Japan ist ein sehr gebirgiges Land, es gibt daher viele Worte für Berg, unter denen „Yama" am bekanntesten ist. Das Zeichen für Yama kann auch „San" oder „Zan" gelesen werden,[1] so daß der höchste Berg Japans, der von uns Fujiyama genannte Berg von 3776 Meter Höhe, unter den Japanern nur Fujisan heißt. Dieses Wahrzeichen Japans stellt das markanteste Glied einer vulkanischen Berg- und Inselkette dar, die den Yakeyama in der Provinz Niigata und die Yatsgatake-Kette im Norden, die bekannten Hakone-Berge und die Berge der Halbinsel Izu, die sieben Inseln südlich von Tokio einschließlich des Vulkans Mihara auf der Insel Ôshima und endlich die Marianen-Inseln viel weiter südlich umfaßt. Sechs weitere Vulkanketten lassen sich auf dem japanischen Archipel ausmachen, die meistens in der Hauptrichtung der Inseln selbst verlaufen, nur die Fujikette steht quer und bildet den Grund für häufige seismische Beunruhigung.

Bekannte Ausflugsziele sind neben den bereits erwähnten Fuji- und Mihara-San von Südwesten her der Riesenvulkan Aso auf Kyûshû, der Asama-San in der Nähe des Sommerressorts Karuizawa nördlich von Tokio, aber auch die Vulkane des nördlichen Teils der Hauptinsel, wie der Bandai-San und die Vulkane Hokkaidôs. Nicht alle Berge vulkanischen Ursprungs zeichnen sich durch die typischen Vulkankegelformen aus, man findet bizarr gezackte Grate und Gipfel, die zu waghalsigen Kletterpartien einladen, wie die Myôgi-Berge nordwestlich von Tokio.

Die eigenartige Schönheit der japanischen Landschaft mit ihren steil aufsteigenden, dicht hintereinander geschichteten Bergketten und den sehr zahlreichen, ebenfalls unvermittelt aus dem Wasser emporragenden Inseln erklärt sich aus eben dem vulkanischen Grundcharakter des Landes, das als Ganzes dem asiatischen Kontinent in ähnlicher Weise vorgelagert ist wie die Philippinen weiter im Süden. Im Norden setzt sich die Landschaft von Gebirgen und steilen Inseln über die Aleuten fort bis Alaska und erreicht dort die amerikanischen Felsengebirge, die mit den Kordillieren oder Anden den großen Ozean auf der östlichen Seite umschließen. In der Folge der vulkanischen Natur des Landes geht man wohl nicht fehl zu behaupten, daß kein Land auf der Welt so zahlreiche heiße Quellen aufzuweisen hat wie Japan: 13000. Über tausend wurden gründlichen Untersuchungen auf die medizinische Wirkkraft unterzogen; viele strömen so heiß, daß sie erst abgekühlt genossen werden können; relativ wenige müssen, weil sie zu kühl aus dem Boden hervortreten, auf die fast 45 Grad erhitzt werden, die im japanischen Bad gebräuchlich sind.

Nur etwa ein Fünftel des Gebietes Japans besteht aus Ebenen, die sich am Unterlauf der, wegen des starken Gefälles, kaum schiffbaren Flüsse (kawa) ausdehnen. Die Kantô-Ebene um Tokio ist die größte, außerdem wären die Ebenen um Niigata, Nagoya und Sendai zu nennen. Drei Becken, die im Inland liegen, verdienen Erwähnung: das von Yamagata im nördlichen Teil von Honshû, das Kôfu-Becken in Zentralhonshû, wegen seines Weinbaus bekannt, und das kleine Kioto-Becken. Die Japaner rechnen etwas euphemistisch die weiten und sanft abfallenden Hänge der Vulkane oder anderer Berge zu den Hochebenen; sie werden, wenn überhaupt, vornehmlich als Weideland benutzt.

Daß der längste Fluß Japans, der Shinano-gawa in Zentral-Honshû, nicht länger ist als die Ems und weit weniger für die Schiffahrt genutzt werden kann, läßt auf die übrigen Flüsse schließen. Wegen der Enge der Täler lassen sie sich verhältnismäßig leicht durch Dämme stauen. Große Elektrizitätswerke versorgen die Industrie und den privaten Bedarf. Hier und dort werden die schäumenden Flußläufe als ungewöhnliche touristische Attraktion zu packenden Talfahrten genutzt. Auch sind die vielen Wasserfälle beliebte Ausflugsziele.

Wegen der dichten Bewaldung und der starken Regenmenge besitzt Japan stets einen Reichtum an gutem Trinkwasser. Als Symbol der Reinheit spielte das Wasser von jeher eine wichtige Rolle bei den schintoistischen Reinigungszeremonien, wird aber auch am Eingang zu buddhistischen Tempeln zu rituellen Mundspülungen angeboten. In naturreiner Form gekühlt serviert man es heute überall gratis vor und während der Mahlzeiten, ja sogar vor einer Tasse Kaffee; es hat weitgehend die frühere Funktion des Tees übernommen.

Japans Seen entstanden vielfach durch vulkanische Eruptionen, in deren Folge Flußtäler blockiert wurden; sie sind tief und von steilen Ufern umrahmt. Neben dem Hakone-See, der einen besonders schönen Blick auf den Fujisan gewähren kann, und dem von Sagen über den mittelalterlichen Helden Yoshitsune umwobenen Biwako (ko heißt See) bei Kioto schätzen die Japaner besonders den Mashûko in Hokkaidô, der wegen der unübertrefflichen Klarheit seines Wassers einen Blick in mehr als 40 Meter Tiefe erlaubt. Der Chûzenji-ko oberhalb von

Nikkô bietet das einzigartige Schauspiel eines großen Bergsees, dessen Wasser offensichtlich durch eine vulkanische Granitbarriere aufgestaut, diese überfließt und fast unmittelbar danach in einem 96 Meter tiefen Wasserfall hinabstürzt, das erste und wohl einzige Staubecken mit so dramatischem Wassersturz, das die Natur selbst geschaffen hat.

Japans Küsten erstrecken sich über 26000 km; sandige Strände wechseln oft mit Steilklippen ab. Zwischen den drei westlichen Hauptinseln und durch gefahrvolle Meerengen mit den Ozeanen verbunden liegt die ausnehmend schöne Insel- und Meereslandschaft der Inlandsee, von alters her zur Schifffahrt einladend, seit der Überquerung durch den Yamato-Stamm in prähistorischer Zeit über den Tod des Kaiserkindes Antoku in den Wellen während der letzten Heike-Schlacht des Mittelalters bis zur Atombombe auf Hiroshima ein von der Geschichte mitgestaltetes Gestade. Das Torii im Meer vor dem Schrein von Miyajima (s. Umschlagbild), dem vormaligen Seeräuberunterschlupf, symbolisiert die Größe der Natur, menschliche Tätigkeit an ihr und die Dynamik historischen Geschehens, die hoffen läßt, daß die jetzige Verschmutzung des Wassers zu gegebener Zeit überwunden wird.

An bestimmten, aber zahlreichen Stellen Japans treten Erdbeben (jishin) recht häufig auf; der dicht bewohnte Küstenstrich von Tokio bis Nagoya ist besonders anfällig, aber auch die Berggegend bis Niigata, denn hier kreuzen sich, wie gesagt, die Vulkanketten. Kleine, aber doch erfahrbare Beben geschehen im Tokio-Gebiet im Schnitt etwa alle drei Wochen. Läßt man Gegenstände wie aufgerichtete Bücher oder eine Statue während der Zeit einer längeren Abwesenheit auf Tisch oder Regal stehen, entdeckt man bei der Rückkehr oft, daß sie durch Beben heruntergerüttelt oder doch in eine unordentliche Lage verschoben wurden. Stärkere Beben bauen sich durch anwachsende Schwankungen oder Stöße vielfach langsam zu einem Klimax auf, sie lassen daher genügend Zeit, sich so zu verhalten wie die Japaner der Umgebung, d. h. ins Freie zu eilen oder etwa vom Schutz gewährenden Türrahmen aus den Weg nach draußen ins Auge zu fassen. Vorhersagen von großen Erdbebenkatastrophen durch die Massenmedien verdienen wenig Glauben, denn sie entspringen selten soliden wissenschaftlichen Untersuchungen, sondern haben ihre Basis in dem extremen Konkurrenzdenken der Medien selbst, die durch sensationelle Nachrichten die Aufmerksamkeit auf sich ziehen wollen.

Zu den Naturereignissen von viel dramatischerem Verlauf als die Beben gehören die Taifune (taifû), die zwar bereits im Sommer auftreten können, aber meist im Frühherbst ihren Höhepunkt erreichen. Je nach dem Ausmaß und der Windstärke dieses Riesenwirbelsturms werden Schulen und Büros früh geschlossen, damit die Verantwortung eventuellen Unglücks nicht auf Arbeitgeber oder Schulbehörden fällt; man kehrt rechtzeitig nach Hause zurück, um nach dem Rechten zu sehen. Früher pflegte man die Schiebebretter vor Fenstern und Veranden mit Nägeln weiter zu verstärken, heute ist dies wegen der besseren Bauweise nicht mehr nötig. Die Nation verfolgt am Fernsehen jede Phase des Taifuns, der so groß sein kann, daß er den überwältigenden Teil des gesamten Wohngebietes, das zwischen Tokio und Nordkyûshû liegt, gleichzeitig in Mitleidenschaft zieht. Wegen der besseren Vorkehrungen zählen die Toten nicht mehr nach Tausenden, sondern „nur" noch nach Hunderten, wobei besonders der Süden der Inseln Kyûshû und Shikoku betroffen sind. Unmittelbar nach einem Taifun, der enorme Barometerschwankungen mit entsprechenden Auswirkungen auf das menschliche Wohlbefinden auslöst, kann die sehr klare Luft ungewöhnlich bezaubernde Sichten erlauben.

Weit weniger bekannt als die Taifune, aber unvergleichlich tückischer sind die Wolkenbrüche (gô-u), die ohne eine rechte Möglichkeit der Vorhersage vorwiegend im Frühjahr auftreten. Bahnen und Autostraßen werden immer wieder von den Fluten demoliert, Häuser weggeschwemmt. Die Regenmenge wächst auf einem relativ kleinen Gebiet derartig an, daß sich der gesamte Humus und die Erdschicht über dem Fels mit Wasser vollsaugt und schließlich ins Rutschen gerät, was bei dem neuvulkanischen Gestein und den steilen Hängen leicht möglich ist. Trotz aller Vorkehrungen bleibt Japan für klimatisch bedingte Verkehrsunterbrechungen anfällig, Wolkenbrüche, Taifune, Erdbeben und, in bestimmten Gegenden, enorme Schneefälle sind der Grund dafür.

Klare Zäsur der Jahreszeiten

Dennoch kann man behaupten, daß die vier Jahreszeiten sich klarer als solche profilieren, daß das Wetter weit weniger wetterwendig ist als in Nordeuropa. Wenn man Tokio einmal als Bezugspunkt wählt, läßt sich der Sommer als der eindeutigste Einschnitt bezeichnen. Etwa von Anfang, spätestens von Mitte Juli an wird das Wetter sehr heiß und schwül. Der Monat August war lange eine Zeit, in der man sich mit der größten Nachsicht begegnete, weil die ständig hohen Temperaturen – sie liegen mehrere Grad höher als im Juli – und die sehr hohen Feuchtigkeitsgrade sowohl matt als auch reizbar machen. Wegen der zahlreichen Gebäude und Privatwohnungen, die neuerdings mit Klimaanlagen ausgestattet wurden, verliert diese starke Zäsur, die sich auf Kleidung und Etikette vielfach auswirkte, weitgehend an Schärfe, obwohl auch heute noch der Sommer als die Frist stillen Durchhaltens und der Geduld gilt. Oft löst sich der Druck des Sommerwetters erst um den 10. September, jetzt von den starken Schwankungen, die die Taifune mitbringen, belebt.

Mitte Oktober setzt der eigentliche Herbst ein, ohne Zweifel die angenehmste Jahreszeit in den meistbewohnten Teilen Japans, also auf der Südseite der Bergketten von West- und Zentral-Honshû und in Nordkyûshû. Die Luftfeuchtigkeit ist im Gegensatz zum Sommer gering, die Temperaturen sinken mit jedem Tag ein wenig, bis sie Ende Januar nachts beim Nullpunkt und darunter angelangt sind. Am Tage scheint fast immer die Sonne, so daß man versteht, daß jede Familie eine Wohnung beansprucht, in der wenigstens einige Zimmer nach

Süden zu liegen. Um das Recht auf Sonnenschein entsteht oft Streit: es werden Prozesse darum geführt, denn frische Luft und Sonnenschein, das Sitzen im Freien auf der häuslichen Veranda gehören zum Leben. Abends wärmt man sich meist nur über einem elektrischen Ofen oder dem traditionellen Hibachi, einem Becken, das mit Asche gefüllt ist, in dem einige Holzkohlen glühen. Die Zimmer nach Süden bewahren in der Tat die Wärme der Sonneneinstrahlung. Außerdem wirkt das obligate heiße Bad (ofuro) noch geraume Zeit über die 30 bis 40 Minuten hinaus, die es dauert. Das ständige Kaschieren der Winterkälte durch die Begrüßung: „Samui desu ne!" (Kalt, nicht wahr!) ist heute weniger notwendig, wie auch das sommerliche „Atsui desu ne!" (Heiß, nicht wahr!), denn Heizung und Klimaanlagen werden in jedem Jahr zweckentsprechender. Dennoch behält diese psychotherapeutische Begrüßung noch weitgehend ihre Bedeutung. Das betonte Beipflichten leitet die nun folgende Unterhaltung spielend ein, ein anderer Gruß ist nicht mehr nötig.

Das Ausziehen des Mantels vor dem Eintritt in ein Privathaus, vor der Besprechung mit einem Beamten, ja in Kirchen und sonstigen Versammlungsräumen, auch bei mangelnder Heizung, mag ein Relikt der Samurai-Ethik, des Bushidô, sein, der Weichlichkeit verachtete. Bis zum Ende des Krieges hielten die Ober- und Mittelschulen die Kendôübungen bewußt in der kältesten Zeit des Jahres ab, also Ende Januar und Anfang Februar und zwar um 6 Uhr morgens. Trotz strenger Kleiderkontrollen herrschte ein männlich-fröhlicher Geist.

Mitte oder Ende Februar beginnt das Wetter wechselhaft zu werden, die Temperaturen steigen zwar allmählich an, aber es kommt vielfach zu plötzlichen Schneefällen bis in den März, die natürlich eine Sensation, vielleicht sogar eine Gaudi bedeuten und den Verkehr für Stunden oder gar Tage „ernstlich behindern". Ähnlich wie der eigentliche Herbst durch das sehr geschätzte Naturschauspiel der Verfärbung der Ahornblätter (momiji) eingeleitet wird, so der Frühling durch die weithin berühmte Kirschblüte (sakura), die sich nur selten und wenig verfrüht oder verspätet. Vom Südwesten her zieht diese Schönheitswoge über das ganze Land und erreicht Tokio etwa am 1. April. Die Medien kündigen genau an, wo jetzt die Vollblüte zu erwarten ist, die sich von Tokio nach Nordosten fortbewegt und in die Berge. Die Kürze der Verwandlung, der plötzlich einsetzende Regen und der stürmische Frühlingswind, der die Blüten jäh zum Abfallen bringen kann, gibt der Kirschblüte den Charakter eines dramatischen Geschehens. In einem Land, dessen Natur und dessen Parks und Gärten eigentlich als Farbe in Übereinstimmung mit der Tradition der Monochromie des Zen nur Varianten von Grün kennen, wirkt das zarte Weiß und Rosa der Kirschblüten unwahrscheinlich, gespenstig. Die Kürze, die Zwecklosigkeit der Blüte, die ja keine Frucht hervorbringt, ihr spielerisches Zerflattern im Wind und Verwehen im Regen inspirierte zu Recht Literatur und Malerei, es wurde zum klassischen Ausdruck der buddhistischen Lehre von der Vergänglichkeit alles Irdischen.

Der wechselvolle japanische Frühling ist kaum wärmer als in unseren Breiten. Schulen und Universitäten treten mit dem 1. April in ein neues Jahr ein, Absolventen erfahren den ersten Drill der Unternehmen, Senioren legen ein Jahr an Erfahrung hinzu und treten in eine höhere Gehaltsstufe ein. Der März, in dem dies alles bereits bestimmt wurde, wird der Monat der größten Unsicherheit und der Enttäuschung für viele, die tragische Zeit der höchsten Selbstmordquote. Die Feiertage um den Beginn des Mai liegen wie die Steine im Garten zwar auf Abstand, aber, wo nun alles entschieden ist, feiert man durch. Der Monat hat eine fröhliche Note, nach den „Hüpffeiertagen" erreichen Aktivitäten kultureller Art einen Höhepunkt, wie er nur wieder im Oktober und November erlebt wird.

Mitte Juni tritt die Regenzeit (tsuyu) ein, die japanische Version des Monsuns. Die Sonne brennt zwar schon steil auf die Wolkendecke, die aber wochenlang ihre Strahlen abhält. Der Uncomfortable Index, die Kombination aus Hitze und Feuchtigkeit steigert sich bis zu einem Grad, der es jedem mit Menschenführung Betrauten klug erscheinen läßt, vorsichtig zu tak-

Abb. 1: Der Gipfel des Fujisan noch tief verschneit zwischen blühenden Kirschzweigen und über einem der fünf Fujiseen, ein Bild, das in seiner Gegensätzlichkeit, aber mehr noch wegen seiner extremen Pracht bis zur äußersten Grenze dessen geht, was Japaner noch erträglich finden. (Japanische Botschaft, Bonn)

tieren. Daß Premierminister Kishi vor Jahren den damaligen U.S. Präsidenten zu dieser Jahreszeit zu einem Japanbesuch einlud, geschah, so glauben manche, nicht ohne Hintergedanken. Die Reaktion war so heftig, daß der Besuch nicht nur abgesagt werden mußte, auch Kishi trat in der Folge zurück. Die Zeit der Sommerferien ist der Monat August; so läuft in der Regenzeit der Betrieb noch überall wie normal, nur ein allmähliches Lockern der Kleidungsvorschriften läßt sich feststellen. Der Beginn der eigentlichen Sommerzeit, in der die Sonne eindeutig herrscht, wird wie eine Art Erlösung nach der drückenden Schwüle der letzten Phase der Regenzeit empfunden. Oft kennzeichnet ein einziges Gewitter Mitte Juli in der Kantô-Ebene, also der Tokio-Region, den Wechsel von Regenzeit zu Sommer, es folgen noch einige Nachzügler-Regentage, aber dann ist der Sommer da.

Ein Sommer, der keiner war, dieses tragisch-unsichere Phänomen der nordeuropäischen Länder läßt sich in Japan nicht vorstellen. Er kann sich, wie 1977, etwas verspäten oder einige Tage kürzer ausfallen und auch weniger drückend sein, aber mit wenigstens einem Monat ununterbrochener Hitze und Schwüle, die meist auch nachts nicht nachlassen, muß man rechnen. Es passiert, daß fast drei Monate andauernden Schwitzens den Menschen zermürben. Flecken auf alten Kleidern, die man längst gelöscht glaubte, schimmeln erneut, gründliches Reinigen zu Beginn des Herbstes ist nötig. Hokkaidô und Orte wie Karuizawa in über 1000 Meter Höhe, aber auch Berghütten und Spas im Gebirge empfehlen sich für längere Aufenthalte, das Meer zieht Hunderttausende an. Klimaanlagen sind in Büros und Gemeinschaftsräumen, aber auch mehr und mehr in den Wohnungen, echte Erleichterungen, die man sich vor Jahrzehnten nicht hätte träumen lassen.

Der vergleichsweise klar ausgeprägte Rhythmus der Jahreszeiten, der sich dem Menschen gegenüber als Wetter äußert, hat wohl den größten Einfluß auf den Charakter der Japaner ausgeübt. Dazu kommt, daß die Inseln und Berge des Landes sich wie gesagt wegen der geologisch relativ jungen Formation

18

steil und in dichter Folge hintereinander aufschichten. Bei dem sehr oft guten Wetter sind die Silhouetten der Kämme klar erkennbar. Die südliche Lage – Tokio käme auf unseren Landkarten noch südlich von Tunis zu liegen – bewirkt eine kraftvolle Sonneneinstrahlung, die oft grell ist. Das Grün der Natur, der Gärten tut wohl. Wolken werden, mit Ausnahme der Regenzeit, schnell als Niederschlag „demaskiert"; man kennt nicht jene Wochen mit trübem, nachdenklich stimmendem, verhangenem Himmel wie in Nord-Europa, ja es gibt keine Abend- und Morgendämmerung, die man als echte Tagesabschnitte bezeichnen könnte. Ist es verwunderlich, daß die Urreligion Japans, der Schintô, eine Religion ohne Grübelei ist?

Wenn auch die Winter mit Durchschnittstemperaturen von etwa 4 Grad auf der Linie Tokio-Fukuoka als milde bezeichnet werden müssen, erlebten die Japaner früher und weitgehend noch heute die Kälte wörtlich am eigenen Leibe. Denn der Körper hat sich ganz auf die lange Hitze des Sommers eingestellt; er friert leichter. Wichtiger ist, daß die Bauweise der Häuser in der Vergangenheit in erster Linie für die in der Tat schwer zu ertragenden Regen- und Sommerzeiten sowie für Herbst und Frühling konzipiert war, aber keineswegs für den Winter. Die Häuser wurden leicht und elastisch gebaut, Raumheizung war unbekannt, das früher beschriebene Hibachi, aber auch der elektrische Ofen besaßen oft nur symbolische Bedeutung. Häufige und gründliche Lüftung der Räume, die im Sommer unumgänglich ist, wird aus Gewohnheit auch in der kalten Jahreszeit durchgeführt. Erst in neuester Zeit setzt sich eine solidere Bauweise durch, die Heizung hat sich ebenfalls so weit verbessert, daß das Leben mit einer japanischen Familie nun auch im Winter möglich scheint.

National- und Regionalparks

Weil die japanische Natur auffallend schön ist, machen sich Ausländer – ähnlich wie im Falle der Schweiz – Gedanken darüber, ob die Bewohner des Landes sich dieser Tatsache zur Genüge bewußt sind und die Entwicklung entsprechend steuern. Es hat in Japan eklatante Verschmutzungen von See- und Flußwasser gegeben, die zu schweren Krankheiten führten. Selbst wo solche Schäden nicht auftraten, weiß man heute, daß das Wasser oft sehr von der Industrie verunreinigt ist. Von japanischer Seite wird andererseits darauf hingewiesen, daß der Fujisan von Tokio aus wieder weit öfter zu sehen ist als früher. Obwohl die Riesenstädte Japans nur über eine ungleich geringere Grünfläche verfügen als etwa Berlin oder London, schützt das Kaiserreich seine Natur durch 23 Nationalparks, die fast 20000 Quadratkilometer umfassen, über ein Fünftel des Territoriums. Dazu treten noch 27 Quasi-Nationalparks, durch die weitere 6500 Quadratkilometer ausgezeichnet sind. Angefangen im hohen Norden sind am bekanntesten: der Akan-Nationalpark auf Hokkaidô, der Nationalpark von Nikkô, der um den Fuji, Hakone und die Halbinsel Izu. Im Westen das Naturschutzgebiet der Inlandsee und schließlich auf der Insel Kyûshû die unvergeßliche Region um den Vulkan Aso und die „Hölle" der heißen Quellen von Unzen. Man trifft wohl kaum einen Japaner, der nicht mehrere dieser berühmten Orte (meisho) besucht hat und ihre Schönheit schätzt. Abgesehen von der touristischen Attraktivität reist man zu ihnen wegen der zahlreichen und bei vielen Gebrechen Heilung verheißenden, immer aber Erholung und Entspannung bietenden heißen Quellen (onsen).

Skifahren und Bergsteigen

Wenn auch das Klima Japans in erster Linie von der Nähe des Großen Ozeans bestimmt ist und daher extreme Feuchtigkeit im Sommer und Trockenheit im Winter kennt, so gibt es doch einige Regionen, die anderen Gesetzen unterliegen. Man wundert sich über die Regelmäßigkeit und die Menge von Schneefall in den Provinzen von Zentral- und Nordhonshû, die zur Japan-See gelegen sind, also in Richtung auf die Mandschurei und Sibirien. Die sehr kalten Winde, die im Winter von diesem als extrem kalt bekannten Festland wehen, nehmen über der Japan-See Feuchtigkeit auf und schlagen sie an den steilen Gebirgen Honshûs nieder. Zwei bis drei Meter Schnee fallen mit Regelmäßigkeit in einigen Gebieten, so daß Skilaufen für die meisten Japaner leichter möglich ist als für viele Deutsche. Wo auch die Randgebiete für den Skisport erschlossen sind, kommt es jedoch zu Enttäuschungen wegen Schneemangel. Anfahrzeiten zu den Regionen hohen Schnees sind nicht sehr lang, und die Nachrichten über Skimöglichkeiten sind ähnlich präzise wie jene über die heranrückende Kirschblüte im Frühjahr. Daß in dieser geographischen Breite so sichere und ausgiebige Skimöglichkeiten bestehen, gilt als ungewöhnliches Phänomen.

Japan bietet fast keine ergiebigen Jagdreviere; selbst wer Jahrzehnte dort lebte und zahlreiche Berge bestieg und Nationalparks durchwanderte, kann sich kaum daran erinnern, Wild beobachtet zu haben. Weil die Bevölkerung zu über 50% in der Megapolis zwischen Tokio und Fukuoka wohnt und sonst nur in den wenigen Ebenen oder in den Flußtälern siedelt, sind weite Gebiete des Landes fast unberührt. Wegen der Sommerhitze und großen Feuchtigkeit bildet sich Unterholz von einer Dichte, die wir nicht gewohnt sind. Man kann, außer in wenigen hohen Lagen, nicht querfeldein wandern, sondern muß sich an Wege und Pfade halten.

Im Sommer ziehen Scharen von meist jugendlichen „Haikern", wie sie sich in Anlehnung an das englische Wort „to hike" nennen, die steilen Berge hinauf und halten sich auf deren Rücken an die schmalen Gratpfade. Wegen des starken Temperaturunterschiedes zwischen den heißen und schwülen Tälern und Flußebenen und den rapide auf ein- oder zweitausend Meter ansteigenden Bergen kann es leicht zu einer Magenverkühlung kommen, die sich schnell auf das Gesamtbefinden auswirkt. Dies gilt besonders für die Fuji-Besteiger – drei Millionen im Sommer 1978 –, die einen Höhenunterschied von 3776 Metern vom nahen Meer überwinden müssen. Waghalsige KletteREIen in den Nord-, Zentral- und Südalpen, wie die drei

Teile des Zentralmassivs auf Honshû seit langem heißen, fordern immer wieder Todesopfer, stellen aber auch den Mut japanischer Bergsteiger unter Beweis. Bergwandern scheint heute populärer als Schwimmen zu sein, denn die bekannten Strände in der Nähe der großen Ballungsgebiete sind oft überfüllt, und vor der Errichtung von Schwimmbädern in ausreichender Zahl haben die Behörden offenbar resigniert. Natürlich findet man in einem Land mit einer solchen Küstenlänge wie Japan immer wieder reizvolle Strände, die aber oft entlegen sind. Die klassischen Gestade, wie das bei Miho in der Nähe von Shizuoka, wo das Nô-Drama Hagoromo spielt, werden mitsamt den Kiefernwäldern seit einigen Jahren wieder in Ordnung gehalten. Sie sind von seltener landschaftlicher Schönheit.

Inseln

Die dreitausend oder mehr Inseln Japans erwecken beim Durchschnittsjapaner keineswegs die romantischen Gefühle, die sie vielleicht bei einem Bewohner der mitteleuropäischen Landmasse hervorrufen. Die Geschichte Japans ist voll von Verbannungen auf entlegene Eilande, wozu sich offenbar besonders die weit von Honshû entfernt liegenden einsamen Inseln und Inselgruppen in der Japansee eigneten. Der Grund, daß man das Leben auf einer Insel nicht schätzt oder die Herkunft von dort verschweigt, liegt darin, daß eine Insel, je nach ihrer Größe, niemals die erzieherischen und kulturellen, aber auch die wirtschaftlichen Möglichkeiten bieten kann, die in den seit Jahrhunderten bestehenden Ballungsgebieten Japans stets vorhanden waren. Der ausgesprochen kommunikationsfreudige Charakter der Japaner, der keinen persönlichen Halt an einer echten religiösen Überzeugung kennt, erklärt die Freude am Gewimmel, am Gruppengelage auf engem Raum, an Telefonaten und Gerüchten, an Fernsehen und Geschehnissen. Kommunikation auf nationaler, aber auch auf internationaler Ebene entspricht der Volksnatur. Die Insel (shima) bedeutet, vor allem, wenn sie klein ist, in der Tat den Ort der Verbannung, vielleicht sogar der Verdummung, der Inzucht. Ausnahmen sind Miyajima, eigentlich Itsukushima genannt, die große Insel Awajishima und Shôdoshima, die alle entweder in „Festland-nähe" sind oder groß genug, daß sich japanisches Leben auf ihnen entfalten kann. Wer Unberührtheit, Schlichtheit und ein mehr traditionelles Japan sucht, kann es allerdings auf den Inseln finden. Die 525 Inseln der Inlandsee werden immer stärker in den Verkehr einbezogen und verlieren damit ihren Charakter, aber die 99 Inseln des Saikai-Nationalparks nordwestlich von Kyûshû entsprechen wohl auch heute noch dem Image, das man von alters her mit den Inseln und dem Leben dort verbindet.

Verkehrsmittel für Millionen

Gebildete Japaner hören nicht gern den Ausländer die Verkehrsprobleme seines Landes kritisieren. Sie wissen aus ihrer Geschichtskenntnis, daß der Bau der großen Straßen Japans eine genuine Leistung bedeutete, sowohl wegen der schwierigen geologischen als auch klimatischen Verhältnisse. Auch Napoleon hätte nicht so schnurgerade Straßen hinterlassen können, wie er dies in vielen Teilen Deutschlands tat; Japan ist zu gebirgig, das Erdreich zu widerstrebend. Im Mittelalter erschloß man das Land systematisch durch sieben Straßen, die von dem hauptstädtischen Sonderbezirk Kioto aus in die wichtigsten Richtungen verliefen. Die sieben Regionen wurden einfach nach den großen Straßen benannt. Bereits im 16. Jahrhundert, also vergleichsweise sehr früh, wird die Breite der Straßen genormt und Entfernungskennzeichen angebracht. Mit der Verlegung des Regierungsmittelpunktes nach Tokio durch die Tokugawa-Herrscher entwickelte sich ein zweiter Verkehrsmittelpunkt mit dem neuen hauptstädtischen Sonderbezirk Tokio als Zentrum. Nunmehr wurden über 10 Meter als Regelbreite der Straßen festgelegt, in der Tat ein epochemachender

Fortschritt, wenigstens in der Theorie. Die Straßen mußten in sehr schwierigem Gelände entweder in engen Flußtälern oder entlang einer meist steil abfallenden Küste angelegt werden, da ebenes Gelände kaum zur Verfügung stand. Daß die heutigen Eisenbahnlinien und modernen Schnellstraßen fast die gleichen Routen einhalten, beweist mehr als alles andere, wie begrenzt die Möglichkeiten für den Überlandstraßenbau waren und sind.

Bis heute ist durch den Superexpreß der Tôkaidô bekannt, wörtlich, der „östliche Meeresweg", besser die Straße nach Osten (von Kioto aus) an der Küste entlang. Als Gebietsname blieb Hokkaidô bestehen, wörtlich der „nördliche Meeresweg". Daß der Name einer Straße zugleich auch der Name eines Gebietes ist, trifft heute noch in den Städten zu und verwirrt den Fremden, der entdeckt, daß das Wort für Straße, „chô" oder „machi", zugleich auch einen Bezirk bedeutet. Oft können die Häuser des Kleinbezirks keineswegs durch eine bestimmte Straße erreicht werden, sondern nach Rücksprache mit Briefträger oder Polizei nur auf dem Umweg durch einen anderen Stadtteil. Privatwohnungen sind also recht unzugänglich, die Privacy wird gewahrt, was noch erhöht wird durch die Tatsache, daß die Schriftzeichen, mit denen die Familien- und Vornamen geschrieben werden, vielfach bereits außer Gebrauch, also nur dem Gebildeten oder Eingeweihten bekannt sind.

Die Radialform des traditionellen Straßensystems mit zwei Strahlenmittelpunkten war ganz auf den Verkehr mit der Hauptstadt angelegt, nicht auf die Kommunikation der Regionen untereinander. Etwas ähnliche Verhältnisse bestehen heute in Bezug auf die Fluglinien. Es läßt sich leicht nach Tokio oder Osaka fliegen, aber die Querverbindungen sind wenig entwickelt. Die Superexpreßzüge, die heute schon Tokio mit Fukuoka verbinden, erreichen Geschwindigkeiten um 200 km, haben sich aber wegen der häufigen Erdbeben, der winterlichen Schneefälle, der Wolkenbrüche und auf Grund des starken Verschleißes der Bahnanlagen und des rollenden Materials als ziemlich störanfällig erwiesen. Auch Streiks tragen dazu bei, daß dieser Expreß nicht mehr ein Muster der Pünktlichkeit darstellt wie kurz nach der Inbetriebnahme. Wegen der dichten Zugfolge von etwa 15 Minuten kommt es leicht zu Stauungen der beiden Zugarten Hikari (Licht) und Kodama (Echo). Im Ganzen kann die Pünktlichkeit japanischer Züge dennoch als vorbildlich gelten, wegen der Insellage ist die Bahn nicht von der Zeitgerechtigkeit ausländischer Verkehrssysteme abhängig. Die Abteile auf den zahlreichen Lokalstrecken können allerdings unangenehm eng sein; auch der Service erreicht dort nicht die Perfektion der repräsentativen Linien der nationalen oder privaten Eisenbahn.

Ausländer fürchten vielfach, daß sie sich wegen Unkenntnis der Schrift auf der Bahn in keiner Weise zurechtfinden könnten, was aber nicht für die Hauptstrecken gilt, weil überall neben der traditionellen auch die westliche Schrift (rômaji) benutzt wird und dies sogar – mit Abstrichen – für die Stationen der entlegensten Lokalbahnen zutrifft. Da das Land weit mehr von der Beförderung durch die Eisenbahn abhängig ist als die europäischen Staaten, äußert sich die Perfektion des Systems nicht nur in der Pünktlichkeit der Züge, sondern auch in der großen Zahl, aus der man wählen kann. Während der morgendlichen und abendlichen Stoßzeiten in der Region Tokio und, in vermindertem Maße, auch in den übrigen Ballungszentren kann dieses „normale Verkehrsmittel" Japans in unvorstellbarer Weise überfüllt sein. Wohl für das ganze Land trifft dies für mehrere Tage des Jahresschlusses und sehr bald nach den ersten Neujahrstagen zu, ebenso für die Zeit vor und nach dem 15. August, dem Totenfest Obon. Zahlreiche Sonderzüge entlasten dann ebensowenig ausreichend wie zu den „Hüpffeiertagen" zu Beginn des Mai oder auf bestimmten Skistrekken an winterlichen Wochenenden. Sich fröhlich in das Unvermeidliche des Verkehrsstreß zu fügen, faßt man als zeitgemäße, japanische Tugend auf; sauer oder ärgerlich zu werden, gilt mit Ausnahmen als lächerlich. Selbst die Reservierungen, die in jedem Falle wegen ihrer Billigkeit und Exaktheit – sie sind computergesteuert – zu empfehlen sind, stehen dann nicht zur Verfügung, man ergattert sie ähnlich mühsam wie die Eintrittskarten zu einem berühmten Konzert.

Es gibt genügend Gelegenheit, entweder im Speisewagen zu essen oder sich mit den anderen Fahrgästen um Bentôs (Lunchpakete) zu bemühen, die an den verschiedensten Bahnhöfen als Lokalspezialität angepriesen werden und als Reisegeschenk und -unterpfand beliebt sind. Japaner essen viel auf Reisen und werfen in den Zügen Schalen und leere Bentôkästen bedenkenlos unter die Sitze, die allerdings regelmäßig von einer Person auf der untersten Stufe der Eisenbahnbeamtenhierarchie zusammengefegt werden. Reisen sind, so glaubt man vielfach, eine Gelegenheit, mit der Gruppe unter Einbeziehung zufällig Mitreisender fröhlich zu sein; oft geht es ausgesprochen laut zu, immer ist man gesellig.

Autofahren in den Ballungsgebieten scheint in den letzten Jahren angenehmer geworden zu sein, weil streng darauf geachtet wird, daß geparkte Wagen den Verkehr nicht behindern; private Garagen oder der Nachweis für einen Platz auf einem als Parkgelände vermieteten Grundstück wurden zur Bedingung der Zulassung erhoben. Auch machte die Asphaltierung der oft recht engen Straßen sehr guten Fortschritt. In Städten wie Kioto läuft der Verkehr durchaus fließend, Straßenbahnen sind fast ganz abgeschafft, preiswerte Taxis ersetzen sie, Fußgänger, die auf den traditionellen Wegen von Tempel zu Tempel wandern, erregen bereits Aufsehen. Die Städte sind in Japan nicht mehr für ältere Menschen da; die Kinder flitzen zwar auf Fahrrädern über die Gehsteige, soweit sie vorhanden sind, aber spielen können sie auf den Straßen nicht mehr, das Auto herrscht.

Leider sind die Linienbusse nur in japanischen Zeichen beschriftet, Touristenbusse hingegen auch in Rômaji-Umschrift. Nicht endenwollende Erklärungen sollen den Fahrgästen Einzelheiten der Natur und Geschichte nahebringen, eine Fortsetzung jener Dauerberieselung, der Japaner sich durch das Fernsehen ständig aussetzen. Über den touristisch attraktiven Seen hört man die Erklärungen besonders weit, weil das Wasser sie gleichsam trägt. Auch die Entstellung der Landschaft durch Reklame stört sehr, stille, abgelegene Häuser und Ryokan (japanische Gasthäuser) gefallen daher auch wegen ihres Gegensatzes zur übrigen kommerzialisierten Szenerie.

Schiffsverbindungen, etwa über die Inlandsee (setonaikai, wörtlich: das Meer zwischen den Meerengen), können vor allem deshalb empfohlen werden, weil sie direkten Einblick in das Leben einer Nation gewähren, die von jeher an Schiffe gewohnt war. Viele Kabinen und Aufenthaltsräume sind mit Tatami ausgelegt, die Fahrgäste fühlen sich für einige Stunden wie zu Hause und machen es sich bequem. Übernachtfahrten sparen Zeit und ermöglichen den Anblick der morgendlichen Landschaft von der See her. Die Morgenstille über dem Wasser macht es verständlich, daß die Insulaner sich vom Meer kaum bedroht fühlten, ja, in der historischen Kernlandschaft der Inlandsee ein freundlicheres Verhältnis zu diesem zum Überqueren einladenden Element besaßen als zu den steilen Berghängen mit ihrer undurchdringlichen Vegetation.

Als letztes Verkehrsmittel könnte das Fahrrad erwähnt werden, das wegen des gebirgigen Charakters des Landes für den Fernverkehr allerdings kaum empfohlen werden kann. Es existieren fast keine Radfahrwege, aber Räder können in Ausflugs- und Villenzentren wie Karuizawa und den bekannteren „Spas" ausgeliehen werden, wenn auch einschlägige Geschäfte nicht so bekannt sind wie die der Autoverleiher.

Es gibt nur wenige Spazierwege, weil man den Spaziergang nicht so pflegt wie in Mitteleuropa. Der Grund mag das Klima sein, das in der Regenzeit und während des Hochsommers längeres Gehen draußen verbietet. Außerhalb der Siedlungen verengen sich vielfach die Wege zu schmalen Pfaden, die bald den Rücken einer Bergrippe erklettern und trotz allem Auf und Ab vom Grat nicht mehr ablassen. In Richtung auf eine bekannte Spitze wird der Pfad oft besser, Markierungen sind meist nur unvollständig, Ketten- und Drahtseilschutz im Hochgebirge manchmal nur von symbolischer Natur. Zu Bergwanderungen

gehören nebst guten Karten vor allem ein durchdachter Zeit-
plan, sinnvoller Proviant und eine Ausrüstung, die den an
große Hitze gewöhnten Körper bei der plötzlichen Umstellung
auf Kälte, Wind und Regen leistungsfähig hält. Einordnung in
eine homogene Gruppe garantiert die geistige Spannkraft und
den Frohsinn, die die gruppenorientierten Japaner stets als den
eigentlichen Grund des Gelingens ansehen.

Privatwohnungen, Ryokans und Hotels

Ähnlich wie es leicht einseitig wird, die Probleme des Verkehrs
in Japan ohne gründliche Einbeziehung der geologischen und
klimatischen Verhältnisse zu betrachten, so läßt sich auch der
Hausbau nur schwer mit dem nordeuropäischen vergleichen.
Auffällig ist die Winddurchlässigkeit der Häuser, die im traditionellen japanischen Stil erbaut wurden. Daraus resultiert das
Positivum, daß die Luft nie ganz schal wird, was bei dem oft
sehr starken Feuchtigkeitsgrad und der gleichzeitig hohen
Temperatur andernfalls unvermeidlich wäre. Furcht vor Stik-
kigkeit und Schimmel ist auch die Erklärung, warum es in fast
allen Wohnhäusern keine Keller gibt, die Tragbalken lasten auf
einer Anzahl solider Steine, die so viel Zwischenraum aufweisen, daß die Luft unter ihnen hindurchziehen kann. Aber auch
die Zimmer bedürfen ständiger Lüftung, damit sich kein
Schimmelbelag auf den Tatami bildet, den dichten Geflechts-
rechtecken, mit denen die Zimmer vollständig ausgelegt sind.
Der harzige Geruch von Holz und Tatami bestimmt die Wohn-
lichkeit eines Hauses mehr als die Solidität seiner Wände. Die
Gewohnheit, in allen Räumen sofort die Fenster zu öffnen und
womöglich den Sonnenstrahlen Zugang zur Veranda zu ver-
schaffen, erklärt sich aus der Wichtigkeit des Geruches für die
Güte eines Raumes. Hotelzimmer entsprechen den Bedingungen oft nicht, werden aber durch ihre Klimaanlagen akzeptabel.
Die häufige Verwendung von Holzfarben und echten Mase-
rungen in der Innenausstattung läßt erkennen, wie ernstlich

man sich bemüht, die westliche, moderne Architektur mit der von jeher bevorzugten herb-strengen Bautradition Japans zu vereinen.

Neue Formen der Harmonisierung von Modernem und Traditionellem machen sich zunehmend in der Bauweise der Privathäuser geltend; man darf vielleicht behaupten, daß die Hotels den Durchbruch für sie schufen. So hat sich die Benutzung von Aluminiumfensterrahmen in einer Weise durchgesetzt, daß man von einer zunehmenden Verdrängung der überlieferten Holzbauweise sprechen kann. Dabei achtet man darauf, daß Durchlüftungsfenster angebracht sind; die herkömmlichen Schiebewände am äußeren Rand der Veranden befinden sich an der gleichen Stelle wie stets, nur als Material dient nicht mehr Holz, sondern Metall. Die natürliche Winddurchlässigkeit verringerte sich zwar, aber dafür wurde die Heizbarkeit umso größer.

An den Eingängen, die in Japan wegen der Begrüßungen und des Ausziehens und Stapelns der Schuhe relativ groß ausfallen, findet man neuerdings den in Japan sonst ganz ungebräuchlichen Rundbogen, hellere, freundlichere Farben werden verwendet, die bisherige künstlerische Strenge tritt zurück. Mediterran anmutende Formen und Tönungen, die ja der geographischen Breite Japans entsprechen, treten häufiger auf. Man fürchtet, daß der neue Wohnhausstil sich bei Erdbeben nicht so gut bewähre wie der traditionelle, weil er weniger elastisch sei. Andererseits bedeutet die Heizbarkeit des Raumes, die bisher fast unbekannt war, einen bedeutenden Fortschritt, den der Ausländer besonders begrüßt. Daß die Tendenz zur Benutzung moderner Baumaterialien die Angleichung an die Baustile anderer Länder nach sich zieht, die ähnliches Material verwenden, scheint der natürliche Gang einer Entwicklung zu sein, die sich kaum aufhalten läßt.

Während die Deutschen privat meist recht komfortabel wohnen und für den Ferienaufenthalt vielfach einfache Gasthäuser oder Pensionen benutzen, ziehen die Japaner luxuriöse Hotels (hoteru) vor. Man schränkt sich zu Hause ein und bleibt nur wenige Nächte im Hotel, will aber dann vorzugsweise mit allen Annehmlichkeiten ausgestattet sein, die die internationale Branche bieten kann. Hotelpreise sind entsprechend teuer, 15% Steuern und 10% Bedienung müssen zu den angegebenen Chargen addiert werden und Mahlzeiten sind extra zu berechnen. Zentralheizung, Klimaanlage und Fernsehen auf den Zimmern gehören ebenso zur Ausstattung wie eine schöne Lage und eine wahrhaft großartige Eingangshalle.

Man trifft sich in der Lobby zu wichtigen Besprechungen, erwartet Business-Partner zur Einladung zum Essen und hält hier ebenfalls traditionell das erste Treffen zwischen einem jungen heiratswilligen Mann und seiner von Bekannten und Verwandten ausgesuchten prospektiven Braut. Großartige Beleuchtung, der Blick auf eine ungewöhnlich anziehende Gartenlandschaft und geschmackvolle Ausstattung tragen dazu bei, daß eine Euphorie aufkommt, die Entscheidungen erleichtert.

Die Geschichte japanischer Hotels ist so alt wie die des modernen Japan. Seit der Öffnung des Landes wurden westliche Übernachtungsstätten nötig, unter denen das Imperial Hotel in Tokio als Prototyp alles Soliden und Komfortablen weite Anerkennung fand. Seine Standfestigkeit während des Kantô-Erdbebens machte es geradezu berühmt. Inzwischen hat sich die Zahl der Hotels sehr stark vermehrt. Sie sind in allen größeren Städten Japans zu finden, aber auch in der Nähe der beliebten Touristenattraktionen. Der Service gilt als gut, die Organisation ist meist perfekt, denn das internationale Flair läßt es nötig erscheinen, in jeder Hinsicht das Gesicht zu wahren.

Im Gegensatz zu den Hotels wollen die Ryokans bewußt traditionelle Übernachtungsstätten sein. Abendessen und Frühstück – durchweg japanische Speisen (washoku) – sind normalerweise im Preis einbegriffen. Der Stil dieser Gasthäuser ist so ausgeprägt herkömmlich, daß die Manager zögern, Ausländer aufzunehmen, die den Eindruck erwecken, daß sie sich dem ungewohnten Ambiente nicht anpassen werden. Nachdem der vielfach außerordentlich geschmackvoll gestaltete Eingang durchschritten ist, erwarten die Angestellten und gelegentlich auch der Besitzer den Gast hockend und mit Verbeugungen und Grußworten im Innern des Hauses. Verbeugungen sind zu erwidern, die Schuhe – wie beim Betreten eines Privathauses – auszuziehen. Man bedient sich der meist recht kleinen Slipper und geht über Flure und Treppen zum Zimmer, wo sie vor dem Eintreten zurückgelassen werden. Der Gruß wird kniend, besser gesagt, hockend wiederholt, man kann danach eines der Kissen benutzen, das als Sitzkissen dient. Nach dem Genuß des Begrüßungstees – eventuell mit einem symbolischen Stück Gebäck – und einer kurzen Pause wird der Gast zum Bad (furo oder ofuro) geleitet.

Das Furo benutzen an einem Abend vielfach mehrere Personen, und es muß daher sauber bleiben. Einseifen und Abspülen geschehen auf den Fliesen außerhalb des eigentlichen Bades. Die Wohltat eines japanischen „heißen Wassers" (oyu), das stets über 40 Grad hat, sollte man unter Beachtung der Bräuche des Landes entdecken. Durch das wiederholte heiße Abspülen des Seifenschaums wird das Einsteigen leichter; man bleibt beim ersten Mal nur sehr kurze Zeit im Bad, macht sich durch den Ausruf „Atsui desu ne!" (Heiß, nicht wahr!) Luft und reibt draußen die Haut mit dem kleinen Handtuch. Beim zweiten Einstieg kommt die volle, erholsame Wirkung des Ofuro zur Geltung; der Körper duldet nun ein längeres Verweilen. Unterhaltungen von Mensch zu Mensch entwickeln sich; lange wurde die Lokalpolitik in den öffentlichen Bädern gemacht, die für geringes Entgelt und nach Geschlechtern getrennt, überall zu finden waren. Während Kant das gemeinsame Mahl als den Ort und die Gelegenheit erklärte, die Freundschaft zu pflegen, verband sich bei den Japanern, vielleicht auch bei den Römern, der Gedanke ans Bad mit dem des Gedankenaustauschs, des aufrichtigen, menschlichen Kontaktes. Im Furo schwitzt und lacht man, Realismus herrscht vor, spekulative Übersteigerungen in Philosophie, Religion und politischer Dialektik lassen sich hier nicht aufrechterhalten. Man mag es Nivellierung nennen, vielleicht aber bedeutet es einen täglichen Gesundungsprozeß, die Rückkehr zum Normalen. Daß Japaner sich nie ganz mit den vom Westen kommenden Ismen identifizieren, könnte mit ihrer Lebensweise zusammenhängen, wie auch die Tatsache, daß sie keinen Nietzsche, nicht einmal einen Heidegger hervorbrachten. Aus dem Dunst des Furos betrachtet reizen manche Ismen unwiderstehlich zu lautem Lachen ...

Der heiße Körper wird mit dem kleinen Handtuch abgetupft, der Yukata (Schlafkimono) übergeworfen. Und nun in der kühlen Abendluft ein Glas Bier zu genießen, kann zu den schönsten Augenblicken eines Japanaufenthalts gehören. Das Abendessen im japanischen Stil läßt sich nicht denken ohne die Nêsan (wörtlich: ältere Schwester; Kellnerin), die trotz Sprachschwierigkeiten einen bescheidenen Gedankenaustausch in Gang zu bringen sucht. Das Sitzen im Schneidersitz, obwohl nicht streng vorschriftsmäßig, verbreitet sich auch unter Japanern immer mehr, und Messer und Gabel können an Stelle der Eßstäbchen geliefert werden, obwohl sie nicht recht zu der Atmosphäre passen.

Das Bauen des Bettes auf den Tatami beginnt sehr bald nach dem Essen. Zu bemerken wäre noch, daß die Slipper vor der Toilettentür ganz besondere und nur dort zu benutzen sind; die Toilette selbst ähnelt der französischen, sie ist vollkommen hygienisch.

Der Japaner reist viel und läßt sich das Reisen etwas kosten; er ißt auch häufig außer Haus und gibt ohne viel Umschweife größere Summen dabei aus. Ein Ausländer, der den weiten Weg bis Japan zurückgelegt hat, offenbar in der Lage war, ihn zu bezahlen, und nun an diesen Dingen spart, erregt seine Verwunderung. Nur sehr jugendliche Reisende machen da eine Ausnahme. Dennoch ist im allgemeinen die Benutzung von Privatpensionen (minshuku) oder den vorwiegend von kinderreichen Familien benutzten „Volksübernachtungsstätten" (kokumin shukuhakusha) nicht zu empfehlen. Das gleiche gilt für Camping, das in Japan fast unbekannt ist. Dagegen kennt man die internationale Jugendherbergsorganisation, die in Europa von jungen Japanern sehr geschätzt wird, und betrachtet sie gleichsam mit Nachsicht. Reisen kostet Geld und soll Geld kosten, damit es vergnüglich ist, denkt man; die Kombination von Reisen und Sparen, symbolisiert durch das Camping, widerspricht diesem Grundgefühl diametral. Japanische Firmen legen besonderen Wert darauf, daß ihre Abgesandten im Ausland „das Gesicht wahren", sie erwarten das Gleiche von ausländischen Vertretern in Japan, eine Denkweise, die etwas gemildert auch für private Besucher gilt.

Speisen und Bräuche

Daß die Japaner häufig außer Haus speisen, liegt zum Teil an der Spesenfreigebigkeit der Unternehmen, da die Spesen lange ganz von der Steuer abgesetzt werden konnten und auch heute noch begünstigt sind. Zahllose Parties entpuppen sich daher als von der Firma finanzierte Männervergnügen, die den Mann fast jeden Abend der Woche mit Beschlag belegen, besonders, wenn er als Mitglied der Geschäftsabteilung (eigyôbu) seines Unternehmens mit Kunden am Abend verhandeln muß. Andererseits besitzt der Vater in der Familie keine rechte Position, da er sich weder in die Kindererziehung einmischen soll, noch in die Einzelheiten des Haushalts. Sein langes Fortbleiben am Abend wird als Zeichen dafür gewertet, daß er ein erfolgreicher Kaufmann ist. Nimmt er seine Familie mit zum Essen, was heutzutage öfter vorkommt als früher, faßt er dies zugleich als eine Demonstration seiner wirtschaftlichen Kapazität auf. In der Tatsache, daß weit mehr Geld für das Auswärtsessen ausgegeben wird als bei uns, ähnelt der Japaner dem Franzosen. Die Preise sind zwar hoch, aber die Bedienung ist perfekt, die Auswahl der Gerichte umfangreich, die Ausstattung der Räume originell. Ähnlich wie die Hotels lassen sich viele Restaurants einige Kategorien über dem einordnen, was man deutsches Niveau nennen würde, das sich an dem bemerkenswerten Ideal der rustikalen Gemütlichkeit orientiert, die dem Altmodischen nahe ist.

Für den ästhetischen Charakter des Japaners spricht, daß er

Speisen nicht in erster Linie nach ihrem Nährwert, sondern neben ihrem Geschmack auch nach der Schönheit ihres Anblicks beurteilt. Kunstvolle Anordnung kleiner Portionen in Schalen aus vornehmer Keramik, erlesenem Porzellan oder feinstem Lack erfreut das Auge die ganze Speisenfolge hindurch. Sake oder Bier werden häufig vor der eigentlichen Mahlzeit genossen, allerdings mit den entsprechenden Zuspeisen. Noch sind schmatzendes und knirschendes Beißen oder das Schlürfen der Suppe durchaus erlaubt, es steigert das Gefühl für die Eigenart gerade dieser Speise; ins Ausland reisende Japaner – und das sind Hunderttausende –, werden aber immer mehr an die diesbezüglichen westlichen Vorschriften gewöhnt. Die zahlreichen regionalen Spezialitäten können in entsprechenden Restaurants der größeren Städte entdeckt werden, etwa das Kugelfischessen, ursprünglich auf Schimonoseki beschränkt; wegen der enormen Giftigkeit einzelner Teile der Fischinnereien fordert der Genuß dieser exquisiten Delikatesse jedes Jahr einige Todesopfer. Auch die erstaunlich teuren Matsusaka-Steaks, das Kôbe-Beef wie die Ise-Ebi, eine besondere Garnelen-Art, gehören in die Kategorie der ungewöhnlichen Gourmetfreuden. Zahllose vegetarische Gerichte mit Farnen und seltenen Pflanzen aus bestimmten gebirgigen Provinzen gelten mehr als interessant denn als wohlschmeckend. Oft werden sie von einer Bedienung serviert, deren Kimono die Folklore-Muster jener Gegenden zeigen. Der Ausländer wundert sich über die Einfachheit des Geschmacks, der allerdings von vornherein als rein natürlich angepriesen wurde. Zen-Gerichte, im Tempelbezirk eines Zen-Klosters genossen, werden zwar ebenfalls auf einer vegetarischen Speisekarte angekündigt, überraschen aber durch ihren ungewöhnlich kultivierten Geschmack.

Als weithin bekannte japanische Spezialität gilt das Sukiyaki, ein Gericht mit viel Fleisch, Gemüsen, Pilzen und Tôfu, einer Soyabohnengallerte, das in einem gußeisernen Behälter auf dem Tisch zubereitet wird. Die einzelnen Portionen werden mit der Gabel, besser mit den Stäbchen, in ein geschlagenes Ei getaucht, ein Gericht, das dem Ausländer sofort bekömmlich ist. Etwas ähnliches gilt für Tempura, in Öl gekochte Garnelen und Stücke von Fisch, Hühnerfleisch, Paprika, Zwiebeln und anderem Gemüse, die zuerst paniert wurden. Der Name verrät vielleicht noch die romanische Herkunft der Speise, die in der Tat seit jenen Jahren in Japan bekannt ist, als die Portugiesen mit dem spätmittelalterlichen Japan einen blühenden Handel trieben und dabei nicht vergaßen, an Quatember Fastenspeise zu essen.

Vom Ästhetischen wie vom Geschmack her bieten Osushi und Sashimi wohl das am typischsten Japanische. Man kann Zeuge der Zubereitung an der Theke werden und sich an seiner Lieblingsspeise erfreuen, die mit einer Handbewegung bestellt ist. Heißer Tee in großen Keramiktassen wird dazu getrunken. Die Köche sind durchweg Männer, die ihre Gäste traditionell mit dem lauten Gruß der Sushiya (Sushiverkäufer) begrüßen und sie sogleich auf ihre Taxierbarkeit schätzen, denn in guten Sushi-Restaurants liegen die Preise nicht fest; sie sind wegen der vielfältigen Beschränkung des Fischfangs durch japanische Flotten außerordentlich gestiegen. Ebenfalls typisch kann man die verschiedensten Aalgerichte nennen, die in ähnlicher Weise am besten in einem Restaurant genossen werden, das sich völlig darauf spezialisiert hat. In der Hochschätzung folgen eine Anzahl Hühnerspeisen, das Backen einer zubereiteten Masse auf einer heißen Platte (teppanyaki), Mizutaki (Gemüse und Fleisch in Wasser gekocht) und das ähnliche Shabu-Shabu, das seinen Namen als Lautmalerei der in kochendem Wasser hin und her bewegten dünnen Fleischscheibchen erhielt, die dann in eine Sauce getunkt werden, die etwa aus Soya mit Zitrone bestehen kann.

Daß japanische Gerichte keineswegs immer kostspielig zu sein brauchen, beweisen die Preisschildchen an aus Wachs täuschend ähnlich hergestellten Speisen, die in den Schaukästen vieler einfacher Restaurants zu sehen sind. Man findet sie in und bei Verwaltungsgebäuden der Unternehmen, Universitäten, Bahnhöfen, aber auch verstreut in allen Städten. Eine breite

Palette von Gerichten, die jedem Japaner vertraut sind wie Udón, Rámen, Sóba, Dómburi und Odén geben dem Touristen Gelegenheit, jene Art von internationaler Verbrüderung zu versuchen, die darin besteht, daß man das Gleiche ißt wie das gastgebende Volk. Daß Fettleibigkeit unter Japanern selten ist, versteht sich aus dem geringen oder gar nicht vorhandenen Fettgehalt der Speisen, aber auch aus der recht maßvollen Menge.

Ähnlich wie Japaner immer wieder behaupten, daß sie jedes Produkt herstellten oder dies doch könnten, so weisen sie gern auf die Tatsache hin, daß man bei ihnen westliche Gerichte jeder Art bekommen kann, was aber nur mit Einschränkungen und in den großen Städten stimmt, und daß auch die chinesische Küche voll und ganz integriert sei. Tatsächlich finden sich überall die beiden Klassen chinesischer Restaurants, das einfache und das differenzierte für den erlesenen Geschmack. Die drei Hauptrichtungen der Kochkunst: die westliche, die chinesische und eben die japanische vermitteln den Eindruck, daß Japan dem Gourmet ein unendlich weit gespanntes, internationales Spektrum zur Auswahl bietet. Daß sich die eigentliche japanische Küche nicht wie die chinesische in anderen Ländern durchsetzen konnte, hat seinen Grund wohl in der Simplizität vieler Speisen, die an Zen-Askese und zugleich an schintoistische Naturverbundenheit erinnern. Gerade deswegen schätzt sie ein Freund japanischer Kultur. Man kann erwarten, daß die Morgen- und Abendsuppe der meisten Japaner, die Miso-Suppe, wegen ihrer ausgesprochenen Bekömmlichkeit und wegen ihres hohen Gehalts an pflanzlichem Eiweiß als erste von allen japanischen Speisen weite Verbreitung erreicht. Die darin oft verwandte Tôfu (Soyabohnengallerte) besitzt die gleiche Qualität, wird sich aber wegen der schwachen Würzung nicht schnell durchsetzen. Ähnlich wie die natürlichen Materialien und die Ablehnung von Farbe das japanische Haus sehr zurückhaltend erscheinen lassen, so die Speisen. Zur Werbung eignen sie sich wenig, dem Kenner japanischer Kultur und der einzelnen Landschaften sagen sie viel.

Bevor mögliche Reiseziele besprochen werden, soll noch ein Wort über die „Teeläden" und die Lunchpakete gesagt werden.

Das Teegeschäft (kissaten) trägt seinen Namen zu Unrecht, denn es handelt sich in Wirklichkeit um eine Art Café, in dem sich vorwiegend junge Leute über einigen Tassen Kaffee stundenlang und in erster Linie von Herzen aussprechen. Der Kissaten ist heute der Ort intimer Unterhaltung, was von den zahlreichen oben beschriebenen einfachen Restaurants schon deshalb nicht gesagt werden kann, weil die Atmosphäre dort dies kaum erlaubt. Im Kissaten sitzt man vergleichsweise bequem, gefühlvolle Musik und magische Beleuchtung stimmen zum entspannten Gespräch.

Die Bentôs (Lunchpakete) besitzen in Japan eine alte Tradition, Schüler bringen ein Bentô mit in die Schule, Angestellte können ihres im Büro verzehren. Es wird in Hotels und Ryokans gern als Reiseproviant vorbereitet und überrascht nicht nur durch die oft kunstvolle und hygienische Verpackung, sondern auch durch die sinnvolle Auswahl der Speisen und wieder durch die Schönheit der Anordnung. Das dem Europäer vertraute Butterbrot ist unter dem japanisierten Worte Sandwich (sandowichi) erhältlich und wird heute von vielen jüngeren Leuten bevorzugt.

Die schönsten Landschaften

Von alters her haben sich bestimmte Reiserouten mit Aussichtspunkten und entspannenden Vergnügen entwickelt, wie etwa die Holzschnitte von Hiroshige erahnen lassen. Es bestehen durch Tradition verfestigte Auffassungen, welches die sehenswertesten Reiseziele der japanischen Landschaften sind. Als die drei schönsten Anblicke gelten: die Inseln von Matsushima bei Sendai im Norden der Hauptinsel Honshû, die in ihrer Schönheit dem Haiku-Dichter Bashô das Wort verschlugen; der Itsukushima-Schrein auf der Insel Miyajima, bekannt

durch das Torii (Schreintor) im Meer, etwas südlich von Hiroshima (s. Umschlagbild) und die Himmelsbrücke (ama-nohashidate), eine ungewöhnlich schmale Landzunge nördlich
von Kioto in der Japansee. Aufgezählt in dieser traditionell
beispielhaften Rezeption werden ebenfalls Hiraizumi, die versunkene Residenzstadt weit im Norden von Honshû; Nikkô,
das in seinen stark verzierten Gebäuden an den Barock erinnert;
der Tempel Zenkôji, die religiöse Zentrale der Stadt Nagano,
die früher nur den Namen des Tempels trug; Kamakura wegen
seiner Tempel, Schreine und des großen Buddha, südlich von
Yokohama gelegen; Atami, der Fujisan und die fünf Fuji-Seen
um ihn herum; die Stadt Kioto, die alle anderen Ziele an Reichtum von Sehenswürdigkeiten übertrifft; Nara, die ehemalige
Residenz, die heute noch ihre Geschichte erspüren läßt und am
meisten unseren Erwartungen einer historischen Stadt entspricht; der Tempelberg Kôya-san südlich von Osaka; der im
Schintô wichtigste und uralte Schrein von Ise, südwestlich von
Nagoya, wo Kaiser und Premierminister den Ahnen wichtige
Entscheidungen berichten; der diesem an Bedeutung nahe
kommende Schrein von Izumo bei Matsue, inmitten des zweiten Siedlungszentrums des vorgeschichtlichen Japan; die über
die Felsen brausende kilometerbreite Flut zwischen Awajishima
und Shikoku, ein unvergeßliches Naturschauspiel; die heißen
Quellen von Beppu; die Geiser, Schwefelquellen und „Höllen"
von Unzen bei Nagasaki; der Park Kôrakuen in Okayama, als
einer der vielen Gärten, die es sich lohnt zu erleben.

Was soll man einem Besucher Japans empfehlen, der nur
wenig Zeit hat? Etwa eine Tour durch Tokio mit einem Abstecher nach Nikkô und einem weiteren nach Kamakura. In Tokio selbst könnten der Kaiserpalast, der Tempel von Asakusa,
der Schrein von Yasukuni vorgeschlagen werden, dann die Geschäftsstraßen der Ginza und die von Shinjuku. Auf dem Wege
westwärts locken die Berge und Quellen von Hakone, der
Blick auf den Fuji aus der Nähe. Kioto mit seiner Fülle von
Tempeln und Palästen finden viele anziehender als Tokio, Nara
liegt nicht weit entfernt. Osaka, die Geschäftsmetropole,

würde einen kurzen Gesamteindruck des heutigen, wirtschaftlich starken Japan abrunden.

Eine Erweiterung dieses Planes schlösse eine Seereise von Osaka oder Kobe aus über die Inland-See ein, Übernachtung auf dem Schiff und Landung in Beppû auf Kyûshû. Von dort ginge es quer über diese Insel, die dort fast in ihrer gesamten Breite von dem Vulkan Aso eingenommen wird, also am brodelnden und dampfenden Trichter vorbei nach Unzen und Nagasaki. Eine Fahrt in den Süden Kyûshûs bis Kagoshima mit seiner herrlichen Bucht und dem darin liegenden tätigen Vulkan Sakurajima gibt Einblick in den sehr südlichen Charakter dieses Landesteils und seiner Bewohner. Die Rückfahrt sollte Hiroshima einschließen, die Stadt der Atombombe. Ein Abstecher nach Miyajima und eine Pause in Okayama, wo der Kôrakuen-Park liegt, eine weitere in Himeji mit seinem einmalig schönen Schloß würde diese Reise über die Maßen ertragreich gestalten. Das gesamte Gebiet Jahrhunderte währender kultureller Präponderanz wäre durchstreift, jene Gegenden, in denen heute die große und ständig wachsende Mehrheit der Japaner wohnt, wo die Sommer zwar heiß sind, der Herbst und vor allem der Winter aber mild und sonnig, wo Schnee eine echte Ausnahme bedeutet. Mit Recht nennt man es das „vordere Japan", im Gegensatz zum „hinteren Japan", das sich von Schimonoseki aus an der langen Küste der Japan-See entlang erstreckt und eine weniger liebliche, aber oft monumentale Küstenlandschaft bietet. Die Provinzen dort können kaum ihren Bevölkerungsstand halten.

Hokkaidô als Reiseziel bietet eine Schönheit, die im Vergleich mit derjenigen der drei übrigen Hauptinseln als außerordentlich empfunden wird. Zwar ist die japanische Landschaft auf den drei südlichen Inseln gebirgig, aber man bekommt den Eindruck, daß man mit Bereisen eines Teils die wesentlichen Charakteristika auch der anderen Landstriche erfassen kann. Ja, Japan kann wegen der sich stets wiederholenden Bergketten sogar langweilig werden. Für Hokkaidô gelten aber neue Maßstäbe. Seine Berge, Ebenen und Seen erscheinen weiträumiger, großzügiger und wegen des nördlichen Lichtes dem Europäer vertrauter. Abend- und Morgendämmerung erreichen immerhin die Länge wie in Italien zwischen Venedig und Rom. Die relativ dünne Besiedlung läßt den Reisenden, der aus der Megapolis zwischen Tokio und Fukuoka kommt und sich von den Menschenmassen bedrückt fühlt, aufatmen. Von den Russen besetzte Inseln, die mit dem bloßen Auge sichtbar sind, erinnern ebenfalls an Europa.

Hokkaidô war lange im Besitz der Ainu, die auch auf den weiter nördlich gelegenen Inseln, den Aleuten und Sachalin siedelten. Wegen des oft nebligen Wetters und der strengen Winterkälte wünschen sich viele Bewohner von Hokkaidô in den Süden, womöglich gleich nach Tokio, dessen korrektes Japanisch man auf dieser Insel, die relativ neu erschlossenes Siedlungsgebiet ist, spricht.

Verständigung

Auf dem Nordteil von Honshû, der weit näher bei Tokio liegt, ist der viel belächelte Nordost-Dialekt (tôhoku-ben) heimisch, Osaka gilt als Zentrale des West-Dialekts (kansaiben), einer sehr markanten Variante des Japanischen, die wiederum klar unterschieden wird von dem Sammelbegriff der Kyûshû-Dialekte (kyûshû-ben). Die Einteilung ist so grob, daß sie die Lokalpatrioten der Städte und Landstriche, die übergangen wurden, sicher zu Widerspruch reizen würde. Wichtig ist, daß wegen der großen Reisefreude und der mannigfaltigen Reisepflichten der Bewohner heute und in der Vergangenheit das normale Japanisch überall verstanden wird, das jetzt die Tokio-Sprechweise zur Basis hat. Einziehungen zum Militär und die Versetzungen der Angestellten der Unternehmen taten ein Übriges, daß die japanische Sprache ähnlich homogen wurde, wie das Benehmen durch die strengen Regeln der Etikette. Man kann sich mit „Hochjapanisch" überall verständigen, momentane Stockungen beim ersten Verkehr mit einem die

Sprache parlierenden Ausländer haben lediglich psychologische Gründe, denn das bedeutet eine Überraschung. Zunächst scheint der Rückgriff auf eventuelle Englischkenntnisse ein Gebot der Höflichkeit, denn Ausländer (gaijin), so glaubt man, sprechen Englisch. In der Tat bildet das Englische die Lingua Franca der euro-amerikanischen Nicht-Japaner, ein Gaijin ohne Englischkenntnisse wird, falls er auch noch ohne Japanischkenntnisse ist, nur noch mit seiner nationalen Gruppe verkehren können. Er würde sich isolieren, die Japaner allerdings würden ihn dies kaum merken lassen, sie passen sich in toleranter Weise jedem Fremden an, so wie man es von einem Volk erwarten kann, das eine sehr eigenständige Kultur, wegen seiner Insellage ein unbekümmertes Selbstverständnis und wegen seiner langen Geschichte Erfahrung mit dem Fremden besitzt.

Geschichte zwischen Weltoffenheit und Selbstbesinnung

Vorgeschichte und Aktivität in Korea

Während es noch vor einigen Jahren als sicher galt, daß es in Japan keine Besiedlung vor der Jungsteinzeit gegeben habe, konnten neuere Funde den Beweis erbringen, daß bereits in der Altsteinzeit Menschen auf den japanischen Inseln gewohnt haben müssen. Aus der Neusteinzeit gibt es zahlreiche Funde.

Sie wird in Japan „Jômonjidai" (wörtl. Zeit der Strohseilmarkierungen) genannt nach den Keramikfunden mit Verzierungen, die mit Schnüren oder Matten angebracht wurden. Der Mensch lebte damals in Japan in Höhlen, ohne Ackerbau zu treiben. Erstaunlich nimmt sich die sehr reichhaltige Stein- und Tonproduktion der letzten Phase dieser „Strohseilmarkierungskultur" aus. Sie begann mehrere Jahrtausende vor unserer Zeitrechnung und wurde erst zwei oder drei Jahrhunderte vor Christus von der Yayoi-Kulturperiode abgelöst, benannt nach dem ersten Fundort der rötlichen und nur wenig dekorierten Keramik in dem Kleinbezirk Yayoi in Tokio.

Außer durch eine „rationalisierte" Produktion der Tongeräte, die bei hoher Temperatur gebrannt wurden, und der erwähnten größeren Einfachheit der Dekoration kommt dieser Periode auch deshalb besondere Bedeutung zu, weil nun der Ackerbau, und zwar als Reisbau, samt der Methode der Feldbewässerung aus China eingeführt wurde. Einen weiteren, bedeutungsvollen Schritt der Entwicklung stellt die gleichzeitig einsetzende Metallverarbeitung dar, zunächst des Kupfers, bald auch des Eisens. Aus dieser Zeit stammen zahlreiche Hügelgräber und die im heutigen Japan recht bekannten Haniwa-Tonfiguren, die Pferde, Männer oder Frauen darstellen und sich durch ihre regelmäßigen Formen von früheren Artefakten vorteilhaft unterscheiden. Krummjuwelen, die gefunden wurden, scheinen offensichtlich Nachbildungen von Tierzähnen zu sein; man hatte ihnen wohl magische Wirkung zugesprochen.

Während der ersten Jahrhunderte unserer Zeitrechnung herrschte in Japan lebhafter Verkehr mit der koreanischen Halbinsel, die als Brücke zum chinesischen Kulturkreis diente. Das antike Japan besaß sogar politisches Interesse an den Zuständen in Korea. Es engagierte sich militärisch in dem um seine nationale Einheit kämpfenden Land und verband sich mit dem koreanischen Teilstaat Paickche, der aber im Kampf gegen Silla, einem anderen koreanischen Staat, der sich mit China liiert hatte, unterlag. 663 endete das älteste japanische Engagement auf dem asiatischen Kontinent.

Wie stand es um die politische Entwicklung des antiken Japan selbst? Bis zum Ende des Zweiten Weltkrieges setzten Regierung und Öffentlichkeit in Japan die Reichsgründung auf das Jahr 660 vor Christus an; wegen dieser Fixierung beging man 1940 die Feierlichkeiten anläßlich des 2600-jährigen Bestehens des Kaiserreiches mit großem Pomp, Diplomaten befreundeter Nationen gratulierten. In Wirklichkeit stammen die ersten sicheren Daten über Japan aus den Annalen des chinesischen Wei-Reiches 297 n. Chr. Um diese Zeit gliederte sich Japan politisch in zahlreiche Uji oder Clans, die sich in Anlehnung an die geographische Eigenart des Landes gebildet hatten, die allenthalben kleine und größere zum Meer hin offene, von einem Fluß durchschnittene und von steilen Bergen im Inland zu abgegrenzte Ebenen aufweist. In jedem dieser Gebiete hatte sich vermutlich eine Hauptsippe etabliert, deren wichtigste Führungsaufgabe es war, bei den gemeinsamen erfolgreichen Anstrengungen für den Reisbau und die damit verbundene Regulierung der Flüsse und Verteilung der Wasservorräte organisatorisch und verwaltend tätig zu werden. Aktivitäten religiöser Natur hatten den vordringlichen Zweck, den reichen Ertrag der Ernten sicherzustellen. Zugleich verbanden sie die Mitglieder des in der Ebene angesiedelten Stammes in der Verehrung der gleichen Ahnen.

Etwa im sechsten Jahrhundert begann der Prozeß der Einigung Japans unter der Führung des Yamato-Stammes, der die verschiedenen Stämme dadurch an sich band, daß er ihre Ahnenverehrung mit der seinen amalgamierte. Zur Untermauerung der Yamato-Vorherrschaft ließ die spätere Regierung die gesamten Göttermythen Japans in solcher Weise nach chinesischem Vorbild niederschreiben, daß die Ahnen der Yamato-Sippe von den Himmelskörpern abstammen und wegen dieser kosmischen Verankerung nicht nur höheren Ranges sind als alle anderen, sie können außerdem nicht abgesetzt werden; in diesem wichtigen Punkte unterschieden sie sich sogar von den chinesischen Vorbildern.

So weit es auf Grund der Quellen erfaßbar ist, wurde 592 wohl zum ersten Mal eine Kaiserin mit dem Namen Suiko eingesetzt, vielleicht als Kompromiß zwischen zwei männlichen Bewerbern. Sie überließ bald die aktuelle Herrschaft dem Prinzen Shôtoku (573–621), der in der Frühgeschichte Japans eine entscheidende Rolle zu spielen scheint. Legendäre Ausschmückungen seiner Geburt – er wurde an einer Stalltür als Inkarnation der „Welterlösenden Kannon" geboren und konnte sogleich sprechen – vermögen die Tatsache nicht zu verdecken, daß nicht er die eigentliche Macht im Lande innehatte, sondern die Sôga-Familie, allen voran sein Onkel, Sôga no Umako.

Während der Regentschaft des Shôtoku Taishi, wie Prinz Shôtoku auf Japanisch heißt, wurden drei Gesandtschaften nach China entsandt, von denen zwei von Ono no Imoko geführt wurden, der im Zusammenhang mit diesen Expeditionen den Brauch des Blumenopfers übernommen haben soll, aus dem sich später die Kunst des Ikebana entwickelte. Shôtoku Taishi war nicht nur eifriger Buddhist, während seiner Regentschaft wurden aus China eingeführt: das Regierungssystem, die Rechtsprechung, die Schrift, die Kunst, Wissenschaft und Philosophie, ja sogar die Art und Weise sich zu kleiden. Volle hundert Jahre dauerte die Transformation Japans in eine Gesellschaft und einen Staat nach chinesischem Muster. Verglichen mit der Tiefe und dem weiten Spektrum der damaligen Reformen müssen alle späteren Innovationen einschließlich der nach dem Zweiten Weltkrieg als geringfügig angesehen werden.

Als folgenschwerste Neuerung kann die Einführung der chinesischen Schrift angesehen werden. Zunächst wurden die Schriftzeichen des Chinesischen ohne Rücksicht auf ihre Bedeutung als reine Silben für je eine Silbe des Japanischen eingesetzt. Weil die Gedichtsammlung des „Manyôshu" (wörtl. Zehntausend-Blätter-Sammlung) später in dieser Weise niedergeschrieben wurde, nennt man diese Art der Silbenschrift (kana) Manyôgana. Später wurde die Silbenschrift vereinfacht und die Zeichen nach ihrer Bedeutung eingesetzt. Die japanische Sprache erhielt erst recht den Charakter einer japanisch-chinesischen Mischsprache, den sie heute noch hat.

Auf dem Gebiet der Innenpolitik werden Shôtoku Taishi zwei wichtige Reformen zugeschrieben, von denen eine die Errichtung einer „Mützenhierarchie" genannt wird, weil es zwölf Ränge gab, die nach der Form und dem Material der Kopfbedeckung unterschieden wurden. Je zwei Ränge waren gekoppelt und entsprachen bestimmten konfuzianischen Tugenden, ein Zeichen dafür, daß bei diesen umfassenden Reformen konfuzianische Ideen eine wichtige Rolle spielten. Von nun an sollte der Kaiser bzw. die Kaiserin die Mützenträger ernennen, die Macht lag also nicht mehr bei den Stammesfürsten, sondern im Zentrum beim Kaiser, der sie durch eine Bürokratie ausübte. Die Ränge sollten stets nur nach Verdienst verteilt werden und nicht erblich sein, ebenfalls ein Einfluß der Lehren des Konfuzius. Daß neben dem Kaiser in Wirklichkeit auch die Mitglieder der Familie Sôga über den Rängen standen, läßt Schlüsse auf die politische Lage einschließlich der des Prinzen Shôtoku selbst zu. Es kann als Schlüssel zum Verständnis der politischen Machtspitze für die Jahrhunderte und bis heute gelten.

Die berühmten 17 Artikel des Shôtoku Taishi, sein Grundge-
setz, umfassen eine Sammlung ethischer Prinzipien und Er-
mahnungen teils auf konfuzianischer, teils auf buddhistischer
Grundlage. Daß Harmonie über alles geschätzt werden solle,
war und blieb als Wert so lebendig, daß die Bezeichnung für
Japan „Yamato" schlechthin mit den Schriftzeichen „Große
Harmonie" geschrieben wurde und dies Wort noch heute Gefühle hervorruft, die einen Arbeitskampf beenden können.
Wenn der Ausländer sich als Journalist oder Kollege im Unternehmen nicht akzeptiert glaubt, so kann es letztlich daran liegen, daß er die Harmonie stört oder man dies befürchtet. Das
zweite Prinzip der 17 Artikel verlangt, daß in allem die Form zu
wahren sei, ebenfalls bis heute wichtig. Der Kaiserthron selbst
wird nie usurpiert, seine Stellung nicht angetastet, aber er besitzt keine Macht; die Form ist gewahrt. Shôtoku Taishi scheint
erlebt zu haben, wie der Kaiser Sushun von den Sôgas ermordet
wurde; das Kaisertum blieb bestehen.

Daß die Feinde des Sôga no Umako sich für den bisher herr-
schenden Schintoismus als einziger Religion aussprachen und
den Buddhismus, wenn auch vergeblich, bekämpften, zeigt,
daß die unglaublich tiefgreifenden Reformen nicht ohne Widerstand durchgeführt werden konnten. Die Erhaltung des Schintoismus bis heute demonstriert den schon damals toleranten
Charakter der Japaner. Die Rolle des Kaisers in dieser frühen
Zeit läßt einen Grundgedanken der japanischen Kaiserauffas-
sung erkennen: Machtkämpfe werden nicht um den Thron geführt, sondern um die Macht über den Thron, Kaiser werden
im Prinzip nicht abgesetzt, sie danken ab. Daß sie als vitale
Herrscher unmittelbar in das politische Geschehen eingreifen,
ist nicht vorgesehen, wohl der Hauptgrund, daß dies Kaiserhaus so lange „herrschen" konnte.

Als die Macht der Sôga auf immer größeren Widerstand
stieß, wurde der Anführer des Clans schließlich bei Gelegenheit
einer öffentlichen Feier von dem Prinzen Naka no Ôe und
einigen Hofadligen ermordet. Der Prinz bestieg als Kaiser
Tenji (626–672) später den Thron und spielte ebenso wie sein

Nachfolger Temmu eine aktive und führende Rolle in der nun einsetzenden Taika-Reform. Nach dem vorhin Gesagten bleiben diese beiden Kaiser ungewöhnliche Gestalten in der Geschichte des japanischen Kaisertums, es gab keine erfolgreichen Wiederholungen ihrer Stellung.

Unter den Prinzipien der Taika-Reform beeindruckt den heutigen, mit sozialistischen Ideen vertrauten Betrachter die Maxime, daß es keine Grundbesitzer gebe, genauer, daß es keinen Grundbesitz gebe, der nicht dem Kaiser gehöre. Der Gedanke war aus China entlehnt, wo er aber kaum durchzuführen war, noch weniger in Japan, wo die lange selbständigen Stämme sich naturgemäß dem Wunschdenken des Yamatostammes widersetzten. So bedeutete die Taika-Reform nicht die Vergesellschaftung des Grundeigentums, wohl aber einen weiteren Schritt in Richtung auf einen zentralistischen Beamtenstaat nach chinesischem Muster. Seine materielle Grundlage bildeten die Steuern, die in erster Linie von den Bauern zu entrichten waren. Ebenso unterlag die Militärgewalt einer stärkeren Zentralisierung, und die Verbreitung des Buddhismus faßte man als eine vornehmliche Angelegenheit der Zentralregierung auf; er wirkte sich erwartungsgemäß staatsbildend aus. Für die Nachwelt wurde bedeutsam, daß nun die Geschichtsschreibung einsetzte. Sie wurde nach chinesischem Muster durchgeführt und kräftigte die geistige Grundlage, wie gesagt, durch Integrierung der Regionalmythen in die Ahnenverehrung des Yamato-Stammes.

Konsolidierung in Kioto

Das Ende der Nara-Periode der japanischen Geschichte kann klar mit dem Jahr 784 bestimmt werden, der Beginn hingegen wird oft bereits mit dem Jahr 600 angesetzt, obwohl Nara erst seit 710 die Hauptstadt Japans war. Die Verlegung des Regierungssitzes nach Kioto, das damals Heiankyô (Hauptstadt des Friedens) genannt wurde, führt zu dem Namen der nun folgenden Periode, der Heian-Zeit (794–1192). Nach der stürmischen Übernahme chinesischer Kultur folgt eine Zeit der Beruhigung, Heian heißt Friede; an die Stelle der Fremdenfreundlichkeit tritt die Besinnung auf das Eigene und das Gewonnene. Das Pendeln zwischen Fremdenfeindlichkeit und -freundlichkeit bestimmt bis heute die japanische Geschichte.

Während der 400 Jahre Heianzeit liegt die Bevölkerung bei über 3,5 Millionen, die staatlichen Ländereien gehen in den Privatbesitz der Beamten über, die ihre Ämter zudem erblich machen. Die Familie Fujiwara erringt die Vorherrschaft, sie heiratet in die Tennô-Familie ein und übernimmt die Vormundschaft über den stets jungen Kaiser, der nach der zur Regel erhobenen Hochzeit mit einer Fujiwara-Tochter und der Geburt eines Sohnes zum Abdanken gezwungen wurde. Der Schwiegervater erhielt den Titel Sesshô, Vormund, und übte die eigentliche Herrschaft aus.

Der erfolgreichste der Fujiwara, Michinaga (966–1028), ließ einmal, als der junge Kaiser Sanjô seine Tochter ablehnte, um sich auch offiziell mit einer Dame namens Seishi zu vermählen, die bereits Mutter seiner Kinder geworden war, diese verschmähte Tochter genau am Hochzeitstag des Tennô ihr Debut bei Hof halten. Alle hohen Beamten verstanden, daß sie dem Kaiser nicht gratulieren und die neue Kaiserin nicht begrüßen sollten, erschienen aber zu dem Fujiwara-Event. Auch dieser Tennô mußte bald nach dem Fehler abdanken. Michinaga brachte drei seiner Töchter in die kaiserliche Familie ein und, da sie Söhne gebaren, wurde er als ständiger Vormund der bei weitem mächtigste Mann Japans. Das Debut seiner Tochter kann als Demonstration jenes Prinzips gelten, das bis heute sehr wichtig zum Verständnis der Japaner ist: „Nagai mono ni makarerô! Lege dich nie mit einem Mächtigen an!" Freundschaften gelten nur so lange, als die Rücksicht auf eine Machtperson nicht gebietet, von ihnen Abstand zu nehmen. (Außen- und wirtschaftspolitisch besagt dies heute, daß die Rücksicht auf die Vereinigten Staaten bei allen wichtigen Entscheidungen Vorrang genießt.)

Trotz offensichtlicher Mängel gab das eigenartige Regierungssystem dem Lande Ruhe, die höfische Kultur entfaltete sich und mit ihr die Literatur. Das „Kopfkissenbuch" (makura no sôshi) und die „Geschichte der Familie Minamoto" (genji-monogatari) entstanden. Andererseits zwang die strukturelle Schwäche des Systems den Vormund, Kioto nicht zu verlassen, weil er bei der institutionalisierten Unaufrichtigkeit mit Verschwörungen rechnen mußte. Auch die hohen Beamten mieden die entlegenen Provinzen so weit als möglich wegen des offensichtlichen Kulturgefälles. Kein Wunder, daß schließlich die politische und militärische Situation in den Provinzen den Händen der Fujiwara entglitt.

Verfall im Mittelalter

Die Minamoto oder Genji bauten ihre Macht in den damals östlichen Provinzen, also um das heutige Tokio auf, während die Taira oder Heike ihre Einflußbasis um Ise entwickelten, aber später auch im vormaligen West-Japan begütert wurden. Bald bekämpften sich die beiden Clans, die Taira blieben zunächst siegreich. Taira no Kiyomori (1118–1181) erlangte hohe Würden am Thron in Kioto und konnte offen gegen die Fujiwara opponieren. Nach deren Schema verheiratete er eine seiner Töchter mit dem jungen Kaiser und zwang ihn, abzudanken, nachdem ein Junge geboren war, um nun selbst die Stelle des Vormunds zu übernehmen. Die Taira besetzten in der Folge alle wichtigen Posten im Lande, während Kiyomori pro forma Mönch wurde, von jetzt an bekannt als der Minister-Mönch. Es heißt, daß ihm sein Verhältnis zu der schönen Konkubine seines Rivalen, des Minamoto no Yoshitomo, zum Verhängnis wurde. In seiner Verliebtheit willigte er ein, ihre drei Söhne, die sein Erzfeind Yoshitomo gezeugt hatte, nicht zu töten, sondern sie zu schonen. Der zu der Zeit erst vier Jahre alte Yoshitsune sollte die Taira später nicht nur schlagen, sondern total zerstören.

Der Minister-Mönch, Kiyomori, brauchte den Untergang seiner Familie nicht mehr zu erleben, er verzichtete vor seinem Tode auf alle Gebete und erbat sich nur – allerdings vergebens – den abgeschlagenen Kopf des Yoritomo, des ältesten Sohnes des Yoshitomo, als Grabeszier. In dem Wirrwarr der Machtkämpfe versuchten die Kaiser gelegentlich dem eisernen Griff auf ihre Familie zu entgehen, indem sie selbst von ihrem Amt zurücktraten und sofort die Vormundschaft über ihren Sohn beanspruchten. Andere traten in den Mönchsstand ein, um als Mönchs-Tennô Einfluß über ihr eigenes Kind und damit in der Politik auszuüben. Während so politisch Unzufriedene in den Klöstern Sicherheit suchten, verweltlichten diese zusehends. Das religiöse Zentrum auf dem Hiei-san bei Kioto verwandelte sich in eine Bergfestung, aber auch das Kloster Kôfukuji bei Nara entwickelte eine beachtliche bewaffnete Macht.

Die Erbitterung des immer heftiger werdenden Kampfes der Taira gegen die Minamoto drückt sich im Seppuku (Selbstmord) aus, das jetzt häufig wird. Dem heutigen Japaner ist die Geschichte der Brüder Yoritomo und Yoshitsune vertraut, die, wie gesagt, beide dem Minamoto-Clan angehörten. Die Legende berichtet, daß Yoshitsune, der jüngere, von dem Bergteufel (tengu) im Tale Kurama das Schwertfechten gelernt habe. Seine Kunst wandte er bald in einem Scharmützel mit Benkei, einem säkularisierten Mönch, an, der bei einer Brücke in Kioto Überfälle inszenierte. Benkei wurde bezwungen und folgte Yoshitsune von da an in unverbrüchlicher Treue.

Unter den vielen Heldentaten des Yoshitsune wird bis heute sein Überfall auf die Taira bei Ichinotani im heutigen Kobe gefeiert. Mit 70 Soldaten stieg er einen halsbrecherischen Bergpfad hinunter und schlug die überraschten Taira vollständig. Nach der Verlagerung des Kriegsschauplatzes in die Provinzen um die Inland-See mußte Yoshitsune sich der Schiffe bedienen, die sein Bruder und andere Verbündete zusammengezogen hatten. Er schlug die Feinde in Yajima und vernichtete sie schließlich in den gefährlichen Meeresströmungen bei Dan-no-ura, dem heutigen Schimonoseki, wobei das Kaiserkind Antoku in den Wellen umkam, wie die „Geschichten der Familie Taira" besingen. Seine mangelnde Rücksicht auf die Tatsache, daß er seine Siege auch der Hilfe anderer verdankte, machte seine Stellung zum Bruder sehr schwierig. Als dieser eine überlegene Streitmacht gegen ihn aussandte, nahm er sich das Leben. Die Tragik des Bruderkampfes, im Grunde aber die Schwierigkeit, bei unleugbarem Erfolg nicht mehr in das gewohnte Bild anonymer Anpassung an die Gruppe zu passen, bewegt bis heute die Gemüter, es ist in der Tat ein echt japanisches Thema: nur wer auswechselbar ist, kann überleben.

Yoritomo errichtete seine Residenz in Kamakura, südlich von Yokohama; die nun folgende Periode der Geschichte heißt daher Kamakura-Periode (1192–1333). Sie umfaßt die kurze Herrschaft der Minamoto und die 130 Jahre des Regimes der Hôjô. Die Hôjô traten zunächst als untergeordnete Beamte der Minamoto auf, die mit dem Titel eines Generalfeldmarschalls die Aufgabe innehatten, die Ureinwohner im Norden Honshûs zu befrieden. Nach bewährtem Muster zwangen die Hôjô den Generalfeldmarschall zum Abdanken und beanspruchten die Vormundschaft über seinen kleinen Sohn. So trat neben den entmachteten Kaiser der entmachtete Generalfeldmarschall; die Hôjô legten sich recht realistisch den Titel „Tatsächlicher Gewalthaber", Regent, zu. In der Machtübernahme spielte Hôjô Masako, die Gemahlin des Minamoto Yoritomo, eine führende Rolle, die wohl stärkste Frau in der Geschichte Japans. Intrigen und Meuchelmord unter den engsten Verwandten waren an der Tagesordnung, Masako übernahm endlich selbst das Amt der Regentin, während Kaiser, die sich der Regentschaft zu entledigen versuchten, in die Verbannung geschickt wurden.

Einer von ihnen war Go-Toba, der im Alter von vier Jahren zum Tennô gemacht wurde, nachdem sein Bruder, Antoku Tennô, von den Taira mit nach Westen verschleppt worden war, um in der Schlacht von Dan-no-Ura ins Meer gestürzt zu werden. Im Alter von 19 Jahren dankte Go-Toba ab, um seinen Sohn einzusetzen, der seinerseits von seinem jüngeren Bruder abgelöst wurde. Als dieser wiederum seinen Sohn eingesetzt hatte, brach das Unglück über sie herein. Go-Toba, der dies alles arrangiert hatte, versuchte sich militärisch gegen die inzwischen hochgekommenen Hôjô. Er wurde geschlagen, das vierjährige Kaiserkind nach nur 70 Tagen abgesetzt, dessen Vater auf die Insel Sado und Go-Toba auf die Insel Oki verbannt, wo er noch 18 Jahre in Einsamkeit lebte. Eines seiner Gedichte lautet:

> Voll Erinnerung
> Äste zerbrochen, verbrannt
> Der Qualm im Mund und
> Der Husten ist gut, hilft mir
> Schweigen und nicht vergessen.

Für die Haltung der Bevölkerung ist bezeichnend, daß die Hôjô trotz aller Machtkämpfe beliebt waren, weil sie den Pächtern Erleichterungen brachten und den Bewohnern der Halbinsel Izu während einer Hungersnot aushalfen. Ihr größtes historisches Verdienst lag aber in der Verteidigung Japans gegen einen gefährlichen äußeren Feind. Unter Hôjô Tokimune fordert der Mongolenfürst Kublai-Kan, dessen Vorgänger Europa bis Schlesien erobert hatte, nach der Unterwerfung von China und Korea Japan auf, seine Oberhoheit anzuerkennen. Die Hôjô antworten mit Küstenbefestigungen; 1274 bricht der mongolisch-japanische Krieg aus. Die Eroberung der zwischen Korea und Japan liegenden Insel Tsushima und die dort verübten Grausamkeiten durch die etwa 35 000 Mann zählenden Truppen der Mongolen ließ das Schlimmste für das Land befürchten. Es gelang, die bereits auf Kyûshû gelandeten Mongolen auf ihre Schiffe zurückzudrängen, dann machte ein Taifun ihre Ziele vollends zunichte. Bei einem zweiten Landeversuch in Kyûshû mit vielleicht 100 000 Mann wird ihre Flotte sogar schon vor der Landung wiederum durch einen Taifun vernichtet, Grund genug für die Japaner, von einem von den Göttern gesandten Sturm, Götterwind, Kamikaze, zu sprechen. Im Zusammenhang mit diesen Ereignissen erfuhr Marco Polo, der

Beziehungen zum Hofe Kublai Kans unterhielt, von der Existenz der Japaner und brachte die Nachricht nach Europa.

Gegen Ende der Hôjô-Herrschaft machen diese sich durch Verschwendung und Grausamkeit so unbeliebt, daß wieder ein Kaiser, Go-Daigo-Tennô (1288–1339), den Versuch unternimmt, sie zu liquidieren. Auch diese „Rebellion" mißlingt, ihre Anführer werden auf die Insel Sado bei Niigata verbannt, der Tennô entgeht mit knapper Not dem Tod in den Flammen und muß nach Oki, einer Insel bei Matsue, auf die früher Go-Toba-Tennô deportiert war, ins Exil. Die Hôjô setzen einen Prinzen ihrer Wahl als Kaiser ein, es entbrennt der 60 Jahre währende Streit zwischen einer Nord- und Süddynastie, in dem die Hôjô zunächst erfolgreich sind, bis sie ihr eigener Truppenanführer, Ashikaga, verrät, aus Kioto verjagt, tötet oder zum Selbstmord treibt.

Als Held der Kaisertreue in diesen Wirren und bis heute gilt Kusunoki Masashige (1294–1336), über den allerdings kaum verläßliche Quellen vorliegen. Bis zum Ende des zweiten Weltkrieges fanden seine Prinzipien: „Chû", die Treue zum Herrscher, und „Kô", die Loyalität zur Familie, die aber in einer absoluten Einheit verschmelzen sollten, die höchste Anerkennung. Sein Reiterstandbild vor dem Kaiserpalast in Tokio war Ziel vieler Verehrergruppen. Zum Verständnis japanischer Politik bleibt wichtig, daß wegen der Verschachtelung der obersten Gewalt eine Doktrin entstand, die zwischen der Treue gegenüber der Regierung und der Treue zum Staat unterscheidet, der im Gegensatz zur Regierung als heilig galt und den Kaiser zum Mittelpunkt hatte. Während es unmoralisch ist, gegen den souveränen Staat zu opponieren, läßt sich das nicht vom Widerstand gegen die Regierung sagen.

Kusunokis Versuch, den Kaiser zum Mittelpunkt der eigentlichen Machtausübung zu machen, mißlang, weil der Kaiser keine breite Gefolgschaft mobilisieren konnte, er floh nach Süden, in die Berge Yoshinos, der Gegend der Nara-Provinz, in der bereits Yoshitsune Zuflucht gesucht hatte; es entstand die südliche Dynastie. Kusunoki soll in der letzten berühmten

Schlacht am Flusse Minato in Kobe sieben Stunden gegen einen überlegenen Feind gekämpft haben, dann schritt er mit den Überlebenden zum Massenseppuku.

Ashikaga Takauji (1305–1358) errichtete seine Militärregierung (bakufu, wörtl. Zeltregierung) in Kioto, während er Kamakura durch einen Regenten verwalten ließ. Wegen des Namens des Stadtteils in Kioto, der die Regierung beherbergte, nennt man die nun anbrechende Periode die Muromachi-Zeit (1392–1490). Der Kinkakuji, das Goldene Pavillon in Kioto, läßt noch heute ahnen, wie kraftvoll die kulturellen Interessen der Ashikaga bald ihre politischen verdrängten. Die Rinzai-Sekte des Zen erreichte mit dem Tempel Nanzenji in Kioto als Mittelpunkt großen Einfluß, Kunst und Literatur neue Blüten. Ashikaga Yoshimitsu, dem es gelang, die beiden kaiserlichen Linien wieder zu vereinen, war ein Bewunderer chinesischer Kultur und nannte sich selbst – sehr zum Ärger der Nachwelt – König von Japan und sogar Vasallen des Ming-Kaisers. Mit der Spaltung der Regierung in die beiden Hauptstädte Kioto und Kamakura setzte die Desintegrierung ein, die in dem hundertjährigen Bürgerkrieg (1467–1568) ihren Höhepunkt fand.

Unter den sich vielerorts bekämpfenden Regionalfürsten sind Takeda Shingen (1521–1573) und Uesugi Kenshin (1530–1578) jedem Japaner vertraut, u. a. weil sie im Mittelpunkt sehr beliebter Fernsehsendungen standen. Ihre Religiosität, Ritterlichkeit und Tapferkeit spiegeln sich in zahlreichen, schwer zu verifizierenden Berichten. Takeda Shingens Machtzentrum lag um Kôfu, in der heutigen Yamanashi-Provinz, während Uesugi in der Niigata-Gegend herrschte. Takedas Fähigkeiten als Verwalter und militärischer Führer sind anerkannt, weniger bekannt ist, daß er mit zahlreichen Konkubinen sieben Söhne und fünf Töchter zeugte und einem Samurai-Kameraden in Liebe zugetan war, vor allem auch, daß er für seine Kriegsziele bedenkenlos Menschenleben opferte. In der Schlacht bei Kawanakajima sollen 8000 Streiter gefallen sein, sicher ein sehr hoher Blutzoll für einen Kampf zwischen Regionalfürsten.

Sie wurden Daimyô genannt und entwickelten sich immer mehr zu souveränen Territorialherren, bekämpft von den Generälen der Zentralregierung. Bauern versuchten mit Waffengewalt, sich der Steuerlast zu entledigen, immer mehr Klöster bewaffneten sich und übten großen politischen Einfluß aus. Zu dieser unruhigen Zeit fanden die Tennô in Kioto es schwer, ihren Lebensunterhalt zu sichern. Ihre Begräbnisse oder „Inthronisationen" mußten wiederholt wegen Geldmangels aufgeschoben werden. Japanische Seeräuber, Wakô genannt, kreuzten bis vor der chinesischen Küste. Zwischen 1467 und 1477 tobte ein blutiger Krieg zwischen zwei fast gleich starken Gruppierungen um Nachfolgerechte einiger wichtiger Familien. Er endete ohne Entscheidung durch die völlige Erschöpfung der Kontrahenten.

Daß sich in dieser Zeit extremster militärischer und politischer Turbulenz der Kunstsinn in feinsten Schöpfungen manifestierte, offenbart, wie stark er im japanischen Charakter verwurzelt ist. Es läßt sich auch annehmen, daß viele der ernstesten Menschen angewidert von der Brutalität der Auseinandersetzungen Zuflucht im Ästhetischen suchten. Endlich gefielen sich die fragwürdigen Gestalten, die als Sieger oder Unterlegene ihren Namen in der Geschichte zurückließen, in einem freigebigen Mäzenatentum, offenbar um damit zu renommieren. In der Literatur galt eine Kombination von religiösem und ästhetischem Gefühl als besonders brisant. Vom Zen inspiriert wurde der Tod durch geistvolle Silbengedichte, von denen man annehmen darf, daß sie schon früher konzipiert waren, gleichsam überspielt. Uesugi Kenshin soll als Abschiedsvers diese Zeilen hinterlassen haben:

Himmel und Hölle liegt fern zurück.
Ich stehe im dämmernden Mond,
Vom Gewölk der Gebundenheit frei.[2]

1532 ist jenes denkwürdige Jahr, in dem zum ersten Male Europäer, portugiesische Kaufleute, auf der Insel Tanegashima, südlich von Kyûshû, mit Japanern in Berührung kamen. Bei einem späteren Treffen elf Jahre danach schenkten sie ihren freundlichen Gastgebern ein Gewehr. Es wurde schon bald von den Japanern nachgebaut und begann allmählich die bisherigen Waffen weitgehend zu verdrängen. Am 15. August 1549 landete Franziskus Xaverius im Hafen von Kagoshima, die christliche Mission des 16. Jahrhunderts beginnt. Im Verlaufe von über 60 Jahren entwickelte sie sich rasch und kam schließlich zu einem tragischen Ende.

Einigung Japans unter den drei Shôgun

Zu dieser Zeit macht Oda Nobunaga (1534–1582) aus der Gegend von Nagoya wegen seiner erfolgreichen Kriegszüge viel von sich reden. Bald wird er vom Kaiser wie auch vom Shôgun (Oberbefehlshaber) um Hilfe angegangen, zieht in Kioto ein und setzt diesen ab, der sich als regierungsunfähig erwiesen hatte. Die nun folgende Periode beginnt 1573 und heißt Azuchi-Momoyama-Zeit, so benannt nach zwei Schlössern, dem des Nobunaga in Azuchi und dem seines Nachfolgers Hideyoshi (1535–1598) auf dem Berge Momoyama bei Kioto. 1614 gilt als das letzte Jahr dieser Periode, die deswegen bedeutsam ist, weil die Einigung des Landes nach einer langen Zeit des fortschreitenden politischen Verfalls erreicht wird, aber auch wegen des ersten großen Aufblühens der christlichen Mission, ihrer Unterdrückung und der Abschließung Japans gegen die Außenwelt.

Die Einigung Japans wurde schrittweise durchgeführt. Am Beginn steht die Person des Nobunaga, der schon im frühen Alter von 15 Jahren das Erbe seines Vaters gegen dessen Feinde verteidigen mußte. Nobunaga war erfolgreich, räumte danach durch Mord und Betrug skrupellos unter seinen nächsten Verwandten alle denkbaren Rivalen aus, stiftete dann systematisch Unfrieden unter seinen Feinden in Zentraljapan, den Imagawa, und überrumpelte sie mit nur einem Fünftel an Truppenstärke so vollständig, daß sein Sieg ihn in ganz Japan berühmt und gefürchtet machte.

Der dritte und letzte der Einiger Japans, Tokugawa Ieyasu (1542–1616), der Nobunaga wohl noch an Tücke übertraf und bis dahin sein Gegner war, erklärte sich zu einem Vergleich bereit, der Japan in zwei Interessensphären teilte. Dies ist umso erstaunlicher, als Nobunaga einen Sohn Ieyasus, der mit seiner Tochter verheiratet war, also seinen Schwiegersohn, ebenfalls wegen eventueller Rivalität töten ließ. Oda Nobunaga, wie er mit dem vollen Namen hieß, dürfte der grausamste unter allen führenden Gestalten der japanischen Geschichte gewesen sein. Er hungerte nicht nur eingeschlossene Feinde zu Tode, umzingelte ganze Tempelkomplexe und brannte sie mit allen Bewohnern darin nieder, er tötete durchweg alle, die sich ihm ergaben und soll bei einem Bauernaufstand in der Provinz Fukui 40 000 Menschen niedergemacht haben.

Sein Interesse an ausländischen Dingen war echt, wenngleich er die christlichen Missionen nicht aus weltanschaulichen Motiven begünstigte, sondern sie in erster Linie in seinem Kampf gegen die mächtigen buddhistischen Sekten ausspielte. Eine überraschende Taktik in der Schlachtenführung und der systematische Einsatz der neuen Feuerwaffen dabei verliehen ihm jene Überlegenheit, die weithin seinen Ruf begründete. Nobunaga besaß die Weitsicht, die zahllosen Zollschranken aufzuheben, die in dem völlig zersplitterten Japan die Handelsströme allenthalben behinderten. Der gemeinsame Markt des Nobunaga bedeutete einen entscheidenden Schritt zur Einigung des Landes, das damals 18 Millionen Einwohner zählte. Ganz unerwartet wurde er eines Tages von einem seiner Generäle, Akechi Mitsuhide, übermannt und zum Selbstmord gezwungen, ein Ende, das ihm vielleicht gemäß war.

Ein anderer seiner Generäle, der Analphabet Toyotomi Hideyoshi, der es immer wieder fertig gebracht hatte, streunende Samurai zu schlagkräftigen Truppenkontingenten für Nobunaga zu formieren, bereitete dem Mörder seines Herrn, dem Shôgun der 13 Tage, nach kurzem Kampf ebenfalls ein blutiges

Ende. Hideyoshi wird Shôgun. In seinem hysterischen Mißtrauen gegen die nächste Umgebung ähnelt er Nobunaga. Zwar kam es nicht zu so zahlreichen Exzessen wie unter diesem, aber es war Hideyoshi, der seinen genialen Zeitgenossen und langjährigen Vertrauten, den Tee-Meister Sen-no-Rikyû (1521–1591), vielleicht die herausragendste Gestalt der japanischen Kulturgeschichte überhaupt, zum Opfer seiner Tyrannenangst machte. Er verdächtigte ihn der Rebellion, eines Giftmordanschlags durch Tee auf ihn selbst und zwang ihn zur Selbstentleibung.

Zu Beginn seiner militärisch-politischen Karriere setzt er den nunmehr schon traditionellen Akt der Usurpation durch Geiselnahme: er bemächtigt sich des einjährigen Enkels Nobunagas und übernimmt die Vormundschaft. Die aufgebrachten Rivalen für dieses Amt schlägt er in offener Schlacht, mit Ausnahme des Tokugawa Ieyasu, der auch mit ihm einen Vergleich schließt. Als äußeres Zeichen seiner Macht errichtet er in Osaka eine Schloßfestung, deren gewaltige Quader noch heute Erstaunen erregen. Für sich läßt er den Titel Kampaku, kaiserlicher Stellvertreter, verkünden, den höchsten Rang, den man sich überhaupt ausdenken konnte; zugleich bekleidete er das Amt des Ministerpräsidenten (dajodaijin). Er befestigt seine Macht durch Streifzüge in den hohen Norden bis nach Hokkaidô und den Westen bis Kyûshû, hielt sich aber an das Abkommen mit Ieyasu. Als letzte Feste der Hôjô belagerte er Odawara, westlich von Yokohama, das schon Uesugi Kenshin und Takeda Shingen vergeblich bestürmt hatten. Die bedrängten Hôjô konnten sich nicht über die Art und Weise einigen, in der sie den Gegner kontern wollten, sie berieten so lange, daß die wichtigste Zeit für einen Gegenstoß ungenutzt verstrich. Hideyoshi nahm Odawara ein. Dies geschichtliche Ereignis gab Anlaß zu der heute feststehenden Redensart „Odawara Hyôjô", Beratungen wie in Odawara, womit endlose und schließlich fruchtlose Beratungen gemeint sind, die den Moment zur Aktion verpassen. Man wird an das Hornberger Schießen erinnert, ein allerdings nicht so kriegerisches Ereignis.

Hideyoshi, der ehrgeizige und mit Bauernschläue begabte Draufgänger, ersinnt eine Politik der Expansion auf dem asiatischen Festland und verzichtet, um sich auf dieses Ziel zu konzentrieren, auf den Titel Kampaku zugunsten seines Adoptivsohns Hirotsugu, als dessen Vormund er sich nun Taikô nennt. Da die koreanische Regierung die Aufforderung, Tribut zu zahlen, ablehnt, setzt er mit einem Heer nach Korea über, erobert Seoul und dringt bis zur chinesischen Grenze vor. Die Chinesen, die er ebenfalls zur Unterwerfung auffordert, antworten mit Vorschlägen für eine friedliche Lösung, nutzen aber die nun eintretende Verzögerung, um weitere Truppen heranzuziehen. Der Krieg verläuft ohne Entscheidung. Bei späteren diplomatischen Verhandlungen sprechen sie in einem Schreiben Hideyoshi als König an, reservieren aber den Titel eines Kaisers für den chinesischen Herrscher. Darüber erzürnt startet der Taikô einen zweiten Feldzug, der aber ebenfalls keine durchschlagenden Erfolge bringt, die japanische Flotte muß sogar eine empfindliche Niederlage hinnehmen. Das koreanische Abenteuer verebbt vollends mit dem Tode Hideyoshis.

Das Temperament des Taikô war gleichsam vorprogrammiert zu einer Konfrontation mit der sich kräftig entwickelnden christlichen Mission. Dazu trug natürlich die mit heute verglichen enge Ausrichtung der damaligen Glaubensauffassung bei, aber sicher auch die Unkenntnis über die damals noch weit weniger als heute berechenbare, schwierige Mentalität der Japaner. Nach christlicher Überzeugung war Nobunaga ein Massenmörder, Hideyoshi ein sexueller Wüstling und Ieyasu ein Ausbund an Verschlagenheit und Machtfanatismus. In den vertraulichen Briefen der Missionare nach Europa – es gab andere, die der Erbaulichkeit wegen von den Problemen absahen – zittert die Furcht vor dem Tyrannen und der jederzeit zu erwartenden Katastrophe durch. Man fühlte, daß die sittliche Unnachgiebigkeit einiger Christen ihn provoziert hatte, hätte sich aber auch ausrechnen können, daß eine Religionsgemeinschaft mit letzter Befehlsgewalt im fernen Ausland wie ein Pfahl im Fleisch des japanischen Gemeinwesens empfunden werden mußte. Der Buddhismus war nicht durch Ausländer eingeführt worden, hatte in seiner dogmatischen Toleranz dem Schintoismus seinen Platz belassen und die Akzente der buddhistischen Ethik auf Tugenden wie Fleiß, Genügsamkeit und Geduld gelegt, deren Bezugspunkt nicht in erster Linie eine metaphysisch verstandene Lehre von der Vergänglichkeit alles Irdischen war, sondern das Leben mit Erdbeben, Taifunen und Vulkanen. Das Christentum war zu solch schwerwiegenden Kompromissen nie bereit. Es kommt aus einer Kombination verschiedener Anlässe zu einer ersten Verfolgung.

In der Todesstunde Hideyoshis braucht Tokugawa Ieyasu keine Garantie für den Adoptivsohn Hirotsugu zu übernehmen, denn Hideyoshi hatte ihn bereits in den Freitod getrieben. Er verspricht dem Sterbenden indessen, seinen fünfjährigen leiblichen Sohn zur Herrschaft zu bringen und übernimmt dessen Vormundschaft gegen den Protest seiner Rivalen in einem Fünf-Männer-Gremium, das Hideyoshis Nachfolgeregelung überwachen sollte. Es kommt zum Kampf. In der historischen Schlacht bei Sekigahara, etwa auf halbem Wege zwischen Nagoya und Kioto, siegt Ieyasu durch vorher geplanten Verrat. Mitten in der Schlacht fallen seine geheimen Verbündeten über ihre scheinbaren Freunde her und stiften eine solche Verwirrung, daß Ieyasu trotz weit geringerer Streitkräfte siegt. Er übernimmt jetzt die Herrschaft offiziell von dem siebenjährigen Hideyori, überläßt ihm und seinen Getreuen aber die Schloßfeste Osaka, weil er sich offenbar noch nicht stark genug fühlte, ganz Japan zu beherrschen, was ja auch niemand vor ihm erreicht hatte. Nach 14 Jahren Wartens glaubt er, daß dieser Zeitpunkt gekommen ist. Er stellt sich beleidigt durch den nunmehr 21jährigen Hideyori und stellt hohe Sühneforderungen. Seine Feinde sammeln eine bedrohliche Streitmacht. Er schraubt in einem Vergleich seine Forderungen stark zurück, besteht aber darauf, daß die äußeren Befestigungsgräben des Osaka-Schlosses zugeschüttet werden. Nachdem die feindliche Streitmacht sich weitgehend zerstreut hat, beginnen seine Mannen auch noch den inneren Graben einzuebnen. Der Kampf entbrennt aufs Neue, die stark geschwächte Festung wird genommen und niedergebrannt, Hideyori stirbt mit seiner Mutter in den Flammen. Ieyasu beginnt sofort seine Herrschaft bis in die entlegensten Gebiete Japans geltend zu machen, die Einigung des Landes ist vollendet.

Tokugawa-Diktatur

Der Kaiser wird auf das strengste reglementiert. Nur der Kronprinz darf, und zwar mit Erlaubnis, heiraten, die anderen Prinzen müssen ins Kloster eintreten. Der Shôgun braucht für Regierungsakte keinerlei Erlaubnis des Kaisers einzuholen, er regiert souverän. Die Daimyô (Fürsten) werden in drei Klassen eingeteilt: die engen Blutsverwandten des Ieyasu, die Tokugawa-Familien; solche Daimyô, die schon vor dem Fall von Osaka zu den Tokugawa gestanden haben; endlich diejenigen, die sich erst nach dem Fall des Osaka-Schlosses unterwarfen, die Tozama Daimyô. Die Frauen und Kinder aller Fürsten müssen ständig als Geisel in Tokio bleiben, der Fürst selbst muß jedes zweite Jahr mit seinem Gefolge in Tokio verbringen. Das Prinzip der Regierung durch Geiselnahme wird also auf alle Daimyô ausgedehnt. Durch das ständige Reisen der Fürsten durch das Land nach und von Tokio wird es ihnen unmöglich gemacht, politische Unruhe zu stiften, andererseits werden ihnen Zerstreuungen zur Entspannung geboten, die Aldous Huxley inspiriert haben könnten. Die Fürsten hatten nicht nach Kioto zu gehen, noch durften sie ihre Schlösser bei Verfall ausbessern. Kontributionen zu dem Schloß von Tokio, das jetzt ausgebaut wurde, und später zum Tempel von Nikkô sollten sie finanziell schwächen. Noch heute kann man in Hakone die Kontrollstelle (sekisho) besichtigen, wo „hinunter" reisende Fürsten auf Frauen und Kinder, „hinauf" reisende auf Schwerter untersucht wurden.

Die Samurai bildeten die oberste Klasse einer Vier-Stände-Ordnung, d. h. sie wurden zu Beamten. Der Umgang mit dem Schwert mußte dem mit der Feder weichen. Auch ihre Heiraten waren strengen Regeln unterworfen. Die Familien der drei anderen Stände: Bauern, Handwerker und Kaufleute, wurden in den traditionellen Gruppen von je fünf Haushalten zusammengefaßt, um Verbrechen, Brände und Steuerhinterziehung zu verhindern, sich gegenseitig zu helfen, aber auch sich zu bewachen. Durch Gruppenhaft konnte das Christentum wirksam unterdrückt werden. Eta bildeten den vierten Stand (unter den drei Klassen von Gemeinen) und „Nichtmenschen" die allerunterstenten Schichten.

1614 zog Ieyasu den Schlußstrich unter die Christenverfolgung, indem er die Ausschiffung aller Missionare von Nagasaki nach Manila anordnete, den Daimyô die Zerstörung der Kirchen befahl und von allen Japanern die persönliche Verleugnung des christlichen Glaubens verlangte. Tokugawa Ieyasu erhielt nach seinem Tode (1616) den posthumen Namen Tôshô, Licht des Ostens, vom Kaiser verliehen. Sein Leichnam wurde nach Nikkô überführt, wo ihm der Tempel Tôshôgû errichtet wurde. Unter seinem Nachfolger Iemitsu wird außer einem Verbot für die Einfuhr ausländischer Bücher sogar die Reise ins Ausland unter Todesstrafe verboten.

Ein letztes Aufflackern des Volkswillens stellt der blutige Aufstand von Shimabara 1637 dar. Motiviert aus sozialer Ungerechtigkeit erhebt sich die weitgehend christliche Bevölkerung gegen den dortigen Daimyô. Nach der grausamen Niederwerfung des Aufstandes sperrt sich Japan gegen das Ausland noch totaler ab. Außer den Holländern, denen eine kleine Faktorei in Nagasaki eingeräumt wird, verbietet die Regierung allen Ausländern das Betreten des Landes. Zugleich mit der Absperrung (sakoku) werden die Verbote des Christentums noch strenger durchgeführt. Außer der Folter wird das Tretbild verpflichtend, um den Abfall geheimer Christen zu erzwingen.

Immer fester etabliert sich die Tokugawa-Diktatur über Japan, eine Tatsache, die sich wohl nur dadurch erklären läßt, daß die damaligen Japaner der seit Menschengedenken tobenden Kriege und politischen Unruhen überdrüssig geworden waren. Außer der rigorosen Gewalt der Diktatoren, so spürte man vielleicht, war niemand imstande, die Ruhe nach Außen und im Innern zu gewährleisten, die man unbewußt suchte. Daß die zweieinhalb Jahrhunderte „nationalen Klosterlebens" auf die Ausformung des japanischen Volkscharakters, so wie er heute existiert, eine überaus tiefe Wirkung ausübten, steht außer Zweifel. Die Uniformität der Japaner, ihre „Austauschbarkeit", die sich nicht nur im Berufsleben zeigt, wo der Wechsel in der Beschäftigung und, nach etwa fünf Jahren, auch des Ortes, typisch Japanisch ist im Gegensatz zum deutschen Verharren und „Wurzeln schlagen". Am klarsten äußert es sich in der Auswahl des Ehepartners, bei der Liebe noch immer sehr oft völlig zurückgestellt wird zugunsten von Erwägungen der wirtschaftlich-gesellschaftlichen Abgestimmtheit. Das Phänomen Sakoku (nationale Absperrung) insinuiert aber auch, daß für jede Art von Ordnung in Japan u. a. ein gutes Maß an Gewalt nötig ist, die zum wenigsten potenziell vorhanden sein muß; ohne sie zerfällt jede Gruppe durch den Ehrgeiz vieler, die bis aufs Messer um die Macht kämpfen. Das ist die Lehre aus den Wirren der japanischen Geschichte und dem darauf folgenden Sakoku. Obwohl in den Unternehmen sogar die jüngsten Mitglieder mitreden können, bedarf eine fast anarchistische Tendenz der Zügelung durch eine elastische, aber nötigenfalls eindeutige Leitung. In der Spannung der beiden Pole könnte das Geheimnis des Erfolges einer jeden Organisation, wenigstens in Japan, liegen.

Nach fast einem Jahrhundert erzwungener aber akzeptierter Stille schreckt die Blutrache der 47 Samurai von Akô im Jahre 1702 das Land auf. Ihr Herr, der Fürst von Akô, hatte wegen einer Beleidigung durch Kira Kôzuke sich dazu hinreißen lassen, im Shôgunatspalast das Schwert zu ziehen. Sofort wurde er gezwungen, Seppuku zu begehen, was dazu führte, daß seine Samurai herrenlos wurden, was in Japan so viel wie ehrlos bedeutete. 47 von ihnen bereiten in aller Stille die Rache vor, schlagen Kira den Kopf ab und legen ihn auf das Grab ihres Herrn. Trotz der weiten Zustimmung, die ihre Tat fand, werden alle 47 zum Tode durch Seppuku verurteilt.

Bis heute hören die Weihrauchstäbchen auf den 47 Gräbern beim Sengaku-Tempel von Shiba-Takanawa in Tokio nicht auf zu glimmen. Keine Episode bewegt die Gemüter der Japaner so sehr wie die der Rache der 47 Rônin (herrenlose Samurai). Ôishi Yoshiô, ihr Vorsteher, entläßt erst alle Samurai, die sich einen neuen Herrn suchen wollen. Mit dem getreuen Rest arbeitet er eineinhalb Jahre an der Verwirklichung der Blutrache. Kira schöpft Verdacht, spioniert, aber er kann nur Trunkenbolde in den Gossen, Geistesgestörte, Zuhälter und friedliche Gemüsehändler entdecken. Die Frau des toten Fürsten von Akô wirft Ôishi Liederlichkeit vor, er wendet sich weinend ab. Selbst seine Getreuen glauben, er habe alles aufgegeben. Aber es ist nur Schein. Keine Szene wurde so oft verfilmt, so oft im Fernsehen, im Theater gezeigt, keine Story hat die Japaner so oft zu Tränen gerührt wie dieser Sieg der Gerechtigkeit und die endliche Tragik des Seppuku, der aber ein Tod in Ehren ist.

Läßt sich sagen, daß der Elan der japanischen Wirtschaft heute mit seinen Auswirkungen im Welthandel für viele Japaner den Aspekt eines verspäteten Sieges der gerechten Sache hat? Denn sie war ja bereits vor dem Zweiten Weltkrieg in einigen Branchen „bedrohlich stark". Jedenfalls sollte man die Stärke der unterschwelligen Emotionen der Japaner und deren enorm lange Phasen nicht unterschätzen. Die Geschichte lehrt es.

Öffnung und Meiji-Reform

Etwa ein Jahrzehnt später beginnt mit Tokugawa Yoshimune (1716–1745) eine allmähliche Lockerung des Regimes. Das Bücherverbot wurde aufgehoben und das Studium der alten Literatur angeregt. In der begrenzten Geistesfreiheit erwächst langsam ein Gefühl des Widerwillens gegen die Shôgune und der zunächst wohl nostalgischen Sympathie für den Kaiser. Kamo Mabuchi, Motoori Norinaga und Hirata Atsutane heißen die wichtigsten Vertreter einer Rückbesinnung auf das ursprüngliche geistige Erbe Japans, das sich vornehmlich am Schinto orientiert. Man fordert die Trennung des Schinto vom Buddhismus, aber das Hauptinteresse richtet sich auf das in Ohnmacht befindliche Kaisertum.

Trotz der fortschreitenden Liberalisierung lasten vor allem finanzielle Forderungen der Regierung auf den Daimyô, Samurai und den Ständen, so daß zeitweilig die Bevölkerung zurückgeht und Kinder ausgesetzt, ja getötet werden. Andererseits wächst der Einfluß der reichen Kaufleute, die aber in der Ständeordnung den niedersten Rang innehaben.

Um die Jahrhundertwende von 1800 erscheinen zwei Gesandtschaften der Russen, zuerst in Hokkaidô, dann in Nagasaki. Sie verlangen, daß Japan sich dem Handelsverkehr öffne, was aber abgelehnt wird. Die Tatsache der Gesandtschaften läßt sich nicht verheimlichen, Unruhe entsteht im Volk, die wegen der Gerüchte von Verschwendung und Mißwirtschaft der Shôgune noch wächst.

Als 1853 im Hafen von Uraga, südlich von Yokohama, eine amerikanische Flotte von vier Schiffen unter Admiral Perry auftaucht und im Namen der U.S. Regierung die sofortige Abschließung eines Handelsvertrages verlangt, kann sich die Shôgunatsregierung nur mehr ein Jahr Bedenkzeit erbitten. Perry kehrt mit sieben Schiffen zurück und wartet diesmal vor Kanagawa, also weit näher an Yokohama auf Antwort. Im Vertrag von Kanagawa wird den Vereinigten Staaten Shimoda auf der Halbinsel Izu und Hakodate auf Hokkaidô geöffnet. Es folgen Verträge mit England, Rußland und Holland.

Nachdem sich das Shôgunat für die Öffnung des Landes entschieden hatte, sammeln sich seine Gegner unter dem Motto „Verehrt den Tennô, vertreibt die Fremden!", obwohl letzteres ganz unmöglich war und auch später nicht durchgeführt wurde. Der Haß gegen das Shôgunat überwog gegenüber logischen Erwägungen. Die fremdenfeindliche Partei wächst schnell an, sie drängt den Shôgun, den Kaiser in Kioto aufzusuchen. Auf dessen Aufforderung hin wird der Befehl zur Vertreibung aller Fremden an die Daimyô ausgegeben. Es kommt zu Angriffen auf ausländische Niederlassungen und, als Vergeltung, zur Beschießung von Kagoshima durch die englische Flotte. Auch Schimonoseki wird nach Angriffen auf ausländische Schiffe zum Teil zusammengeschossen.

Daß der Widerstand gegen die Shôgunatsregierung der Tokugawa sich im Westteil von Honshû und auf Kyûshû besonders entschieden äußerte, lag aber nicht an den Bombardements der beiden Städte in diesen Landesteilen. Shiba Ryôtarô, ein Romancier, hat dem heutigen Japan wieder zum Bewußtsein gebracht, was die Hintergründe der dortigen Erhebung waren.[3] Es handelte sich um die Gebiete jener Daimyô, deren Vorfahren vor 250 Jahren bis zum verräterischen Falle der Schloßfeste Osaka gegen Tokugawa Ieyasu gekämpft hatten und natürlich in der historischen Schlacht von Sekigahara trotz des Verrates gegen ihn gestanden hatten. Besonders die Familie Mori, die früher zehn Daimyate beherrschte, war nun in der dritten Klasse der Fürsten der Tozama-Daimyô auf nur zwei Daimyate beschränkt, die Samurai litten Not. Ihr Gebiet hieß Chôshû. Zwar hatte sie sich mit Ieyasu arrangiert, aber der Ruf „Denk an Sekigahara!" wurde von nun an das Kennwort der Chôshû-Leute. Es wird berichtet, daß jedes Jahr, auf Neujahr, die Vasallen sich um den Fürsten versammelten und mit einer geballten Faust auf dem Boden ihn fragten: „Wie ist es in diesem Jahr? Sollen wir loslegen?" Nachdem dieses ominöse Ritual über 200 Jahre durchgehalten worden war, verweigerte an einem Neujahrstag der verarmte Fürst die Antwort. Der Krieg gegen das Shôgunat brach aus. Eine ähnliche Tradition hielt sich auf Kyûshû, wo die Shimazu-Familie herrschte. Diese beiden Gebiete stellen in der Folge im modernisierten Japan so bedeutende Führer wie Saigô Takamori und Okubo Toshimitsu, beide aus Kyûshû und Kido, aber auch Kishi und Satô, alle aus den beiden westlichen Provinzen von Honshû. Die beiden ersten sind vor allem die Führer der Samurai, die in den folgenden Unruhen offen gegen die Shôgunatsregierung kämpfen. Um einen drohenden Bürgerkrieg angesichts der gleichzeitigen Bedrohung durch die Fremden abzuwehren, gibt die Shôgunatsregierung 1867 die Macht an den Tennô zurück, sie dankt ab. Die 264jährige Herrschaft der Tokugawa, eine der perfektesten Diktaturen, die die Menschheit je gesehen hat, geht zu Ende.

Die „Restauration der kaiserlichen Herrschaft", die nun folgte, war in Wirklichkeit eine Reform des Regierungs- und Gesellschaftssystems, am besten Meiji-Reform genannt, weil sie in die Regierungszeit des Meiji-Kaisers fiel. 1868 bildete sich eine Regierung, in der zunächst kaiserliche Prinzen und Daimyôs in geringer Zahl mit einer Mehrheit von Hofadligen und Samurai vereint berieten. Nach verschiedenen Umbildungen blieben fast nur noch die Samurai jener oben erwähnten Gebiete, die sich bei der Umgestaltung der politischen Struktur besonders hervorgetan hatten. Die Verfassung der vier Stände wurde abgeschafft, allgemeine Wehr- und Schulpflicht eingeführt. Die Aufhebung aller Standesprivilegien war vollständiger als in vielen damaligen westlichen Ländern, etwa Preußen-Deutschland, dessen Einfluß sich andererseits in der neuen Verfassung von 1889 eindeutig geltend machte. Parlamentarismus im englischen Sinn gab es nicht, der Staat sollte „überparteilich" bleiben, wie es hieß. Auch ein Generalstab nach preußischem Vorbild wurde aufgestellt, französische Einflüsse in der Militärerziehung durch den unglücklichen Rat eines Major Meckel zurückgedrängt. Nicht nur das Heer, auch das Beamtentum verkörperten in der Folge unabhängige Pfeiler eines Staates, der zwar von Reichstag und Regierung geleitet wird, in dem aber auch noch der Kaiser als unverletzliche Majestät aus eigener Machtvollkommenheit regiert. Seine Gesetzesgewalt teilt er mit dem Reichstag, aber er ist oberster Befehlshaber von Armee und Flotte.

Die Meiji-Reform kann als die zweite Epoche gelten, in der Japan im großen Stil vom Ausland lernte. Ähnlich wie tausend Jahre früher paßte es sich einer überlegenen ausländischen Kultur an und zog das Lernen der Konfrontation vor. Wie damals kam es auch bei der Meiji-Reform zu heftigen Reaktionen konservativer Kräfte. Eine der letzten war der Aufstand der Samurai von Kagoshima unter der Führung von Saigô Takamori, die mit dem Seppuku Saigôs auf dem Hügel über Kagoshima endete, in einer Landschaft, die eines solchen Dramas würdig ist.

Ôkubo Toshimichi, der ein Mitschüler Saigôs gewesen war und zur Zeit des Aufstands die Regierung führte, spielte eine so wichtige Rolle, daß sie sich bis heute auswirkt. Nach seinem freiwilligen Rücktritt als Regierungschef, die aber nach der Tradition keine Entmachtung bedeutete, widmete er seine Energie ganz den Finanzen und der industriellen Entwicklung. Mitsui, Mitsubishi, Shimada und andere Unternehmen profitierten von seiner Protektion, aber auch Landwirtschaft, Seidenwarenproduktion und Schiffsbau gediehen unter seinem Schutz. Die Regierung nahm sich der wirtschaftlichen Belange an, wie im Westen vielleicht die französische im 17. Jahrhundert. Ôkubo erlag schließlich einem Attentat, nachdem er 1876 verordnet hatte, daß die Samurai ihre zwei Schwerter nicht mehr tragen durften und aller wirtschaftlichen Sonderrechte, allerdings bei solider Entschädigung, verlustig gingen. Man hatte vorgeschlagen, die Samurai durch eine militärische Aktion auf Korea zu beschäftigen, Ôkubo wehrte sich dagegen. Auch bei der Klärung des Verhältnisses Japans zu Formosa drang er auf Verhandlungen. Aber hier zeigte sich bereits die Schwäche eines Herrschaftssystems mit mehreren Machtpfeilern: die kleine Kriegsflotte stach, ohne auf die Anordnungen der Regierung zu warten, in See und agierte selbständig. Die Entscheidungsfindung in Japan zwischen der Meiji-Reform und dem Ende des Zweiten Weltkriegs war nie leicht zu analysieren, zumal bald ein neues Element hinzutrat: die Gruppe der Genrô, wie die „Elder Statesmen" sich nannten, die früher Ministerpräsidenten oder ähnliche Posten innegehabt hatten. Versuche von Shigenobu Ôkuma, die Parteien wie in England in Szene zu setzen, blieben ohne lange Wirkung. Auf dem außenpolitischen Sektor ist die Zurückhaltung und die damit verbundene Verarmung in den zwischenstaatlichen Beziehungen der Tokugawazeit endgültig überwunden.

Ausgelöst durch die Formosa-Frage kommt es 1894 zum chinesisch-japanischen Krieg, der Japan nicht nur Taiwan (Formosa), sondern auch die Halbinsel Liaotung einbringt. Wegen des entschiedenen Protestes von Rußland, Deutschland und Frankreich muß die Halbinsel wieder zurückgegeben werden. Als in den folgenden Jahren Rußland Truppen in die Mandschurei schickt und sich auch für Korea zu interessieren beginnt, bricht der russisch-japanische Krieg (1904–1905) durch einen Überfall – nach einem Ultimatum – auf die russische Flotte Fern-Ost aus. In der Folge davon wird Korea annektiert und die Grundlage für die spätere Expansion in der Mandschurei gelegt.

Mit dem Tode des Meiji-Kaisers Mutsuhito 1912 beginnt die Taishôzeit (1912–1926). Japan tritt auf seiten der Alliierten in den Ersten Weltkrieg ein und gewinnt nun doch von den Deutschen die Halbinsel Liaotung und weitere Inseln in der Südsee. Bei den Flottenverhandlungen nach dem Kriege in Washington fühlt sich Japan gegenüber England und Amerika durch das 3:5:5 Verhältnis, obwohl es in Wirklichkeit recht vorteilhaft war, derartig benachteiligt, daß bald in einer geistigen Anlehnung an die Mentalität der Weimar-Republik das Schlagwort von den Ungerechtigkeiten von Versailles und Washington geprägt wird.

Zunächst schien die Entwicklung auf mehr Demokratisierung hinauszulaufen, so daß man heute noch von der Taishô-Demokratie spricht, obwohl sie sich an Tiefe nicht einmal mit der Weimar-Demokratie vergleichen läßt. Die Parteien wurden in der Verfassung nicht erwähnt, besaßen kein eigentliches Programm, und die beiden wichtigsten, Minseitô und Seiyûkai, arbeiteten mit der Industrie zusammen. Bestechungen waren an der Tagesordnung, was anderen politischen Kräften Auftrieb gab. Eine sozialistische Massenpartei nahm sich bald die NSDAP zum Vorbild, und sogar die Kommunisten waren bereit, unter dem Druck der immer stärker werdenden nationalistischen Strömung dieser Volksstimmung zuzustimmen.

Das Jahr 1926 bedeutet den Beginn der Regierung des Kaisers Hirohito und damit der Shôwa-Zeit. Während China sich in etwa unter Chiang-Kaishek konsolidierte, der im gleichen Jahr Oberbefehlshaber geworden war, sah Japan die Sonderrechte, die es in der Mandschurei und der Inneren Mongolei beanspruchte, bedroht. 1931 begann die Besetzung der Mandschurei, die bereits 1932 mit der Gründung des Mandschukuo-Staates, was Japan anging, endete. Die Regierung in Tokio konnte dabei vielfach den Vormarsch der selbständig agierenden Truppen nur noch nachträglich sanktionieren. Vor allem die damals berühmte Kantung-Armee handelte oft nach ihrem eigenen Gutdünken. 1937 kam es zum offenen Krieg mit China, der aber als China-Krise (shina-jihen) deklariert wurde. Es wurde keine Kriegserklärung ausgehändigt, denn China, so hieß es, sei kein ebenbürtiger Partner diplomatischer Beziehungen für Japan, der im Fernen Osten nirgendwo existiere. Prinz Konoe, der die Regierung leitete, versuchte, das Schlimmste zu verhüten, vermochte sich aber schließlich gegen die Militärs nicht durchzusetzen. Ein Veto von Armee oder Marine konnte jederzeit die Regierung stürzen. So war es logisch, daß endlich das Militär in der Gestalt Hideki Tôjôs 1941 die Leitung der Regierung selbst in die Hände nahm.

Zweiter Weltkrieg und Wiederaufbau

Man muß einräumen, daß Armee, Marine und die großen vaterländischen Verbände in den Augen der meisten damaligen Japaner höhere moralische Werte repräsentierten als die korrupten Parteien. Andererseits fehlte es überall, ähnlich wie im nationalsozialistischen Deutschland, an jedem ausgewogenen Urteil über die wahren Verhältnisse im Vergleich zu anderen Staaten und Rassen. Der Durchschnittsjapaner glaubte fest an die Gottmenschlichkeit des Tennô, an die Überlegenheit Japans in geistiger Hinsicht, wobei er sich auf den Bushidô und den Schinto berief, ja, er besaß vielfach ein abnormes Bild von der Unterlegenheit der nichtjapanischen Welt, sogar in technologischen Fragen, die damals durchweg nicht bestand.

Aus dieser Kollektivmanie kann man nur den verblendeten Eintritt Japans in den Krieg erklären, obwohl Hitler zu der Zeit bereits die Grenzen seiner Möglichkeiten sowohl über England als auch in Rußland klar gemacht wurden. Die japanische Presse, die noch heute zu kollektivem Fehlurteil neigt, wie etwa bei der Überhöhung der Erdbebengefahr, verhielt sich konform zur nationalistischen Grundströmung der Zeit.

Tôjô konzentrierte in seiner Hand außer dem Amt des Premierministers das Innen- und Munitionsministerium, war aber auch zeitweilig Chef des Generalstabs der Armee. Nur die Marine konnte er nie vollständig kontrollieren. Sein großer Fehler bestand darin, daß er sich trotz immer häufigerer Niederlagen zu keiner Korrektur entschließen konnte. Seine Kritiker in der stets in Bewegung befindlichen führenden Gruppe bekamen die Oberhand und stürzten ihn noch vor dem Ende des Krieges. Er wurde als Kriegsverbrecher von den Amerikanern gehängt.

Der Kaiser, mit dessen Namen auf den Lippen Millionen von japanischen Soldaten gestorben waren, überstand das Kriegsende, weil ihm die relativ schnelle Herbeiführung des Waffenstillstandes zugeschrieben wurde. Welches persönliche Verdienst er dabei wirklich hatte, läßt sich schwer sagen. Sicher ist, daß die siegreichen Amerikaner die unrealistische Vorstellung hegten, daß ohne den Kaiser Japan kommunistisch werde, eine Auffassung, die offenbar durch überlebende Missionare noch verstärkt wurde.

Ermutigt durch dieses für sie gute Omen setzten sich später zahlreiche Politiker der früheren Zeit in der nun zeitgemäßen japanischen Demokratie erneut in Szene. Kishi, der dem Kriegskabinett angehörte hatte, vereinigte die Nachfolgeparteien der beiden oben erwähnten alten Vorkriegsparteien zur heutigen Liberaldemokratischen Partei. Sie konnte seit Kriegsende die Politik bestimmen, wobei die großen Gruppierungen innerhalb dieser Partei ein begrenztes politisches Meinungsspektrum darstellen. So gibt es Taiwan- und Volksrepublik-China-freundliche Gruppierungen. Sie alle sind für ihre politische Aktivitäten auf die Unterstützung des Großkapitals angewiesen. Die Einbeziehung einer der anderen Parteien in eine Koalition scheint schwierig, die Übergabe der Regierungsgeschäfte an eine Koalition von bisherigen Oppositionsparteien, wie sie in allen demokratischen Ländern üblich ist, läßt sich in Japan einstweilen nicht vorstellen. In dieser Hinsicht scheint der demokratische Gedanke vorläufig ebenso gescheitert zu sein wie 400 Jahre zuvor das Christentum, wenn auch keineswegs vollständig; es gibt viele Indizien echter Demokratisierung in der japanischen Gesellschaft.

Während so in der Innenpolitik nur sehr wenig wirklich Dramatisches geschieht, läßt sich sagen, daß die politische Szene in Japan heute durchsichtiger ist als früher, weil nicht nur die Armee und die Marine ihre politische Eigenständigkeit verloren haben, sondern auch die Gruppe der Elder Statesmen (genrô) keine Rolle mehr spielt. Aber die Gefahr, daß sich hinter einer bisher rein verbalen Sonderstellung des Kaisers eine unkontrollierbare Gruppe von großem Einfluß etabliert, kann nur so lange als gebannt gelten, als die dunklen Kräfte innerhalb der Regierungspartei, die mehr Macht für den Kaiser, also in Wirklichkeit für sich selbst, fordern, nicht zum Zuge kommen.

An die Stelle der früheren Eigenheiten der japanischen Entscheidungsfindung im Politischen traten allerdings einige beachtenswerte neue Faktoren, die hier aufgezählt seien. Da ist z. B. die typisch asiatische Rücksichtnahme auf die Opposition. Seit alters her pflegt man in vielen asiatischen Ländern so lange zu diskutieren, bis Einstimmigkeit eingetreten ist, weil man glaubt, sonst nicht mit der nötigen Geschlossenheit zur Aktion übergehen zu können. So kommt es offenbar aus dieser Tradition im japanischen Parlament immer wieder zu Filibustern, Boykotts und schließlich zu Kompromissen mit der Opposition, bei denen je nach Partei auch große Gelder den Besitzer wechseln. Ein zweites Novum der politischen Szene betrifft in erster Linie die Minister. In den letzten Jahren mußten zahlreiche von ihnen wegen „deplazierter Ausdrücke" ihren Posten räumen oder doch sich entschuldigen; Premier Sato verlor allein sechs Minister durch solche „Slip of Tongue", die vielleicht wirklich anzeigen, daß die politische Sprache der Läuterung bedarf. Jedenfalls kann man nur begrüßen, daß eine gewisse Burschikosität im Sprechen, die fast immer einen rechtsreaktionären Unterton hat, verschwindet; es kann sich im Endeffekt nur positiv auf die geistige Haltung auswirken.

Straßendemonstrationen und lähmende Streiks können in Japan der Regierung ernst zu schaffen machen, weil die Massenmedien leicht Partei ergreifen. Die Drohung, etwa bei einer Verfassungsänderung zugunsten von Militär oder der Stellung des Kaisers, riesige Demonstrationen zu entfesseln, beinhaltet immer ein ernstes potenzielles Politikum, das keine Regierung außer acht lassen kann. Politische Streiks könnten ebenfalls eine verheerende Wirkung ausüben, ihre bloße Androhung kann durchaus politische Entscheidungen beeinflussen.

Daß die Zaikai, die Finanzwelt, eine wichtige Rolle in der Politik spielt, mußte gerade noch vor wenigen Jahren Premierminister Miki erleben, der sie eingestandenermaßen nicht sehr liebte. Der Wunschkandidat der Zaikai, Fukuda, löste ihn ab. Die Wahl eines Parlamentariers kostet, alle Unkosten eingerechnet, etwa fünf Millionen D-Mark. Die Führer der großen Gruppierungen der Regierungspartei sind nur deshalb und nur so lange ihrer Führung sicher, als sie die entsprechenden Summen für ihre Getreuen flüssig machen. Von den anderen vier Parteien sind zwei der Unterstützung der Gewerkschaften sicher, eine verläßt sich auf eine buddhistische Sekte, und die Kommunisten finanzieren sich durch ihre hohen Beiträge. Bei der Wahl des Präsidenten der Liberal-Demokratischen Partei werden enorme Summen „bewegt", wie das japanische Wort beschönigend heißt, sicher Hunderte von Millionen. Der Einfluß der Wirtschaft auf die Politik ist dann momentan geradezu entscheidend: über das politische Umfeld hinaus ist sie ein

Ordnungsfaktor, der nicht hoch genug veranschlagt werden kann.

Es gibt zwar in Japan auch einen obersten Gerichtshof, aber die mitgestaltende Rolle, die in der Bundesrepublik das Bundesverfassungsgericht besitzt, kommt ihm nicht zu. Auch darin unterscheidet sich die japanische Demokratie von der der Vereinigten Staaten, wo der Supreme Court oft das letzte Wort spricht. Wenden wir uns nach der Betrachtung der innenpolitischen Szene noch kurz der Außenpolitik zu.

Nach dem Frieden von San Francisco und dem Abschluß eines Beistandspakts mit den Vereinigten Staaten konzentrierte sich Japan ganz auf den wirtschaftlich-industriellen Wiederaufbau, den es vorher schon begonnen hatte. 1965 konnte das Land, was das Bruttosozialprodukt angeht, England und Frankreich und schon 1968 die Bundesrepublik überholen. Damit war es zweitstärkste Wirtschaftsmacht der freien Welt und strebt seither danach, auch im Pro-Kopf-Produkt die noch recht zahlreichen Rivalen einzuholen und zu überflügeln. Wie sich das Verhältnis Japans zum Rest der Welt gestalten wird, nachdem es erst einmal eine eindeutig führende Position unter allen Wirtschaftsmächten errungen hat, kann wohl als die Kernfrage der Zukunft angesehen werden.

Durch die Versöhnung mit der Volksrepublik China scheint das Jahrhunderte alte periodische Engagement Japans auf dem asiatischen Festland zu einem vorläufigen Ende gekommen zu sein. Auch Taiwan, wo stets offene Sympathien für Japan bestanden, besitzt keine Bindungen mehr zu ihm. Japan ist frei, überall zu kaufen und zu verkaufen; bei sonst gleichen Bedingungen würde es wohl gern in Ost- und Südostasien besonders aktiv werden und sei es nur, um seine Wirtschaftskraft anderswo weniger bedrohlich erscheinen zu lassen.

Östliche Philosophie und westliches Denken

Wenn man das Alter der Menschheit mit drei Millionen Jahren ansetzt, lassen sich die dreitausend Jahre Geschichte, derentwegen man von den beiden Kulturen des Ostens und des Westens spricht, mathematisch gerade in einem Zehntel von einem Prozent ausdrücken. Da andererseits während der letzten hundert Jahre eine zunehmende gegenseitige Durchdringung dieser beiden Kulturen unleugbar ist, droht eine Ost-West-Betrachtung schon nach Jahrzehnten veraltet zu werden. Bereits jetzt hat sie in erster Linie historischen Wert und erhellt, wie Geschichte es oft tut, nicht nur die heutige Lage, sie eröffnet Möglichkeiten zukünftiger Prognosen.

Bis in die jüngste Zeit, in der durch kriegerische Expansion, wirtschaftliche Leistung und, in zunehmendem Maße, technische Perfektion sich der Osten, repräsentiert zunächst nur durch Japan, aber immer mehr auch durch die anderen Länder des fernöstlichen Kulturkreises wie Korea, Taiwan, Hongkong und eventuell durch Kontinental-China, als ebenbürtig zu erweisen beginnt, galt es als ungeschriebenes Dogma, daß westliche Kultur der östlichen überlegen sei. Es war der Westen, der die Entwicklung der Technik bis auf den heutigen Stand möglich gemacht hatte. Er trägt sie nach wie vor in erster Linie. Zeitweilig brachte er die meisten Völker der Erde in koloniale Abhängigkeit auf Grund dieser Überlegenheit, besiedelte ganze Kontinente und prägte sie sprachlich.

Unterschiede zwischen der östlichen und westlichen Geistesgeschichte

Die Wurzeln dieser verschiedenartigen Entwicklung der beiden Kulturen, trotz des höheren Alters der östlichen, liegen in ihrem geistigen Werdegang, ihrer Geistesgeschichte.

Was den Westen angeht, kann der Ansatz bereits in der griechischen Kultur gefunden werden. Die scharfe Entgegensetzung von Religion und Mythos auf der einen und Wissenschaft und Philosophie auf der anderen Seite führte zur frühen Ausbildung von pythagoreischer und euklidischer Mathematik und begünstigte den Versuch, ein Bild des Kosmos zu gewinnen, das exakt, objektiv richtig war. Der in diesem Bemühen implizierte Optimismus drückte sich in der Philosophie in der Überwindung einer Welle von Skeptizismus aus. Seit Sokrates, Plato und Aristoteles war er in die philosophische Opposition abgedrängt, der nun beginnende Drang nach Vorwärts und Aufwärts, der den Westen bis heute beherrschen sollte, konnte sich entfalten. Neben die Grundprinzipien einer werdenden Mathematik traten die Fundamentalien der Logik und die Überzeugung, daß es bestimmte Wahrheiten gebe, die ebenso bewiesen werden können, wie das Gute klar erfaßbar ist und das Schöne überwältigend gefühlt wird. Der westliche Geist begann jenen Werten zuzustreben, die er erkannt zu haben glaubte; seine Ideen verschmolzen vielfach mit Idealen, die ihm vorschwebten und zugleich über ihm erschienen. Vorwärts und Aufwärts hieß der Trend, der sich allerdings nicht ohne offenbare Rückschläge und Umwege auswirken konnte.

Durch die Völkerwanderung bedingt, schien die Entwicklung zunächst rückläufig, aber in der mittelalterlichen kirchlichen Lehre bereitet die klare Trennung zwischen Philosophie als auf dem Verstande und Theologie als auf der Offenbarung gegründet die künftige Entwicklung vor. Der eigentliche Durchbruch der naturwissenschaftlichen Denkweise geschah später, bezeichnenderweise nach einer der tiefgreifendsten Renaissancen griechischer Kultur, durch Kopernikus, Galilei, Kepler und Newton, die ihre Theorien gegen eine vorherrschende Meinung durchsetzten, wie sie sich in den Summen, den gewaltigen Systemen von Philosophie und Theologie etabliert hatte. Die Schärfe dessen, was sich damals als moderne Denkweise herausbildete, läßt sich zum Teil aus der Schulung an dieser bereits vorhandenen Geisteswelt erklären, zur Perfektion reifte sie aber erst aus der Konfrontation mit ihr. Wegen des so subtilen Gegners mußte die Jahrhunderte dauernde Anstrengung zu seiner Überwindung eine Klarheit des Geistes kreieren, die später, nach dem errungenen Sieg, ohne jeden ebenbürtigen Gegner dastand. Der europäische Geist hatte einen solchen zivilisatorischen Vorsprung vor dem Rest der Welt erreicht, daß sein Siegeszug nunmehr unaufhaltsam war.

Verglichen mit dieser epochalen Entwicklung, die auf dem Gebiet der Technik die augenfälligsten Resultate zeitigte, erzielten die Länder des Fernen Ostens, trotz mehrerer potenziell bahnbrechender Entdeckungen, nur geringen Fortschritt. Der östliche Geist konnte sich nicht an einem ähnlich scharfen, aber belebenden Gegensatz zwischen einer Überlieferung von alters her und der logisch klaren Denkweise der Philosophie bzw. einer gewissenhaft registrierenden Naturwissenschaft entzünden. Tradition und die Forderungen der Ethik verschmolzen zugunsten der gesellschaftlich-staatlichen Ordnung in einer einzigen harmonischen Zusammenschau: Philosophie sollte Weisheit hervorbringen, die ganzheitlich alles umfaßt; die Natur wurde nicht als möglicher Gegenstand des Experimentes aufgefaßt, als vom Menschen zu erobern und zu beherrschen, vielleicht sogar zu verändern, sondern das Selbst des Menschen als ein bescheidener Teil eines allumfassenden Ganzen begriffen, in das es sich still einfügt. Während die westliche Geisteswelt sich im Verlaufe der Geschichte immer mehr in dem Gegensatz vom Menschen zum Subjekt und der Natur als Objekt polarisierte, verharrte das östliche Interesse von Anfang an bei dem Selbst als Schwerpunkt. Seit der Verbreitung des Zen in China und später in Japan vertiefte es sich noch ausgesprochener in es, Subjekt und Objekt fielen in eins. Im Westen hingegen verfestigten sie sich zu einem diametralen Gegensatzpaar.

Entsprechend gestaltet sich der fundamentale Begriff der Wirklichkeit. Während Realität für den westlichen Menschen vor allem das Universum, allerdings auch den Menschen als einen Teil darin bedeutet, dessen Stellung es in diesem Zusammenhang zu verstehen gilt, besagt sie für den östlichen Menschen vornehmlich das Selbst, das von seinen äußeren Schichten her nach Innen zu transzendieren sei. Gegensätze wie Leib und Seele hat der Osten nie so selbstverständlich empfunden, wie der Westen es vielfach tut; noch heute versteht der östliche Mensch es, sie etwa durch Atemtechniken und Körperhaltung in der Meditation offenbar zu überbrücken.

Nicht nur der Ansatzpunkt der beiden geistigen Entwicklungen von Ost und West erweisen sich als verschieden, auch die Richtung deutet auf ein unterschiedliches, wenn auch unbewußt empfundenes Ziel. Fast zur gleichen Zeit, als im Westen kritische Geister wie die Sophisten ihre Zweifel an den mutigen Gedanken der damaligen Philosophen anmeldeten, entwickelten sich auch in China tiefe Bedenken an der sicheren Erkennbarkeit eines letzten Weltgrundes und eines ebensolchen Lebenszieles. Während die Skeptiker im Westen, wie früher erwähnt, durch die großen Philosophen des Altertums wie Plato und Aristoteles überwunden wurden, weigerte sich der einflußreichste Vertreter fernöstlicher Geistigkeit, Konfuzius, im Einklang mit den Zweiflern zu vielen schwerwiegenden Problemen der Zeitgenossen Stellung zu beziehen. Er beschränkte sich bewußt darauf, dem Staat tüchtige Beamte zu erziehen und sie mit einer noblen Denkweise zu inspirieren. Buddha im fernen Indien ähnelt ihm insofern darin, als er beharrlich zu manchen der fundamentalsten Fragen der damaligen indischen Philosophie pointiert schwieg, eine bedeutungsvolle Tatsache, die es vielleicht erklärt, warum seine Lehre viel später gerade in China so viel Anklang fand.

Bis auf den heutigen Tag hat der östliche Mensch seine Bedenken gegen allzu klare logische Schlüsse beibehalten, er findet keinen Grund zu eiligem Raisonnieren, sondern zögert eher und weist als Resultat seiner Umsicht endlich gern auf jene zwei Seiten hin, die nach seiner Auffassung jede Sache hat. Noch weniger entspricht es seinem Wesen, die Verbindung von verschiedenen, als richtig erkannten Tatsachen zu logischen Systemen anzustreben, er beläßt die Dinge vorsichtig in ihrem ursprünglichen Nebeneinander. Die Behauptung, daß ein System wirklich vollständig sei, d. h. alle, aber auch ausnahmslos jedwede wichtigen Aspekte einer wahrhaft umfassenden Fragestellung berücksichtige und sogar beantworte, quittiert er mit Schweigen. Kein Wunder, daß man nach der allgemeinen Verbreitung westlicher Philosophie in den Ländern des Ostens zwar manchem Experten bekannter Theorien begegnet, aber fast nie einer Person, die so durch und durch von einer philosophischen Überzeugung durchdrungen ist, wie es im Westen immerhin oft der Fall zu sein scheint. Das gilt sogar von jenen fundamentalen Idealen des Wahren, Guten und Schönen, die der Westen sich gleichsam als geistesgeschichtliche Zielvorstellung entwarf, um ständig danach zu streben, und, wenn er sie verloren hatte, in wiederholten Renaissancen erneut zu gebären. Es gilt aber auch von der gigantischen marxistischen Vision, die im Osten nur zu bald den pragmatischen, territorialen Forderungen des nationalen Interesses weichen mußte.

Jene Unruhe und den damit verbundenen unbewußten Zeitdruck, das Große bis zu einer gedachten Frist zu erreichen und in der Folge davon die tiefe Selbstentfremdung, die dies rastlose Streben bewirkt, kennt der Osten nicht. Ihm könnte die durch eine dynamische Idealität inspirierte Entwicklung der westlichen Geistesgeschichte in Richtung auf jenes visionelle Mittel zwischen Vorwärts und Aufwärts wie ein fundamentaler Irrtum vorkommen, dessen Resultate zwar zu bewundern, dessen Voraussetzungen hingegen fraglich, präziser gesagt, in ihrer Richtigkeit zu bezweifeln sind.

Auf dem Gebiet der Erkenntnislehre spielt im Westen die Auffassung, daß menschliches Verstehen im Grunde eine Art Erinnerung darstellt, eine wichtige Rolle, eine seit Plato oft wiederholte Konstruktion, die zum In-sich-Schauen oder besser zum Versuch des Durch-sich-Schauens anreizt. Der Osten kennt dieses eigenartige und urwestliche gnoseologische „Heimweh" nicht, er geht ganz nüchtern davon aus, daß es sich bei der meditativen Erkenntnis sicher nicht um eine Form von Erinnerung handelt, sondern um ein Transzendieren zu einem tieferen Selbst, für dessen letzte Schicht das Wort „Nichts" ein zwar vieldeutiger, aber doch vielsagender Ausdruck ist. In der Tat muß man fragen, was Erinnerung überhaupt beinhalten kann, wenn das menschliche Wesen in fließendem Übergang von tierischen Vorfahren abstammt, eine Voraussetzung, die Plato keineswegs, wir heutigen Menschen aber durchaus annehmen. Der Osten scheint daher im besseren Einklang mit dem jetzigen Stand der Wissenschaft, der Westen dagegen schöpfte reiche Anregung, vielleicht sogar meditatives Glück aus einer Konstruktion, die, ernst und ruhig betrachtet, besser eine philosophische Fiktion genannt wird, die jeder realistischen Grundlage entbehrt.

Wenn es schon der östlichen Philosophie, der es an sich wie bei allen philosophischen Erwägungen um verständliche Klarheit gehen sollte, trotzdem eher auf ganzheitliche Weisheit als auf Präzision der Begriffe und Exaktheit der Denkprozesse ankommt, um wieviel mehr der östlichen Religion, die sich ihrem Wesen entsprechend auch im Westen mit Ehrfurcht einem Unerklärlichen zu nähern sucht. Die Weitherzigkeit buddhistischer Toleranz macht es verständlich, daß die Großgruppen im Raume des Buddhismus, die vielfach Sekten oder Kirchen genannt werden, was die Inhalte ihrer religiösen Überzeugungen angeht, mehr divergieren als übereinstimmen. Sie stellen sachlich betrachtet nur einen lockeren, fast nominellen Bund dar, während die großen christlichen Kirchen in ihren Glaubenssätzen, sittlichen Geboten und sogar religiösen Riten viel weitgehender identisch sind. Ihr ,,geistiges Spektrum" deckt sich weit mehr, als es auseinanderfällt.

Man kann zwar mit Recht erwarten, daß der Osten auf der Grundlage der oben skizzierten grundsätzlichen Skepsis zur Toleranz neigt, er tut dies aber auch, weil das Heilige bei ihm nicht als transzendent in unserem Sinne, nämlich als außermenschlich und in diesem Verständnis objektiv empfunden wird, sondern als immanent im Selbst des Menschen. Es hat, so scheint es, keinen einheitlichen Bezugspunkt, sondern vielleicht so viele, als es Menschen gibt. Erst auf dem Grund offenbart sich das Nichts, das allerdings in allen sei.

Das fernöstliche Toleranzdenken

Es ist bei Religionen schwierig, von dem Anstreben von Zwekken zu reden. Gleichwohl fällt auf, daß die traditionelle chinesische Auffassung von Religion und die heutige der japanischen Neureligionen darin übereinstimmen, daß Wohlstand und zwischenmenschliche Harmonie vorrangige Ziele darstellen. Im eigentlichen Buddhismus geschieht zwar die Erlösung von der Kette der Wiedergeburten nach ethischer Vollendung und in endlicher Erleuchtung, aber gerade die vorwiegend fernöstliche Ausprägung des Buddhismus, der Mahayana, verzichtet aus Mitgefühl für die zahlreichen Unvollendeten auf dieses vergleichsweise klare Ziel zugunsten einer Art ethischen Reductio ad Absurdum. Seine vorrangigen Zwecke sind ausgesprochen innerweltlich, sie liegen keineswegs im Jenseits.

Aus allen drei obigen Gründen, wegen der grundsätzlichen Skepsis aller Metaphysik gegenüber, dann wegen der nicht behaupteten Objektivität des Heiligen und endlich wegen der Rückwendung der ethischen Anstrengung zu einem alles umfassenden Altruismus erlangte im Osten die Toleranz eine so überragende Bedeutung. Unglaube nahm daher nie jene militanten Formen an, die ihn im Westen vielfach kennzeichnen. Andererseits konnte die Religion das kulturelle Leben nicht durch so lange Zeiträume prägen wie dies im Westen der Fall war. Da das besonders nach den Wirren der Völkerwanderung geschah, läßt sich verstehen, daß zu Beginn des europäischen Mittelalters die chinesische Kultur führend in der Welt dastand, obwohl sie sich nicht weltweit auswirkte. Zur Zeit des ersten breiten Kontaktes mit dem Westen im 15. und 16. Jahrhundert konnte sie als der westlichen ebenbürtig gelten. Das zu dieser Zeit zweitbedeutendste Land des Ostens, Japan, anzugreifen, hielten Spanier und Portugiesen, später Engländer und Holländer zu Recht für ein gefahrvolles Abenteuer, was darauf schließen läßt, daß sie einen Grad von militärisch-organisatorischer Ebenbürtigkeit, vielleicht vor Ort eine Überlegenheit der Japaner annahmen. Für die Diskussionen mit den einheimischen Gebildeten sahen die ersten Japanmissionare sich gezwungen, gelehrte Verstärkung anzufordern, die nach Möglichkeit das volle Niveau der Sorbonne repräsentieren sollte, offenbar reichte ihre normale Ausbildung für die geistige Auseinandersetzung nicht aus.

Dem Zweifel in der Philosophie, der metaphysischen Skepsis – die sich in solchen Axiomen äußert wie: die letzte Realität beinhalte weder Sein noch Nicht-Sein, ein Kernwort, das westlichen Ohren irritierend paradox klingt, weil es die schlechthinnige Leugnung aller nur möglichen Lösungsversuche anzudeuten scheint – entspricht das eigenartige, recht weitherzige Verständnis vom Menschenbild.

Der Osten begegnet sogenannten großen Persönlichkeiten mit mehr Skepsis, als es der optimistische Westen zu tun vermag. Er interessiert sich nicht nur für ihre gepriesenen Leistungen, sondern in gleichem Maße für ihre Niederlagen, Schwächen und Tragik. Das einseitige Aufzählen von Siegen etwa auf den Inschriften eines Triumphbogens ohne Erwähnung auch nur einer einzigen der weltbekannten Niederlagen wirkt für ihn lächerlich. Das tragische Ende eines Helden will er in allem Realismus erfassen. Vielleicht ist das auch der Grund, daß man in Japan oberflächliches Haschen nach Popularität bei Politikern mit Verachtung quittiert, so sehr, daß es in der Tat selten vorkommt. Es macht einen Teil östlicher Tradition aus, daß hochgestellte Personen einen Hinweis auf kleine, persönliche Schwächen beipflichtig aufnehmen, ja daß sie sich selbst bei Gelegenheit zum Gegenstand humorvollen Lächelns machen. Es gibt also bestimmte typisch fernöstliche Wurzeln, aus denen echtes Demokratieverständnis wachsen könnte.

So wurde der Standesdünkel, der weltweit zu finden ist, durch das konfuzianische System der Examen, die im Prinzip auch dem Ärmsten den Zutritt zu den wichtigsten Ämtern ermöglichen sollen, grundsätzlich überwunden. Trotz aller Rückschläge zog diese Tradition von sozialer Aufrichtigkeit, obwohl sie nur auf einen einzigen Aspekt eingeschränkt ist, die östlichen Menschen immer wieder in ihren Bann. Man kann die völlige Auflösung des Hofadels und der sehr zahlreichen und überdies mächtigen Klasse der Samurai während der Modernisierung Japans vor 100 Jahren eine späte Auswirkung des konfuzianischen Humanismus nennen.

In der Idee des Boddhisatva, der auf den Eintritt ins Nirvana verzichtet, um sich mit den Sündern in universalem Mitgefühl zu solidarisieren, offenbart sich eine bemerkenswerte Verwischung der Grenzen zwischen dem, was heilig und sündhaft ist im Bereich des Religiösen. Auf dem Gebiet des Ethischen werden die Gegensätze der Fundamentalbegriffe von Gut und Böse ebenfalls relativiert. Es kommt zu dem erstaunlichen Ausspruch: „Den Dieb entdecken / Und ihn als Sohn annehmen."

Eine Sittenlehre auf dem Fundament des Willens Gottes kennt der Osten nicht, göttliche Vergeltung von extremer Härte im Falle von Verfehlung widerstrebt noch mehr seinem Geist. Obwohl der Buddhismus Höllenstrafen annahm, schreckten sie weder so furchtbar wie im Westen noch bis in die jüngste Vergangenheit, sondern nur als vorübergehendes, sagen wir, mittelalterliches Trauma. Heute besitzen sie nicht einmal den Stellenwert eines barbarischen Reliktes. Dementsprechend scheinen die Vorschriften der Etikette, mit Ausnahmen, nicht so unbedingt zwingend, alles ist allein eine Frage der Schicklichkeit, die Sanktionen bei Fehlern, die z. B. menschliche Eitelkeit verraten, bestehen in der Lächerlichkeit, der man sich unverhofft aussetzt.

Es wurde früher gesagt, daß der Osten nicht schnell systematische Zusammenhänge anerkennen will, sondern die Dinge vorsichtig nebeneinander stellt. Man kann hinzufügen, daß er sich mit verschiedensten Inhalten identifiziert, eine Haltung, die sowohl im Zen als in der ursprünglichen Religion Japans, dem Schintoismus, offenbar wird. Auf dem Gebiete der Ethik äußert sich dieses Prinzip sogar in der Identifikation mit dem Bösen. Heute geschieht sie vielfach im Gewande psychologisierender Analyse oder im künstlerischen Vollzug des Sicheinlebens. Immer ist und war sie von der aufrichtigen Überzeugung getragen, daß das Böse allen Menschen zutiefst nahe ist, wie ein Herzensschatten, ein Komplementär des Guten. Wie Seele und Körper, Geist und Materie, Bewußtsein und Unbewußtes im Osten nicht so weit auseinanderklaffen wie im Westen, so auch nicht, wie gesagt, Gut und Böse. Das Selbst könnte sich prinzipiell mit einem der beiden nebeneinander liegenden Realitäten jederzeit identifizieren. Wegen dieser moralischen Gelassenheit wirkt der östliche Mensch aufrichtig, beruhigt und mit wachsendem Alter voller Selbsterkenntnis und -beherrschung, aber auch voll humorvollen Verständnisses für Andere, insbesondere ihre Schwächen. Bis zu seinem Tode reift er ganz aus.

In einem anderen Sinn kann er gerade wegen dieser Fähigkeit, sich mit allem zu identifizieren, auch den Eindruck der Unberechenbarkeit machen, dem dogmatisch festgelegten Menschen des Westens mag er zum wenigsten als schwach erscheinen. Seine Stärke liegt neben dem psychologischen Einfühlungsvermögen in der Kunst. Hier identifiziert er sich mit den blühenden Zweigen, dem Vogelruf und dem Rauschen des Flusses, Kunsthandwerk und Kurzgedicht, Ikebana und Bonsai sind einige seiner Elemente.

Die Frage, ob östliche Toleranz allumfassend sei oder Ausnahmen kenne, muß für letzteres bejahend beantwortet werden. Intoleranz tritt ein bei vermeintlicher oder wirklicher Gefährdung jener kosmischen Lebensgrundlage, die Staat und Kaiser umfaßt. Sie wird von der allem zugrunde liegenden Auffassung her verständlich, daß der Kosmos an sich kein Chaos ist oder sein sollte, daß die Harmonie daher selbst dann aufrecht erhalten werden müsse, wenn deshalb alle ausländischen Einflüsse auszuschalten wären, was China und Japan, wenn auch unter verschiedenen Voraussetzungen, bis zum Anbruch der modernen Zeit versuchten. Die Abschließungen wurden als Verteidigungsmaßnahmen verstanden, sie besaßen sogar einen antiimperialistischen Charakter. Denn dem Interesse am Selbst in Religion und Philosophie entspricht die politische Bescheidung asiatischer Nationen, bei denen imperialistische Abenteuer in der Tat die Ausnahmen bildeten, eine kulturelle Durchdringung nur in Teilgebieten stattfand und nie in adäquater Weise gegenseitig war.

Auf dem Hintergrund dieser Jahrtausende währenden politischen und kulturellen Immobilität stellt die heutige Zeit für den Osten eine ganz ungewöhnliche Epoche dar, denn der Westen hat den Osten teils als Marxismus, teils als pluralistisches Demokratieverständnis durchdrungen, in beiden Fällen verbunden mit fortschreitender Technisierung. Der Osten trat ebenfalls aus seiner traditionellen Reserve. Er erweitert das westliche Toleranzdenken, versucht einen bestimmenden Einfluß auf das wohl Kostbarste der christlichen Religion, die Meditation, auszuüben und entschärft seine Moral. Lange inspirierte er die Neue Linke. Dennoch bleibt die Zusammengehörigkeit der fernöstlichen Völker bestehen. Trotz verschiedener gesellschaftlicher Systeme finden sie zueinander, beginnen sich wirtschaftlich zu ergänzen und werden es später wohl auch auf geistigem Gebiet tun. Das Leitwort könnte wieder die Harmonie sein, das sich-gegenseitige Vervollständigen, um außerhalb des Ostens nicht der Grund von Disharmonie zu werden.

Spezifische Gründe des Nationalismus

Im Kapitel über die Geschichte Japans wurde auf die wichtige Rolle hingewiesen, die bei Gründung des japanischen Staates dem Prinzen Shôtoku zugeschrieben wird. Die 17 Artikel des damaligen Grundgesetzes basieren auf der geistigen Grundlage der Harmonie. Wie politisch-praktisch sie verstanden wurde, zeigt die Tatsache, daß man von den drei großen Schätzen des Buddhismus: Buddha, Dharma (das Gesetz) und Sangha (die Versammlung) den Akzent auf den ersten Schatz, Buddha den Ewigen legte; man glaubte Buddhas Ewigkeit leicht mit der für die Ahnenreihe der Kaiser geforderten Ewigkeit harmonisieren zu können.

Harmonie sollte auch das Verhältnis zum Schintoismus als Ganzem kennzeichnen. Er wuchs derart eng mit dem Buddhis-

Abb. 2: Mitten im Häusermeer von Tokio dehnt sich das parkähnliche Gelände aus, in dem der Kaiser wohnt. Jenseits der sehr breiten Gräben und über einem hohen Wall mit weißer Mauer sind nur Baumwipfel sichtbar. An einem strategischen Punkt erinnern die klaren Konturen und geschlossenen Fenster eines Gebäudes an die Distanz, die immer zwischen Kaiser und Volk besteht. (Süddeutscher Verlag)

mus zusammen, daß man später nur mit Mühe die beiden Religionen entflechten konnte. Im Schinto werden außer dem Kaiserhaus die Ahnen überhaupt, fast die gesamte Natur und die Himmelskörper verehrt: Japan betet, im weitesten Sinne verstanden, sich selbst an.

Seen und Berge werden Kami (Gott) genannt, wobei bemerkenswert ist, daß diese nicht getrennte Geister, sondern die jeweiligen Dinge selbst sein sollen. Als zweiter Begriff tritt die Reinheit hinzu; Unreinheit bezieht sich auf vielerlei körperliche Gebrechen, auf den Tod, auf alles, was mit Blut zu tun hat. Als gegen Ende der Tokugawa-Herrschaft der Schinto ideologisch klarer erfaßt wird, weist Hirata Atsutane (1776–1843) auf die göttlichen Grundlagen der japanischen Nation hin, deren Mittelpunkt das Kaiserhaus mit ununterbrochener Geschlechterfolge bilde. Auch andere in die Geistesgeschichte Japans eingegangene Theoretiker des Schintoismus vertreten ähnliche Ideen, die dem heutigen Menschen wie Rechtsideologie vorkommen. Wegen der tiefen historischen Verwurzelung solcher Vorstellungen kommt es im Nachkriegsjapan immer wieder zu Versuchen, „dem Kaiser mehr Macht" zu geben oder durch die initiale Privilegierung bestimmter Schreine den gesamten Schinto erneut zu einer Staatsreligion zu erheben. Man könnte sogar die wirtschaftspolitische Denkweise, nämlich daß Japan alles produzieren kann und im Grunde keinerlei Einfuhren außer Rohstoffen braucht, auf jene nationale Ausschließlichkeit zurückführen, die sowohl zu der politischen Tradition asiatischer Völker, die das Schaffen-aus-eigener-Kraft (wie lange im kommunistischen China) schätzt, als auch zur schintoistischen Japans, für die fremde Belange im Grunde gar nicht existieren, gehört.

Es ist schwer zu entscheiden, ob man so weit gehen sollte, dem schintoistischen Erbe die Tatsache anzulasten, daß der Japaner sich schwer tut zu abstrahieren. Das Interesse am konkreten Einzelding macht es schwierig, über Dinge im allgemeinen auszusagen und, weitergehend, verschiedene Informationen dieser Art zu vergleichen, was bereits der Beginn rationalen philosophischen Denkens darstellt. Der Schinto konnte dem japanischen Geist keine Gedankengerüste vorgeben, an denen er sich für die spätere Übernahme der westlichen Zivilisation hätte schulen können. Dies leistete der Buddhismus durch seine Philosophen Shinran, Hônen, Dôgen und andere, die in der

Folge ständig von einer kleinen Minderheit von Gebildeten studiert wurden. Trotz dieser zahlenmäßig begrenzten Gruppe bleibt die Auffassung richtig, daß die Japaner im allgemeinen keine spekulativen Denker sind. Die bedeutendsten, in Japan erhaltenen buddhistischen Gedankengebäude sind chinesischen Ursprungs. Etwas Ähnliches gilt für den Konfuzianismus, wo geistige Führer von der Größe eines Chu Hsi (1130–1200) und eines Wang Yang-ming (1473–1529) auftraten, die in Japan kein Gegenstück fanden. Man muß einräumen, daß bei der jetzigen Lage der Philosophie und der Abneigung des heutigen Menschen gegen abstrakte Gedankengebäude die Behauptung, spekulativ offenbar nicht begabt zu sein, viel weniger an negativer Konnotation besitzt als in der Vergangenheit. Man könnte im Gegenteil die Vermutung hegen, daß in dieser Hinsicht von der traditionellen japanischen Denkweise ein sehr direkter Zugang zur modernen Geisteshaltung besteht.

Daß Shôtoku Taishi bei der Einführung des Buddhismus in Japan die Sutren mit pragmatischen Zielen bevorzugte, kann man als ein Zugeständnis an den praktischen Geist der Japaner auffassen. Wichtiger scheinen solche Umstrukturierungen, wo sie wesentlichere Begriffe betreffen, sie werden mit auffälliger Nonchalance gehandhabt. Während der indische Buddhismus den Menschen ganz vom weltlichen Leben wegzuziehen versucht, eine gewisse Negation des Diesseits einschließt, erklärt der japanische Buddhismus, daß die Begierden des Menschen nur von einer richtigen Herzenshaltung geleitet zu werden brauchen. Man könnte den Zen trotz seiner chinesischen Herkunft als die typischste Form der japanischen Religion bezeichnen, weil er sich am folgerichtigsten auf das Erreichen des inneren Zieles beschränkt. In der Ruhe des Geistes und interner Entschlossenheit kann die Erreichung verschiedener Ziele angestrebt werden. Diese Innerlichkeit befruchtet ohne Zweifel das künstlerische Schaffen. Fasten, das Stehen unter dem Wasserfall und das früher noch mühsame Besteigen hoher Berge sollen als Formen der Selbstüberwindung lediglich dazu verhelfen, die innere Freiheit von Nöten und Sorgen zu erlangen.

Die mangelnde Differenzierung der Ethik macht es schwer, in praktischen Fällen zwischen Gut und Böse zu unterscheiden. Das ganz allgemein akzeptierte Axiom, daß bei Streit beide Seiten die Schuld haben, klingt ebenso urjapanisch, wie es der Versuch ist, bei zwei grundverschiedenen Auffassungen zu einem prinzipienlosen Kompromiß zu gelangen. Rechtsfragen wurden lange, wenn irgend möglich, außerhalb des Gerichts entschieden. Man traf sich, besprach sich und, um Gerichts- und Anwaltskosten zu vermeiden, strebte eine Lösung an, die im Grunde Niemanden befriedigte, den Rechtsbrecher nicht, weil er nicht bekam, was er anstrebte, den Geschädigten nicht, weil er zwar nicht so viel verlor, wie es der Rechtsbrecher wünschte, aber doch eindeutig geschädigt war. Dies hat sich in den letzten Jahren geändert. Man bemüht die Gerichte immer häufiger. Dennoch blieb der Brauch bestehen, daß man die möglichen Kontrahenten bei Problemen von Wohnung und Eigentum mit kleinen Geschenken und der Bitte: „Dôzo yoroshiku!" (Bitte, seien Sie gut!) in ständig guter Stimmung hält. Was sich von Außen als der früher erwähnte ausgesprochen soziale Charakter der Japaner ansehen kann, ist vielfach keine natürliche Kontaktfreudigkeit, sondern nur ein kontinuierliches Lavieren, um das nötige Wohlwollen zu erhalten.

Toleranz zeigte sich, wie gesagt, in der frühgeschichtlichen Handhabung der Koexistenz von Schintoismus und Buddhismus, sie könnte einer bereits damals bestehenden japanischen Tradition entsprechen, könnte aber auch eine konsequente Auswirkung buddhistischen Denkens sein. Denn der Buddhismus hat seinem Wesen entsprechend mit der tibetanischen Bon-Religion und dem burmesischen Nats-Glauben koexistiert. Er traf in Japan auf den Schinto, der zu der Zeit zwar in erster Linie in Mythen bestand, sich aber später im japanischen Mittelalter, lange vor seiner gründlichen Erneuerung während der Tokugawa-Zeit durch Kitabatake Chikafusa (1293–1354), eine ideologische Gestalt gab. Für ihn war Groß-Japan eine göttliche Nation, die von göttlichen Vorfahren geschaffen und von den Nachfahren der Sonnengöttin regiert sei. Der Begründer der großen Nichiren-Sekte, Nichiren (1222–1282), führte nationalistisches Gedankengut in den Buddhismus ein, das auch von Zen-Meistern übernommen worden sein soll. Für die Japaner war ihr Land immer das Land schlechthin, zu dem sie ein existenzielles Verhältnis haben, ganz anders als die Chinesen oder Inder, die mit einem Allgemeinbegriff Land operieren. Der japanische Nationalismus läßt sich daher nicht mit dem europäischen vergleichen. Er will gar kein allgemein gültiges Prinzip aufstellen, wie es die französische Revolution später tat. Daher die sehr frühe japanische Kritik an der konfuzianischen Staatsauffassung, die chinesische Verhältnisse voraussetzte, aber auch an der indisch-buddhistischen, die den Staaten gegenüber kritisch war. Daß Staaten sich wie Räuber aufführen, wie Augustinus es ausdrückte, ist den Japanern ein fremder Gedanke; daß der Himmel noch über dem Herrscher steht und dieser daher, wenn er offenbar des Himmels Gunst verloren hat, zur Rechenschaft gezogen werden kann, ein chinesischer Gedankengang. Der japanische Kaiser kann nicht abgesetzt werden.

Leider wurde die Gelegenheit nach dem Zweiten Weltkrieg, Japan von dieser zur Isolierung führenden Ideologie zu befreien, d. h. die Kaiseridee selbst und nicht nur eine einzelne Person zu humanisieren, vertan. Die wirtschaftlichen Erfolge der jüngsten Zeit sind nicht dazu angetan, den Gedanken des „Gotteslandes Japan" durch eine den Partnern Japans in aller Welt akzeptable Staatsgrundlage zu ersetzen, obwohl der Krieg klar gezeigt hatte, daß sogar die unmittelbaren Nachbarn Japans sich weigerten, eine Weltanschauung zu übernehmen, in der sie selbst keinen echten Platz fanden.

Fortschritt und Logik

Wie früher ausgeführt, kann eine elaborate philosophische Grundlegung eine äußere Beziehung zur späteren Übernahme von Technologien und damit zur schnellen Industrialisierung haben, weil sie den Geist schult, schwierige Probleme zu durchdenken. Im Verlaufe der Geistesgeschichte tradierte Philosopheme können als Gegenstand formaler Übung die Voraussetzungen für eine schnelle Entwicklung auf dem materiellen Gebiet schaffen. In dieser Hinsicht besitzt Japan einen großen Vorteil vor den afrikanischen und südamerikanischen Ländern, die nicht von einer so tiefen kulturellen Tradition ausgehen konnten. Andererseits kann man von den Chinesen große Innovationen auf technologischem Gebiet erwarten, weil ihre historische Leistung auf philosophischem Gebiet die der vornehmlich rezeptiven Japaner eindeutig übertrifft.

Im Folgenden soll kein abstrakter Gedankengang vorgelegt werden, der für das Verständnis des Ostens ohne Bedeutung wäre. Er soll vielmehr als konkretes Beispiel des gerade Gesagten einen Durchblick durch die Denkarbeit von Jahrhunderten ermöglichen, die den ganzen Osten prägte, aber durchaus subtiler Natur ist. An ihr schulte er sich, übte er seine geistigen Kräfte, wie an einem „gedanklichen Experiment" (Kierkegaard über Hegel).

Die buddhistische Logik spricht, um dies thematisch vorauszuschicken, in Anlehnung an Vasubandhu (4. Jahrhundert n. Chr.) von der gegenseitigen Negierung und Identität zwischen Subjekt und Objekt. Jahrhunderte später wird dieser Gedanke mit der Lehre des Fa-tsang (643–712) von dem Einen, das in die Vielen eintritt und von den Vielen, die in das Eine eintreten, kombiniert. An Stelle von östlicher Logik könnte man wohl treffender von der spezifischen Denkweise des Ostens sprechen. Da das Selbst der Hauptgegenstand des Interesses der östlichen Philosophie ist, offenbart sich das Charakteristische dieser Gedanken bei den Spekulationen über das Selbst.

Der Ausgangspunkt ist die schlichte Tatsache, daß es möglich ist, auf das Selbst zu reflektieren. Die östliche Philosophie behauptet nun, daß bei solchen Reflexionen das Selbst zu einem oder mehreren Begriffen umgestaltet wird und daß diese Konzeptualisierung des Selbst seine echte Erfassung behindert, ja sie unmöglich macht. Wir könnten andererseits gar nicht über das

Selbst reflektieren, fährt sie fort, wenn nicht eine Identität zwischen dem in Wirklichkeit existierenden Subjekt und dem begrifflichen Subjekt vorausgesetzt und auch vorhanden wäre. Es handelt sich also offenbar um eine Reflexion über die Art und Weise, wie das menschliche Denken zustande kommt, die wir heute erkenntniskritische oder gnoseologische Erwägung nennen würden. Was im Unterschied zu westlichen Denkoperationen das typisch östliche, besser buddhistische ausmacht, ist die Tatsache, daß die buddhistischen Philosophen behaupten, sie hätten das wirklich existierende Subjekt erkannt, noch bevor es durch Begriffe konzeptualisiert worden sei. Mit anderen Worten, sie hätten eine unmittelbare, vorreflektierte Erkenntnis darüber, was die Natur der Identität zwischen dem erkennenden Subjekt und dem Selbst sei.

Es scheint wie ein Widerspruch auszusehen, daß auf der einen Seite eine Identifizierung von Subjekt und Selbst behauptet wird, während auf der anderen Seite diese beiden doch unterschieden werden. Dies ist der Grund, warum Vasubandhu in diesem Zusammenhang von Unterscheidung und Nicht-Unterscheidung spricht. Die Erfahrung der Nicht-Unterscheidung gilt im Osten als echte Weisheit, wobei aber nicht der schlichte, naive Anfangszustand gemeint ist, sondern das Resultat der oben erklärten philosophischen Überlegungen.

Der nächste Schritt östlicher Denkweise geht bedeutend weiter. Durch die Erkenntnis des wirklichen Selbst erfaßt man, so wird betont, die Wirklichkeit, die Realität. Die Wirklichkeit aber sei für unser Selbst und alle anderen Dinge die gleiche. Man folgert nun, daß die oben erwähnte Weisheit gestattet, alle Dinge überhaupt erst richtig zu erkennen. Dabei ist der Erkennende und das Erkannte dasselbe, es gibt keine Zweiteilung zwischen Objekt und Subjekt, sondern nur ein Subjekt. Dieses reine Subjekt, wie man es nennen könnte, besitzt zwei Aspekte: den des Unterschiedenseins und den des Nicht-Unterschiedenseins.

Es fragt sich weiter, wie das erkannte Subjekt in dem Subjekt eingeschlossen sein kann. Weil das Erkannte mit dem Erkennenden identifiziert ist, kann es nicht klar erkannt werden. Um es dennoch exakt zu begreifen, muß es alle Aspekte des Erkennenden abschütteln, mit anderen Worten, es muß den Erkennenden in diesem Sinne negieren. Weil der Erkennende aber das Selbst ist, ist die Negierung des Erkennenden das Nicht-Selbst oder das Nicht-Subjekt, das aber auch das Objekt genannt wird. Damit also das Erkannte klar erkannt werden kann, muß das Objekt bejaht und das Subjekt verneint werden.

Das Objekt ist also auch Wirklichkeit, Realität, die aber zugleich alle Dinge in der Welt umfaßt. Ein Gegensatz zwischen Subjekt und Objekt besteht nicht, vielmehr sieht das Subjekt, frei von allen Teilaspekten, die Dinge wie sie wirklich sind. Wer also das Selbst sieht, wie es ist, sieht auch alle Dinge wie sie sind, denn beides ist das Erkennen der Realität. In ihr ist die Identität des Erkennenden und des Erkannten eingeschlossen. Wenn man in dieser Weise das Selbst und die Dinge der Welt kennt, erkennt man, was man in der Sprechweise der östlichen Philosophie auch Sosein, Leere oder Formlosigkeit nennen kann. Es ist dasselbe wie Nur-Subjekt, Nur-Geist und Kein-Geist, Begriffe, die ebenso in dieser Bedeutung benutzt werden.

Nishida, Fa-Tsang und die direkte Methode

Der bekannteste Philosoph des modernen Japan, Nishida Kitarô (1870–1945), erklärt daher, ausgehend von dieser fernöstlichen philosophischen Tradition: Unser Selbst ist die fundamentale Substanz des Universums. Durch die Erkenntnis unseres wirklichen Selbst vereinen wir uns nicht nur mit dem Guten der Menschheit, sondern auch mit dem göttlichen Geist.

Die Buddhisten legen Wert darauf, festzustellen, daß es sich bei ihren Überlegungen nicht um ein schlichtes erkenntnistheoretisches Problem im Sinne der westlichen Philosophie handele, sondern es liege ein metaphysisches, ein Seinsproblem vor. Die Denkordnung und die Seinsordnung könnten nicht voneinander getrennt betrachtet werden, beharren sie.

Abb. 3: Der Philosoph Nishida Kitarô (1870–1945), der sowohl die westliche Philosophie kannte als auch Zen erlebte, verkörpert in seiner Person und seinen Werken wie kein anderer moderner Japaner den Versuch, östliche Erfahrung und westliches Denken einander näher zu bringen. (Aus ‚Gesammelte Werke von Nishida Kitarô‘, Verlag Iwanami)

Man könnte die Beziehung zwischen den vielen Dingen und dem Selbst auch etwas zugespitzt so ausdrücken: das Eine tritt in die Vielen ein und die Vielen in das Eine. Andererseits spricht man aber von dem Einen gerade, weil es nicht die Vielen sind und von den Vielen, weil es nicht das Eine ist. So könnte man also formulieren: das Eine ist das Eine und nicht die Vielen, die Vielen sind die Vielen und nicht das Eine, und dennoch zur gleichen Zeit ist das Eine identisch mit den Vielen und die Vielen sind identisch mit dem Einen. Die beiden negieren sich gegenseitig und sind doch identisch.

Man hat diese Gedankengänge im Osten von alters her auf die menschliche Gesellschaft angewandt und darauf hingewiesen, daß das Eine, hier das Individuum, weil die Vielen in ihm aufgehen, das Zentrum des Universums sei. Er ist der Herr, alle anderen Individuen sind die Untertanen. Aber auch sie, wenn man sie als Mittelpunkt des Universums betrachtet, sind Herren und die anderen wieder Untertanen. Also sind alle Individuen zur gleichen Zeit Herren und Untertanen. Da aber die östliche Philosophie keine scharfe Trennung zwischen Geist und Materie kennt, folgt, daß auch alle materiellen Dinge eingeschlossen sind.

Dieser letzte Teil der östlichen Philosophie, die Lehre von dem Einen und Vielen, geht zurück auf das Denken von Fatsang. Buddhisten weisen darauf hin, daß Fa-tsang keinen Pluralismus verkündete, weil ja die Vielen in das Eine eintreten. Es handele sich andererseits auch nicht um einen Monismus, weil ja das Eine in die Vielen eintritt. Wenn überhaupt eine Ähnlichkeit mit westlichem Denken besteht, so glauben heutige östliche Philosophen, dann mit Heidegger. Bei ihm finde sich auch die Lehre von der Identität von denkendem Subjekt und dem Denkinhalt und damit verbunden die Auffassung, daß das, was wir zunächst tun, eine Art vorläufige Objektivierung darstellt, die einer späteren, tieferen Erfassung weichen sollte, in der wir die eben genannte Identität begreifen, also ein Zustand, der dem der östlichen Weisheit nahe kommt.

Sicher ist, daß das fernöstliche Denken in seiner japanischen Ausprägung keine Freude an logischen Gedankengebäuden findet, ja daß man von einer in dieser Hinsicht anti-intellektuellen Tradition sprechen kann. Positiv ausgedrückt handelt es sich um das, was schintoistische Ideologen Einfachheit, Reinheit und Aufrichtigkeit des Denkens nennen. Es handelt sich um die Sache selbst, also nicht um das, was bereits durch die Begriffe des menschlichen Denkens verändert wurde.

Als eine buddhistische Auswirkung der obigen Ausführungen kann man den Versuch, besser das Bemühen einiger heutiger japanischer Philosophen ansehen, bei Tagungen weniger mit Allgemeinbegriffen zu operieren als vielmehr mit dem argumentum ad hominem. Der Partner im Dialog wird provokativ gefragt, ob er das wirklich erlebe, wovon er spreche. Wenn ja, dann ist eine weitere Konzeptualisierung nicht nötig, wenn nein, das Gespräch sinnlos. Man darf daher wohl sagen, daß der

Osten das vorbegriffliche, unmittelbare Erleben eines Phänomens seiner begrifflichen Analyse vorzieht. Das geht bis zu jenen irrationalen Handlungen, die der Zen zuläßt, weil sie gerade in ihrer Unvernünftigkeit von vornherein die Illusion zerschlagen, daß hier noch mit Begriffen weiter zu kommen sei. Daß man trotzdem weiterkommt, wurde zu oft bezeugt, als daß man es außer Acht lassen könnte. Hier liegt das geheimnisvolle Zentrum östlicher Philosophie.

Sie läßt uns zwei Dinge verständlicher erscheinen: erstens das Lächeln im persönlichen Verkehr anstelle einer klaren Antwort oder eines logischen Arguments; den suggestiven Hinweis anstelle einer mit Sicherheit gegebenen Aussage; den traditionellen Symbolismus etwa in der erotischen Literatur anstelle einer platten Beschreibung. Überall wird die harte Begrifflichkeit vermieden.

Das Zweite betrifft die sogenannte geringe Leistung Japans auf dem Gebiet der systematischen Philosophie. Verglichen mit den Spekulationen der Chinesen und vor allem der Inder nehmen sich die der Japaner geringfügig aus. Vielfach handelt es sich bei ihren Werken um Adaptationen fremden Gedankenguts oder schlichte Erklärungen. Gelegentlich wird eine Abwehrhaltung feststellbar. Der mangelnde Mut, metaphysische Gedanken miteinander logisch zu verbinden und zu neuen Einsichten aufzubauen, erklärt es vielleicht, daß auf vielen anderen Gebieten, etwa dem der sozialen Gesetzgebung, von Japan keine Impulse zu erwarten sind. Das sozialkritische Pathos, mit dem Schwächen dargestellt und neue Wege aufgezeigt werden müßten, liegt dem östlichen Menschen nicht, seine Sprache bietet sich nicht dafür an.

Schon sehr früh stellte sich heraus, daß das Japanische für die Begriffe des Buddhismus und die Darstellung des Konfuzianismus ungeeignet war. Zur Zeit des Prinzen Shôtoku war dies wohl der Hauptgrund, die chinesischen Schriftzeichen einzuführen. Sie waren lange Zeit kein integraler Bestandteil der japanischen Sprache, sondern Fremdelemente, die nur langsam absorbiert werden konnten. Nach einer Phase, in der man schlicht chinesisch schrieb, folgte eine weitere, in der man die chinesischen Zeichen sinnentfremdete, indem man ihre jeweiligen Laute als Silben der japanischen Sprache auffaßte und so aus mehreren Zeichen japanische Worte zusammenbaute. Dann entstand eine Mischschrift, bei der die Kernbegriffe chinesisch, die anderen Worte aber in der oben beschriebenen Umschrift geschrieben wurden. Sicher war das dadurch entstandene linguistische Unikum, das früher bereits skizziert wurde, für die damaligen Chinesen Anlaß zur Verwunderung, wenn nicht zur kulturellen Verachtung Japans. Zum Glück wurden diejenigen chinesischen Zeichen, die ständig für bestimmte Silben benutzt wurden, allmählich vereinfacht, ja bewußt stilisiert. Es entstand eine Silbenschrift, die zwar chinesische Wurzeln besitzt, aber doch ein genuin japanisches Produkt darstellt. Die chinesischen Lehnwörter, die in diese Sprache eingestreut wurden, konnten sofort als solche erkannt werden. Es trat also eine Sprachberuhigung ein.

Viele der Begriffe, die man seit der Öffnung Japans für die westliche Kultur geschaffen hat, um die westliche Philosophie ins Japanische zu übersetzen, sind aus zwei oder mehreren ursprünglich chinesischen Zeichen, die allerdings schon längst japanisches Sprachgut geworden sind, zusammengesetzt worden und konnten sich bis heute im allgemeinen Sprachgebrauch nicht durchsetzen. Muß noch ausgeführt werden, was dies für den Einfluß philosophischen Denkens auf die Gesamtgeisteshaltung bedeutet? Der geistige Kontakt, der zwischen den Völkern Europas trotz sprachlicher Verschiedenheit recht eng ist, konnte mit Japan in dieser Intensität nicht hergestellt werden, obwohl es an schnellen und kompetenten Übersetzungen nie mangelt. Die Sprache selbst macht die vertiefte Fühlungnahme schwierig.

Man kann sich vorstellen, wie ungleich schwieriger es in jener historischen Frühzeit gewesen sein muß, als die heutigen Hilfsmittel wie Lexika und Grammatiken nicht zur Verfügung standen. In der Tat weiß man heute, daß die Übersetzungen der buddhistischen Texte aus den älteren Manuskripten ins Chinesische wenig exakt waren und daß sie dann später in ähnlich ungenauer Weise aus dem Chinesischen ins Japanische übertragen wurden. Was wir heute als Übersetzungsfehler ansehen möchten, könnte sehr wohl eine bewußte Adaptation gewesen sein, denn die Unterschiede in der Bedeutung verraten eine Tendenz. Überall wird dem Pragmatischen der Vorzug vor dem Abstrakten gegeben, und an die Stelle eines Absoluten, dem die Einzeldinge als Elemente zugeteilt sind, treten die Einzeldinge selbst in souveräner Absolutheit. Die schintoistische Welt der Myriaden von Göttern wirkt sich in der japanischen Interpretation dessen, was Absolut ist, aus. Das Vordergründige ist zugleich das Letzte. Im Zirpen der Zikade, im nächtlichen Klappern der Geta (Holzschuhe) auf der Straße offenbart sich endgültige Realität.

Die Aufrichtigkeit des Ostens, die sich in seiner Abneigung gegen metaphysische Strukturen äußert, hat seinen letztmöglichen Ausdruck gefunden.

Christentum, Konformismus, Terrorismus

Unter diesen ideologisch gesehen extremen Voraussetzungen versteht es sich von selbst, daß das Christentum mit seinen festen Glaubensvorstellungen und eindeutigen moralischen Forderungen keinen leichten Stand einnimmt. Denn Japan bedeutet nicht nur geistesgeschichtlich einen Sonderfall, es muß auch in religionsgeschichtlicher Hinsicht in dem Sinne als ungewöhnlich angesehen werden, als es ein völlig säkularisiertes Land darstellt.

Unter Säkularisierung versteht man das allmähliche Herauslösen einzelner Sektionen einer Kultur aus den Zusammenhängen eines religiösen Sinngefüges, unter Säkularisation sogar die Einziehung kirchlichen Vermögens. Da die buddhistischen Kirchen als Territorialherren oder Großgrundbesitzer schon lange keine dominierende Rolle mehr spielen, trifft für Japan jetzt nur noch zu, daß es ein kulturell betrachtet ausgesprochen säkularisiertes Land ist. Dies gilt vor allem, wenn es verglichen wird mit anderen nichtchristlichen Nationen, etwa Indien, den südostasiatischen Staaten, den afrikanischen Stammeskulturen oder den islamischen Ländern. Das Leben der Japaner ist nicht in dem Maße vom Buddhismus oder gar vom Schintoismus geprägt wie das der Westeuropäer vom Christentum. Während in den europäischen Ländern bestimmte Gegenden allenfalls die Bezeichnung von uneigentlichen Missionsgebieten verdienen, weil sie zu Nationen gehören, in deren Gesamtleben die Kirchen nach wie vor eine bedeutende Rolle spielen, trifft auf Japan zu, daß es als ganzes ein ungewöhnliches Missionsland darstellt, weil es wegen seiner ausgesprochenen Religionslosigkeit eine Sonderstellung einnimmt.

Umso mehr imponieren die kulturellen Leistungen der wenigen Christen z. B. auf dem Gebiet der Gegenwartsliteratur, wo Namen wie Endô Shûsaku und das Ehepaar Miura Ayako und Shumon, Sono Ayako u. a. jedem Japaner geläufig sind. Die Eheleute Tanaka Chikaô und Sumie gelten als erstklassige Filmproduzenten. Das straff organisierte, aber anonyme Schulsystem der beiden christlichen Konfessionen trägt viel zur Präsenz der Kirchen im heutigen Japan bei. Die Zahl der sonntäglichen Kirchenbesucher wird für die gesamte, ziemlich regelbewußte katholische Kirche auf etwa 130000 beziffert, ein minimaler Prozentsatz unter über 115 Millionen Einwohnern.

Man versteht die Bewunderung mancher Christen für die aggressive Tätigkeit und erstaunlichen Erfolge der Wertschöpfersekte des Neubuddhismus. Zwar kann man zu den positiven Auswirkungen des zweiten vatikanischen Konzils aufführen, daß das Verhältnis von Katholiken und Protestanten noch herzlicher wurde, als es ohnehin bereits war, und daß die atmosphärischen Klimaverbesserungen zwischen Christen und Buddhisten ständig fortschreiten; aber die früher schon geringen Bekehrungsziffern sind noch weiter gefallen. Man versucht Anschluß zu gewinnen an die weltweite Profilierung der Kirchen als Anwalt der Armen, wie sie sich besonders in Süd- und Mittelamerika herausbildet, oder als soziales und ideologisches

Korrektiv wie in Osteuropa oder als Helfer auf der Suche nach einem nationalen Selbstverständnis wie in Afrika oder als Gewissensschärfer auf vielen Gebieten des täglichen Lebens wie im freien Europa.

Japanische Katholiken und Protestanten scheuen sich nicht, im Verein mit Linken und Liberalen staatliche Hilfe für den Yasukuni-Schrein des Schinto zu bekämpfen, weil sie annehmen, daß damit nur ein Brückenkopf geschaffen werden soll, um über die an sich verständliche Verehrung der Seelen gefallener Soldaten finanzielle Vorzugsstellungen für zahlreiche schintoistische Schreine aufzubauen und so jene nationalistische Ideologie erneut staatlich zu verankern, die trotz der Niederlage im Kriege bei einer beträchtlichen Zahl von reaktionären Parlamentariern der Regierungspartei lebendig blieb.

Weit anerkannter als diese Aktivität der beiden Kirchen zur Schärfung des politischen Gewissens der japanischen Öffentlichkeit bleibt die oben erwähnte Leistung der christlichen Schulen und Universitäten als Erziehungswerke. Sie üben einen ausgesprochen ethischen Einfluß aus, sind aber bei einer pragmatisch denkenden Bevölkerung in erster Linie begehrt, weil sie auf allen Stufen des Vor- und Pflichtschulsystems Zutritt zur nächst höheren Stufe verheißen und von den anerkanntesten Oberschulen aus über die staatliche Universität Tokio den erfolgreichsten Schülern sogar Eintritt in die besten Positionen der japanischen Gesellschaft ermöglichen. Bei der rein weltlichen Setzung der Akzente, wie sie in Japan auf allen Lebensgebieten ausgeprägt ist, können sich christliche Ideale sogar in den kirchlichen Schulen nur schwer gegen die hartnäckig diesseitigen Wertvorstellungen durchsetzen. Und dies trotz ausgesprochener Sympathien für das Christentum.

Bei statistischen Erhebungen über religiöse Haltungen der Japaner zeigt sich, daß mehrere Millionen eine klare Vorliebe für das Christentum besitzen, die ohne Zweifel zu einem großen Teil durch den Einfluß der christlichen Schulen generiert wurde. Das Christentum übt auch in Japan die Funktion eines moralischen Korrektivs aus. Wenn trotzdem nur sehr wenige

Personen den entscheidenden Schritt zur kirchlichen Gemeinschaft wagen, könnte dies ebenfalls an den Schulen liegen, die vielleicht eine organische Entwicklung zum echten Glauben durch das Vorschalten einer Fülle von Zielen erzieherischer oder gesellschaftlicher, jedenfalls sekundärer Bedeutung nicht unbedingt erleichtern. Der in den Statistiken dokumentierten fundamentalen Willigkeit vieler Wahrheitssucher müßte an sich das organisierte Bemühen der missionarischen Kräfte exakt entsprechen.

Wer die Ungenauigkeit der japanischen Sprache in Betracht zieht, wundert sich nicht, daß der Prozentsatz derer, die von sich behaupten, daß sie einen Glauben fühlen, in Japan bei 20% liegt, während andererseits die Zahl derer, die von sich sagen, daß sie keinen Glauben besitzen, bei über 70% anzusetzen ist. In der gleichen amtlichen Statistik nennen sich nur 13% Buddhisten, während der Schintoismus als Glaubenslehre praktisch ausscheidet. Damit liegt Japan am untersten Rang von Religiosität unter den fortschrittlichen Nationen. Auf die Frage, ob sie die Religion für wichtig hielten, wollen Japaner nicht zu negativ sein und kommen so mit etwa 40% auf einen mittleren Platz. Hierbei könnte es sich leicht um einen Ausdruck japanischer Höflichkeit handeln, die sich davor scheut, ein so weit verbreitetes Phänomen wie Religion als unwichtig einzustufen.[4]

Andererseits überraschen Zahlen, die die Tagespresse veröffentlicht. Allein im Jahre 1978 sollen in Japan über 10 Millionen religiöser Schriften verschiedener Ausgaben und Größen gekauft worden sein, etwa ein Drittel aller Japaner sollen im Besitz religiöser Bücher sein, so daß die Kirchen von Gläubigen, die etwa 1% ausmachen, und dem Umfeld der Kirchen, das etwa 30% der Bevölkerung einbezieht, sprechen.[5] Auch auf diesem Gebiet zeigt sich eine allmähliche Angleichung an die Länder der freien Welt.

Ein wichtiger Schritt auf dem Wege zu stärkerer internationaler Transparenz könnte für Japan die völlige Übernahme der westlichen Zeitrechnung sein, ein Problem das in den letzten

Jahren zu einem Politikum geworden ist. Mit dem Tode des Tennô Hirohito ist die Periode „Shôwa" (strahlender Friede) zu Ende, und nach den bestehenden Gesetzen sollte damit überhaupt der Brauch, nach Regierungsperioden der Tennô bzw. nach noch kürzeren Phasen die Zeit zu berechnen, erlöschen. Aber die Konservativen, d. h. die Partei der Liberaldemokraten änderten das Gesetz entsprechend, obwohl die Kommunisten und Sozialisten sich dem heftig widersetzten. Wieder zeichnete sich eine Allianz von links, liberal und christlich ab, denn die Christen sollten das meiste Interesse daran haben, eine Zeitrechnung endgültig zu übernehmen, die mit der Geburt des Begründers ihrer Religion beginnt. Hätten sie den Mut dazu nicht aufbringen können, so wäre das Paradox entstanden, daß nur die sehr linken Kräfte für den wirklichen Fortschritt Japans in dieser Frage eintreten, während die Christen sich systemkonform verhalten. Das Kaisertum bedeutet in der Tat die äußerste Sanktion des Konformismus durch Verleihung von besonderen Ehren wie Teilnahme an Gedichtlesungen und Chrysanthemenschauen und vor allem durch Orden.

Wie schwer es den Christen wird, ihre Aufrichtigkeit unter Beweis zu stellen, kann man ahnen, wenn man bedenkt, daß bei dem Skandal der Umweltverschmutzung der Bucht von Minamata und damit der Fische durch Quecksilber, was furchtbare Krankheiten der Opfer hervorrief, nicht nur die Unternehmer, sondern leider auch die Gewerkschaften den Standpunkt des Stickstoff-Unternehmens Nihon Chisso bis zum äußersten und in vieler Hinsicht gewalttätig gegen die Leidtragenden verteidigten. In diesem, aber auch bei den anderen recht zahlreichen Fällen von unternehmerischer Umweltverschmutzung erhielten christliche Aktionen keinen nennenswerten Grad von Bekanntheit.

Etwas Ähnliches kann man bemängeln, wenn junge Leute von einer Bank oder einem „renommierten" Unternehmen nur deswegen nicht eingestellt werden, weil der Vater gestorben, die Mutter also Witwe geworden ist. Firmenintern wird erklärt, daß in diesem Falle das Risiko des Unternehmens bei eventueller Veruntreuung zu groß sei. Ebenso werden kränkliche Personen kategorisch abgelehnt. Daher die große Bedeutung eines durch amtliche Beglaubigung bestätigten dokumentartigen Lebenslaufs, von dem wir noch sehen werden, daß er zur Eta-Entdeckung sehr wichtig sein kann. Außerdem muß man hier an die Zahlung beträchtlicher Summen an die weiter unten zu beschreibenden Sôkaiya (Aktionärsversammlungs-Männer) durch renommierte Firmen in großer Zahl erinnern. Man fragt sich, wo bleibt der Einfluß der nun schon seit Jahrzehnten in stets wachsenden Kontingenten die japanischen Spitzenunternehmungen eintretenden Graduierten von christlichen Universitäten oder, noch weit zahlreicher, von den Oberschulen, von Schülern also, die das „große Glück" hatten, nach dem Durchlaufen einer der besten staatlichen Universitäten in die in vieler Hinsicht sehr eigenartig agierenden Spitzenfirmen eintreten zu dürfen.

Wegen des überstarken Konformismus und der damit verbundenen fehlenden Kritik ließe sich auf Japan mehr als auf andere Länder der Begriff Herbert Marcuses von der Eindimensionalität der Gesellschaft anwenden. Zur Zeit der Studentenunruhen spielte er nicht zu Unrecht eine große Rolle. Der Terrorismus entstand aus der Überzeugung, daß nur noch Extremhandlungen, sogenannte Fanale, die konform und einklassig verhärtete Gesellschaft aufrütteln könnten. Unzufriedenheit mit der Allianz von Unternehmen und Universität (durch Spenden von der einen und Versorgung mit Personal von der anderen Seite), mit der Einbeziehung des Beamtentums, der Gewerkschaften, der Massenmedien, Politiker und Literaten in die dicht formierte Phalanx einer auf immer größeren Konsum ausgerichteten Gesellschaft löste jene Kurzschlußhandlungen aus, die im Anfang noch auf einiges Verständnis stießen, aber später immer mehr als schlechthin kriminell, allerdings in einer bisher nicht bekannten Form, angesehen wurden. Der Gedanke daran, daß der heutige Terrorismus gerade in den drei Ländern des ehemaligen Anti-Komintern-Dreierbündnisses von Japan, Deutschland und Italien die extremste Ausformung erhielt, sonst aber fast nur in dem ehemals peronistischen Land Argentinien zeitweilig große Verbreitung fand, könnte einen Schlüssel zur Erklärung dieses Phänomens abgeben. Vielleicht ist in diesen drei Ländern der Umbruch zur Demokratie, der ja von außen erzwungen wurde, weitgehend in erster Linie verbal mitvollzogen worden, nicht aber in genügender Tiefe, die so schnell offenbar nicht erreicht werden kann. In Japan waren es die Universitäten, die sich unter dem Druck der revoltierenden Studenten zu demokratischen Reformen entschlossen und damit ihrer Probleme Herr wurden. Die Regierung löste sich aus einer Haltung der Inaktivität und engagierte sich finanziell sehr positiv bei den Privatuniversitäten, die in Japan die Hauptlast der höheren Erziehung tragen.

Die allgemeine Unzufriedenheit mit einzelnen Berufsgruppen, vor allem mit den Ärzten, blieb. Auch die Bedenken gegen viele Rechtsanwälte, von denen in der Bundesrepublik bezeichnenderweise einige den terroristischen Gruppen beitraten, ist beiden Ländern gemeinsam. Patienten und Klienten könnten in ähnlicher Weise Träger ohnmächtiger Wut sein, aus der sich Terrorismus generiert.

Vom Mahayana-Buddhismus her ursprünglich inspiriert, aber heute nicht mehr so empfunden, ist die Haltung der japanischen Öffentlichkeit einzelnen Terroristen gegenüber. Da Gut und Böse im Osten nicht in so diametraler Weise entgegengesetzt sind, wie dies in der westlichen Tradition der Fall ist, versuchen die Medien in Japan auch in dem brutalsten Terroristen noch ein Stück Menschlichkeit zu entdecken.

Nagata Hiroko, die Anführerin der Roten Armee Fraktion, die in der letzten Phase ihres Kommandos über zehn ihrer Mit-Terroristen wegen Abweichung oft mit großer Grausamkeit hatte lynchen und ihre Leichen verscharren lassen, stellte die japanische Öffentlichkeit vor das Problem, ob eine solche Frau wirklich „ein Mensch ohne Blut und Tränen" sei. In einer Serie von Berichten, die wir für sentimental halten würden, die Japaner aber zu ihrer inneren Beruhigung sehnlichst herbeiwünschten, wurde dargetan, wie sie schrittweise zum Menschsein zurückfand. Daß sie nach Tagen der Haft damit begann, ihre Decke auf der Pritsche des Gefängnisses zusammenzufalten, galt als erstes Anzeichen einer Wiedergeburt. Als sie nach einiger Zeit dem Wächter „Guten Morgen" wünschte, registrierte man es als zweiten Schritt. Auf die Nachricht hin, daß sie sich endlich wusch und kämmte und der Wachmann ihr daraufhin bestätigte, daß sie doch gut aussehe und sie dann schüchtern errötete, war ganz Japan erfreut. Das alte Sprichwort: „Auch in den Augen des Teufels: Tränen!" (oni no me ni mo namida!) hatte sich wieder einmal bestätigt.

Man erinnerte sich an das herzergreifende Schauspiel, als in den dunkelsten Stunden nach dem Krieg einer der Hauptkriegsverbrecher, der General Yamashita, als Tiger von Malaya bezeichnet wurde und seine Frau dann, entgegen der Tradition, daß Frauen sich stets zurückhalten sollen, oft und oft öffentlich auftrat, um den Vorwurf der Grausamkeit gegen ihren Mann zu widerlegen. In der denkwürdigen Stunde, in der sie dann endlich weit entfernt von Japan vor dem Kriegsgericht der Sieger zu Wort kam, brach Yamashita in Tränen aus, die ganz Japan rührten und bis heute unvergessen sind.

Bandô hingegen, ein anderer Terrorist der Gruppe um Nagata, machte ständig vom Recht der Aussageverweigerung Gebrauch. Sein Vater bat die japanische Nation um Verzeihung, einen solchen Sohn geboren zu haben und nahm in seinem Freitod, einer alten Tradition entsprechend, gleichsam stellvertretend die Strafe auf sich. Als man dies Bandô mitteilte, blieb er auch dann noch unbewegt und wurde zum Entsetzen Japans im Herbst 1977 freigepreßt. Die bewachenden Polizisten weinten ihrerseits „Tränen des Ingrimms".

Zweifellos hat die buddhistische Tradition des Mitfühlens etwas so Weites und Echtes an sich, daß man geneigt ist, momentan zuzustimmen, daß es noch etwas jenseits von Gut und Böse gibt: das Menschliche. Christliche Moralisten und vor allem Kirchenrechtler, die mit Ehefragen betraut sind und mit Jugendfehlern lebenslängliche Sanktionen begründen wollen, machen vor dem Hintergrund solcher Gedanken keine gute

Figur. Sie müssen sich den Vorwurf der Unmenschlichkeit gefallen lassen. Man wird unwillkürlich an jenes überlieferte Gespräch Franz Xavers, des ersten Japanmissionars, mit dem Zen-
Bonzen Ninshitsu erinnert, der nicht verstehen konnte, wie
Franz Xaver in seinem Himmel glücklich werden könne,
wenn sein leiblicher Bruder wegen seines leichten Lebenswan-
dels in Paris dann nicht dort wäre, vielleicht sogar in der Hölle.
Es war eine echte Fragestellung im Sinne des Mahayana-
Buddhismus an das Christentum, aber zugleich auch ein nunmehr modernes Bedenken.

Buddhistisches Einfühlungsvermögen, schintoistische Ge-
radlinigkeit und konfuzianische Pietät stellen Werte in der japanischen Tradition dar, mit denen das Christentum sich ausein-
andersetzen muß. Toleranz im Ideologischen, Zurückhaltung
in der dogmatischen Aussage, aber auch in der moralischen
Beurteilung könnten die naturgemäßen Folgen eines vorneh-
men Dialogs mit den Trägern dieser Tradition sein.

Aspekte traditioneller und moderner Kultur

Schwäche und Stärke einer ungewöhnlichen Sprache

Es wurde früher auf die „Überfremdung" der japanischen Sprache durch das Chinesische hingewiesen. Die daraus resultierenden Schwierigkeiten für die Erlernung des Japanischen konnten nur skizziert werden. Sie bedeuten lediglich einen Teil der zu überwindenden Hindernisse, eine weitere charakteristische Eigenart besteht in der oft betonten Unklarheit. Die Auslassung des Subjekts in vielen Sätzen hindert zwar meistens den aufmerksamen Hörer nicht, herauszufinden, wer oder was hier gemeint ist. Es kann aber auch sein, daß die Unklarheit gewollt und unüberwindlich ist. Eine logisch klare und völlig erschöpfende Darstellung eines Sachverhalts wird leicht als pedantisch abgelehnt. Unklarheit und ausweichendes Verhalten können ganz allgemein als Mittel angesehen werden, in einer Gesellschaft, in der die Handlungen des Einzelnen genau umschrieben sind, sich doch noch einen Freiheitsraum zu sichern. Es gibt wohl kaum ein technisch so hoch entwickeltes Land mit einer so großen Zahl an Vätern und Müttern, die, wie die Japaner es ausdrücken, einfach „verdampfen" (jôhatsu). Es gäbe Millionen von Christen in Japan, wären nicht die meisten „verdunstet". Wahrscheinlich wäre die durchschnittliche Lebenserwartung der Japaner viel niedriger, würden die Neugeborenen, die nach wenigen Atemzügen sterben, mit der Strenge registriert wie in der Bundesrepublik, und die Selbstmordrate der offiziellen Statistiken läßt auf eine hohe Dunkelziffer schließen. Von Finanzberichten und Grundstückskaufverträgen als Muster traditioneller Unklarheit soll bei der Wirtschaft die Rede sein. Natürlich eignet sich die vage Sprache, die oft als intuitiv bezeichnet wird, vorzüglich zum künstlerischen Ausdruck, besonders zum lyrischen Gedicht, zum Essay, zur romanhaften Darstellung.

Als solche sehen wir sie im frühen Mittelalter in erster Linie von Frauen gestaltet, die sich eine spezielle Frauensprache erarbeiteten. Die Männersprache unterschied sich von ihr durch die große Zahl von chinesischen Lehnwörtern, sie war abstrakter, härter und vom rein Sprachlichen her weniger geschmeidig und daher kaum geeignet, die leichten und gefühlsmäßigen Inhalte auszudrücken, die Künstler beschäftigen; der Roman wurde eine Domäne der Frau.

Bereits im frühen Mittelalter erstarrte die Schriftsprache und trennte sich völlig von der Umgangssprache. Die Kenntnis der ersteren ist für den Studenten der Literatur unumgänglich, sie galt im Recht, in der Verwaltung, ja im Briefschreiben. Gebildete Japaner schätzen sie ihrer Kürze wegen, Literaten verwenden sie aus ästhetischen Gründen, und den zahlreichen Verfilmungen von Themen aus der japanischen Geschichte verleiht sie das historische Kolorit.

Die Umgangssprache war im Laufe der Jahrhunderte mannigfachen Veränderungen unterworfen, von denen eine, die mit der Verlagerung des Schwerpunktes von Kioto nach Tokio erklärt wird, bereits erwähnt wurde. In ihr sind die Kurzgedichte (haiku) verfaßt, in ihr macht sich der Einfluß der europäischen Sprachen seit der Meiji-Reform durch Angleichungen im Satzbau und größere Klarheit geltend. So wurde zu Beginn dieses Jahrhunderts die Umgangssprache ebenfalls als Schriftsprache akzeptiert. Inzwischen hat diese neue Schriftsprache eine solche Einheitlichkeit erfahren, daß sie sich, besonders als Zeitungssprache, durch Prägnanz und Kürze wieder von der Umgangssprache absetzt. Die Sprachentwicklung ist also durchaus noch im Fluß.

Eine Besonderheit stellen die Ehrenpräfixe dar, die Worten vorangestellt werden, die auf eine bestimmte Person bezogen sind. Es entwickelten sich ganze Verben, die nur im Verkehr oder in bezug auf zu ehrende Personen benutzt wurden. Später traten Tätigkeitsworte hinzu, die ausschließlich den Frauen reserviert sind. Frauensprache und Männersprache unterscheiden sich nicht nur in der Schrift-, sondern auch in der Umgangssprache. Frauen verwenden die vier Klassen von Höflichkeit mit größerer „Selbstverdemütigung" als die Männer, was aber oft genug nur Beschwichtigungen provozieren soll. Beide erkennen an der Handhabung der Höflichkeitsformen durch den Gesprächspartner dessen Salonfähigkeit. Wirklich ernste Unterhaltungen setzen eine völlige Meisterschaft der vier Klassen voraus; sie werden dann der Sache wegen praktisch vergessen. Beim Verkehr mit freundschaftlich verbundenen Partnern verleihen die Höflichkeitsformen eine Fülle von Variationsmöglichkeiten sarkastischer und vor allem humorvoller Art. Das Sprechen zum Kleinkind, zum Schüler, zum Studenten, zum Gleichgestellten und, eventuell, zur Majestät, sie alle sind verschieden. Unhöflich oder beleidigend zu reden läßt sich ebenfalls bestürzend variieren; die einschüchternde, verletzende Sprache der Polizei bis zum 15. August 1945 werden Japanveteranen nie mehr vergessen. Aber auch der veränderte Ton eines Beförderten als Indiz einer sich wandelnden Beziehung läßt in einer Gesellschaft, die vertikal strukturiert ist, aufhorchen. Es wäre falsch, in den vielen Möglichkeiten, die Höflichkeit zu dosieren, nur eine Last zu sehen; oder lediglich den verbalen Ausdruck einer durch und durch klassenbewußt aufgebauten Gesellschaft. Mit den bekannten Klassenunterschieden hat die sprachliche Tradition nur wenig zu tun. Sie bedeutet durchaus auch eine Sprechkultur von großer Feinheit.

Daß beim gründlichen Erlernen der Sprache die aktuelle Umgebung des Lernenden eine wichtige Rolle spielt, braucht nicht erklärt zu werden. Es gibt zahlreiche Dialekte und nach wie vor die Frauensprache, die Sprache des Milieus und die sachlich-noble Sprache der sehr breiten Schicht ernster und fleißiger Bürger. Dem deutschen Sprichwort: „Sage mir, mit wem du umgehst, und ich sage dir, wer du bist" könnte ein japanisches entsprechen: „Sprechen wir etwas, und ich sage dir, mit wem du umgehst!"

Unter den Einflüssen, die in jüngster Zeit im Sprachlichen fühlbar sind, machen sich besonders zwei geltend: die Amerikanismen und die Comics.

Die Amerikanismen fallen im gedruckten Text deswegen so stark auf, weil sie in der Katakana-Silbenschrift wiedergegeben werden, die für Telegramme, Reklamen und eben ausländische Worte reserviert ist. Während früher die harte, eckig geschriebene Silbenschrift (katakana) im Text eine seltene Ausnahme darstellte, wimmelt es heute von ausländischen Worten, die in der großen Mehrzahl amerikanischen Ursprungs sind. Da Japan ein Land der Moden ist, weil die Überflutung mit Fernsehstationen, Zeitungen und Zeitschriften dazu verleitet, bei schnellem Wandel vorn zu liegen und ständig nach dem Neuesten Ausschau halten zu wollen, häufen sich die Amerikanismen in unvorstellbarer Weise. Politiker, Bestsellerautoren und Journalisten überbieten sich gegenseitig im Wettlauf, „in" zu sein. Die Tendenz zur Anglisierung der japanischen Sprache geht allerdings bereits Jahrzehnte zurück und könnte ein Indiz dafür sein, daß in der großen Masse der Japaner ein ernster Wunsch besteht, die enorme Sprachbarriere zwischen ihnen und dem Rest der Welt wenigstens in etwa zu überwinden.

Wie wichtig dies für die Außenpolitik wäre, zeigt die Tatsache, daß führende Politiker Europas sich immer häufiger zwanglos oder planmäßig treffen und durchaus telefonisch miteinander verkehren. Die frühere Schwergewichtigkeit des diplomatischen Verkehrs ist einer kollegialen Informalität gewichen, die den Erwartungen der Mehrheit der europäischen Völker entspricht. Führende Japaner werden leider immer mehr zu Außenseitern, weil sie den Anschluß an das sich ständig vertiefende Gruppenbewußtsein „unserer Toppolitiker" aus linguistischen Gründen nicht schaffen. Sie isolieren sich. Andererseits beweist die Einführung von weit mehr Amerikanismen ins Japanische als im Deutschen oder gar Französischen, wie gesagt, daß der echte Wunsch sehr weiter Kreise der japanischen Bevölkerung auf die Überwindung der Sprachschranke zielt, höchstwahrscheinlich verbunden mit der unbewußten Überzeugung, daß in einer solchen Entwicklung der eigentlich realistische Schlüssel zum Frieden liegt.

Es ist eine unleugbare Tatsache, daß aus dem Unterschied der Sprachen im allgemeinen, mit einigen Ausnahmen, der Unterschied der Nationen abgeleitet wird. Die volle Souveränität der Nationen ist andererseits die unumgängliche völkerrechtliche Voraussetzung des Krieges. Realistische Friedensbemühungen, wie sie etwa die Europäische Gemeinschaft für die teilhabenden Völker darstellt, bedeuten daher folgerichtig Einschränkungen der Souveränität. Diese Tatsache ist für viele selbstbewußte und um die Emanzipation der Menschheit sehr verdiente Völker ein bitteres Faktum, an das sie sich nur schwer gewöhnen wollen. Noch schmerzvoller wäre es für viele, den Grund für die nationalen Unterschiede, der durchweg der sprachliche ist, in die Friedensbemühungen einzubeziehen. Dennoch scheint die bewußte Arbeit zum Frieden hin erst dann realistisch zu werden, wenn der Versuch gemacht wird, die großen sprachlichen Veränderungen, die unsere Zeit kennzeichnen, als Bewegungen der Völker aufeinander zu zu bewerten und zu begrüßen. So wie die germanischen Sprachen Europas zahlreiche Lehnwörter aus dem Lateinischen einschließen, die sie mit den romanischen Sprachen verbinden, so lassen sich heute Verknüpfungen denken, die auf der gemeinsamen Beeinflussung durch das Englische fußen. Man kann sich vorstellen, daß in Zukunft je nach der zivilisatorischen Vorherrschaft sowohl das Russische wie das Chinesische ähnliche Funktionen ausüben werden, obwohl dies einstweilen reine Spekulationen sind. Wie stark der Einfluß des Englischen im deutschen Sprachraum geworden ist, zeigt ein Blick auf die Titel der 373 medizinisch-wissenschaftlichen Zeitschriften, die 1977 im deutschen Sprachgebiet nach dem Index Medicus veröffentlicht wurden. Nur noch die Hälfte tragen einen deutschen Titel, 35% bereits einen englischen. Bezüglich des Einflusses von Artikeln mit echtem Forschungsinhalt steht es außer Zweifel, daß der Einfluß der englisch gedruckten Beiträge weit größer ist als der der deutschen. Das gilt noch viel mehr von den Veröffentlichungen in japanischer Sprache. Ohne englische Zusammenfassung wirken sich auch wertvolle Arbeiten kaum noch aus. Daher schreiben viele Japaner unmittelbar auf Englisch. Wichtiger wäre eine weltweite Steuerung solcher Worte und Termini, die im Zusammenhang mit dem Fortschritt der Technik, aber auch auf geisteswissenschaftlichem Gebiet, als Neuprägungen nötig werden. Sie könnten ohne Schaden für irgendeine Nation weltweit identisch ausgewählt sein. Ihre Zahl wird sich jährlich vermehren; ihre Bedeutung wäre deswegen so groß, weil sie an der Spitze der sprachlichen und zivilisatorischen Entwicklung stehen und gleichsam richtungweisend sein würden. Das Ziel wäre der endgültige Friede.

Die Comics-Explosion

Eine zweite Welle von Neuerung, sprich Vereinfachung des Japanischen, die ebenfalls für sich betrachtet revolutionäre Dimensionen annehmen könnte, bahnt sich durch die zunehmende Verbreitung der Comics an. In den Verkehrsmitteln, den Kantinen und Schulen sieht man junge Leute die Hefte und Bücher lesen. Sie sind in fast allen Buchläden zu haben, ja es haben sich Läden ausschließlich für Comics aufgetan; Verlage für Comics verkaufen ohne Schwierigkeit über eine Million Stück pro Woche. Allein in den Monaten Januar bis September 1976 sollen 585 000 000 Exemplare Zeitschriften und 50 000 000 Bücher dieser Art verkauft worden sein. Damit hatte die Produktion der Comics 28% der Gesamtproduktion von Büchern und Zeitschriften erreicht. Bestseller wie „Liebe und Aufrichtigkeit" von den Koautoren Kajiwara Kazuki und Nagayasu Kô, dem Zeichner, kamen auf 5 Millionen Exemplare.

Wie läßt sich diese ungewöhnliche Entwicklung erklären? Durch Fernsehen und Film scheint sich der junge Japaner ganz an das Bild gewöhnt zu haben und an die Aktion im Bilde. Das Konkrete, nicht das Abstrakte zieht ihn an, ganz im Einklang mit der schintoistischen Tradition Japans. Schriftzeichen bedeuten andererseits Abstraktionen, oft von archaischen Bildern, die kaum noch zu erkennen sind, aber vielfach von Inhalten viel abstrakterer Natur. Zudem zeigt sich bei jungen Japanern ein Trend zu wachsender Unkenntnis von Schriftzeichen überhaupt; emotionsgeladene Bilder hingegen sprechen unmittelbar an. Die Texte der Comics überraschen durch die auffallend geringe Zahl jener 2000 Zeichen, die noch verwendet werden; die meisten sind durch die Silbenschrift ersetzt. Lautmalereien und drastische Skizzen machen Worte überflüssig. Für komplizierte Zusammensetzungen, die aus mehreren Zeichen bestehen, findet sich kein Platz, aber auch solche Zeichen, die aus einer zu großen Zahl von Einzelstrichen zusammengesetzt sind, werden immer weniger benutzt. Man darf sogar annehmen, daß die Comics-Explosion eine Reaktion auf die immer noch recht komplizierten Einzelzeichen und die Schwere der aus zwei, drei oder vier Zeichen zusammengesetzten Termini darstellt. Nur so läßt sich die Dimension der Überflutung erklären, die im Westen nicht solche Ausmaße annimmt, weil das Alphabet ja bereits eine Vereinfachung darstellt, die sich mit der japanischen Silbenschrift vergleichen läßt. Im heutigen Japan klaffen die Normalsprache und die der Comics so weit auseinander, daß man sich fragen kann, ob der Unterschied noch überbrückt werden kann. Bei der traditionell pragmatischen Lebensauffassung der Japaner kann man annehmen, daß es bei der Auseinandersetzung zwischen Comics und bisheriger Sprache zu einer weiteren Vereinfachung kommt, die zunächst nur die Schreibweise betrifft, die sich sicher dann auch im gesprochenen Wort auswirkt. Die elementare Wucht der Comics-Explosion könnte frühere Diskussionen über linguistische Reformen des Japanischen schnell veraltet erscheinen lassen und zu einer tiefgreifenden Angleichung an die westlichen Sprachen führen.

So wie die Ursache der eventuellen Sprachumwälzung bei der Ausgerichtetheit auf das Fernsehen zu suchen ist, der das japanische Kind in einer Weise ausgesetzt ist, wie wir es uns nur schwer vorstellen können, so wäre auch die Rolle des Fernsehens bei einer nach-revolutionären Sprachberuhigung bedeutend. Es käme ihm eventuell zu, die neue Sprachform durchzusetzen.

Das Fernsehen hat im Leben der Japaner eine Wichtigkeit erreicht, die ihm in der Bundesrepublik nicht zukommt. Außer wenigen Stunden in der Nacht mögen sie nicht auf die Möglichkeit oder Wirklichkeit des Fernsehens verzichten. Ähnlich wie im amerikanischen Television wird die Mehrzahl der Sendungen wegen der starken Kommerzialisierung durch vorgeschaltete Werbung eingeleitet, durch sie unterbrochen und beendet. Dadurch tritt eine Abwertung des eventuell kulturellen Gehalts einer Sendung ein. Die Mischung von Hochwertigem und völlig Funktionalem nivelliert und erzeugt ein Gefühl der Langeweile und des Überdrusses, dessen Grund darin zu suchen ist, daß die emotionalen Gehalte etwa eines Konzerts sich nicht in Ruhe aufzubauen in der Lage sind und, nachdem sie sich endlich etabliert haben, nicht die seelische Empfänglichkeit entstehen lassen, in der sie sich befriedigend auswirken können. Wenn man das Erlebnis eines Kunstwerkes der Musik oder des Filmes mit einer geistigen Geburt vergleichen darf, so kommt es im stark kommerzialisierten Fernsehen ständig zu Fehlgeburten oder sogar zu gräßlichen emotionalen Monstren. Die frühere schwere Erreichbarkeit eines wirklichen Kunstgenusses hatte den Vorteil, daß durch das Opfer an Zeit und Geld die nötige Hochschätzung vor dem Erlebnis wuchs und die zeitliche Abgrenzung von allen anderen Beschäftigungen die Voraussetzung für die Einmaligkeit schuf, in der ein herausragendes Werk der Kunst erlebt werden soll. Das heutige Potpourri von Sinn, Unsinn, Realität und Traum, das die Medien vermitteln, stellt, so will man hoffen, lediglich eine erste, wilde Phase dieser Möglichkeit des Menschen dar, die bald durch eine ernstere abgelöst werden sollte. Die japanischen Medien leiden unter jenem Mangel an weitsichtiger Planung, die man in Japan lange an der Verkehrsgestaltung bemängelte und die schon Jahrzehnte die Politik als ständiges Gerangel um Macht kennzeichnet.

Wegen der scharfen Konkurrenz der zahlreichen Fernseh-Stationen versuchen sich diese in der Schnelligkeit der Nachrichten, in der technischen Perfektion und auch an Programmlänge zu übertreffen. Die Behäbigkeit des deutschen Fernsehens, die daraus spricht, daß man fast täglich einen falschen Film zu bestimmten Nachrichten „abfährt", oder die Verspieltheit, die man daran erkennen kann, möglichst viele adlige Ansager zu beschäftigen, läßt sich in Japan nicht vorstellen. Andererseits wäre es nicht denkbar, daß ein japanischer Premierminister vorschlüge, einen Tag in der Woche ohne Fernsehen zu verbringen, damit das Gespräch in der Familie nicht ersterbe. Nichts beleuchtet schlagartig mehr den Unterschied zwischen der ruhigen Festigkeit Europas und der unter ständigen Reizen durch das Leben eilenden, Geschäftigkeit und Ablenkung suchenden Art des Japaners, als die Stellung des Fernsehens in den beiden Kulturen. Die Stille der Teegespräche mag es wohl in behüteten Enklaven noch geben, im allgemeinen scheint das Fernsehen aber den herzlichen Gedankenaustausch in der Familie und anderswo erstickt zu haben. In den meisten einfachen Restaurants, die früher eine gute Gelegenheit boten, mit den Köchen und Kunden über die Tagesprobleme zu reden, hat es sich durchgesetzt, daß man schweigend auf das Gerät schaut. Bei beliebten Sendungen gehört es sogar zu den neuen Geboten der Etikette, nicht zu stören. Den Ausländern fällt auf, daß unwichtige Tatsachen oder solche von nur regionaler Bedeutung wie das Verschwinden einer 13jährigen Schülerin, die unter dem Verdacht, ermordet worden zu sein, gesucht wird, im ganzen Lande mit immer neuen und „sensationellen" Fahndungseinzelheiten ausgestrahlt werden. Dann, daß das Wort

„Japan" im dortigen Fernsehen etwa hundertmal so häufig verwendet wird wie das Wort „Deutschland" in dem der Bundesrepublik, endlich, daß in besonderen Schulungskursen völlig sinnlose Dinge propagiert werden, weil sie ungewöhnlich sind, wie z. B. das Einüben von Begrüßung, Verhalten und allen Einzelheiten jener Zeremonien, die in Japan eine Hochzeitsfeier ohnehin schon zu einer höchst langweiligen und stereotypen Angelegenheit machen.

Psychologen könnten untersuchen, wie es zu erklären ist, daß ausgerechnet in dem Lande, wo femininer Charme großgeschrieben wird, Sendungen von weiblichem Kick-Boxing ausgestrahlt werden, die einen solchen Hohn auf jede menschliche, insbesondere frauliche Würde darstellen, daß sie in Europa sicher auf entschiedenen Widerstand stoßen würden. An Rohheit werden sie nur noch übertroffen von den Programmnummern, die mit „Wrestling" (Ringen) ausgewiesen sind, sich mit männlichen Kontrahenten befassen und eine amerikanische Erfindung darstellen. Fließendes Blut, gewalttätig verdrehte Gelenke, Treten am Kopf und fast allen Körperteilen, Zorn und Gewalt innerhalb und außerhalb des Ringes und gegen den Schiedsrichter, dies alles wird sehr lange und ausgiebig ausgebreitet. Man fühlt sich erinnert an Berichte aus dem alten China, nach denen dort früher Menschentrauben einen Sterbenden umstanden haben sollen, um sich an dessen Zuckungen zu amüsieren.

In Japan kann von kritischer Verarbeitung dessen, was das Fernsehen bietet, keine Rede sein, der Volkscharakter ist, wie im Kapitel über Philosophie gesagt wurde, rezeptiv veranlagt. Ausgewogenheit des Programms, Unabhängigkeit dem Werbeträger gegenüber sind Begriffe, die keineswegs so lebendig sind wie bei uns. Man darf vielleicht behaupten, daß der Durchschnittsjapaner bis zu einem gewissen Grade fernsehsüchtig ist. Es wurde schon darauf hingewiesen, daß andererseits im technischen Bereich, wegen der scharfen Konkurrenz, viel geleistet werden muß. Etwas Ähnliches läßt sich bei den übrigen Medien feststellen.

Die Zeitungen erscheinen in der überwältigenden Mehrheit in einer Morgen- und Abendausgabe. Sie versuchen sich gegenseitig an Schnelligkeit der Berichterstattung, aber auch an Genauigkeit zu überbieten. Wegen der geringen Anzahl von Lokalblättern und der wirtschaftlichen Leistungsfähigkeit der großen japanischen Zeitungen mit ihren Auflagen von mehreren Millionen ist das Niveau keineswegs niedrig. Zeitunglesen bildet in Japan, aber Journalisten versuchen nicht die wachsam-kritische Rolle zu spielen, die sie in westlichen Ländern vielfach ausüben. Sie gehören zum Troß eines Ministers oder einer Wirtschaftsorganisation und sind bemüht, durch Wohlverhalten mit Neuigkeiten belohnt zu werden. Der Gedanke der Harmonie verträgt sich schwer mit dem westlichen Ethos des Journalismus, wie es in den demokratischen Ländern verstanden wird.

Wegen der sprachlichen Schwierigkeiten und der damit verbundenen Frustrationen tendiert das ausländische Journalistenkorps dazu, sich besonders auf die Schwächen des japanischen Gemeinwesens zu konzentrieren. Verkehrsprobleme, Schwierigkeiten mit dem Start des Flughafens Narita und die Umweltverschmutzung spielen eine überdimensional große Rolle. Weil durch die Tätigkeit der nicht-japanischen Journalisten der Lockheed-Skandal erst eigentlich ins Rollen kam und der Politiker Tanaka in der Folge davon tatsächlich seinen Posten als Premierminister verlor, findet man heute noch in der ausländischen Presse gleichsam als Nachhall dieses journalistischen Ehrentores Ausdrücke wie „der mit Schimpf und Schande davongejagte Tanaka", eine Ausdrucksweise, die keine Parallele im Japanischen besitzt und dem heutigen Verhältnis der Japaner zu dem Politiker Tanaka nicht mehr gerecht wird. (Man erinnere sich daran, daß der Schintoismus niemals vom Buddhismus „mit Stumpf und Stiel ausgerottet" wurde.)

In der Buchproduktion liegt Japan zwar hinter der Bundesrepublik an Zahl zurück, aber das Ethos von Druckern und Verlagen ist offenbar in mancher Hinsicht höher. Fehldrucke werden anstandslos zurückgenommen, wie auch in den Büchern selbst ausdrücklich vermerkt ist; das Auslassen vieler Seiten oder deren umgekehrte Heftung, wie sie bei uns durchaus vorkommt, ist in Japan undenkbar. Damit die Autoren Sicherheit über die Zahl der gedruckten Exemplare haben, lassen sie mit einem unnachahmbaren Stempel kleine Marken bedrucken, die in jedes Exemplar eingeklebt sind. Der Autor, der die Marken liefern muß, hat so absolute Sicherheit über die wirkliche Größe der Auflage, ein System, das nach diesem Hinweis sicher bald in Europa begeisterte Nachahmung bei den Verlagen und Autoren finden wird!

Trotz technischer Unterlegenheit und teilweiser Langsamkeit, vielleicht auch gerade dieser letzten wegen, kann den deutschen Medien im ganzen eine große Solidität nicht abgesprochen werden. Dafür, daß mit einer Monopolstellung stets die Gefahr des Mißbrauchs verbunden ist, erfüllen das Doppelgespann im Fernsehen, die eine oder andere wirklich national verbreitete und seriöse Tageszeitung, die eine zur veritablen moralischen Institution sui generis herangewachsene Wochenzeitschrift, ergänzt durch ein Pendant und nur wenige Konkurrenzblätter ihre Aufgaben gewissenhaft. In Japan herrscht nur bei den Riesenzeitungen ein vergleichbarer Ernst. Fernsehen und vor allem die sehr zahlreichen Wochenzeitungen, von denen die meisten den Charakter von Boulevardblättern haben, agieren ohne ausreichendes Verantwortungsbewußtsein. Sie enttäuschen den spracheifrigen Ausländer, der in Japan ursprünglich die Inspiration einer alten Kultur auf allen Gebieten erwartet hatte. Er stellt resigniert fest, daß sie nur in Enklaven fortlebt. Ja, man kann froh sein, daß viele Wege und Künste Japans in den letzten Jahrzehnten weltweit bekannt wurden; so besteht Sicherheit über ihre Zukunft; sie werden in Japan und zur gleichen Zeit in vielen anderen Ländern bewahrt werden.

Wehrwege und Bushidô

Von Miyamoto Musashi (1584–1645?) – kein Japaner, dem das Herz nicht höher schlägt beim Klang seines Namens – wird berichtet, daß er sechzigmal in Zweikämpfe verwickelt war, aber niemals besiegt wurde. Er kämpfte mit einem langen und einem kurzen Schwert zur gleichen Zeit und gilt als das Idol des Kampfsportes Kendô (Weg des Schwertes). Kendô wird heute mit einem „Schwert" geübt, das aus vier etwas über ein Meter langen abgerundeten Bambussppleißen besteht, die mit einer Schnur zusammengebunden wurden. Im ersten Viertel sind sie mit einer Lederhülle überzogen, die als Griff dient, ein Hornring schützt die haltenden Hände vor den herabrutschenden Schlägen des Gegners. Von den anderen Ausrüstungsstücken, die den Körper abschirmen sollen, darf sich der Brustpanzer durch Schmuck auszeichnen. Die sieben erlaubten Schläge müssen beim Auftreffen mit einem durchdringenden martialischen Ruf angemeldet, können aber wegen der üblichen enormen Lautstärke dieses Schreis kaum von einander unterschieden werden. Der Kampf dauert nur fünf Minuten, es sei denn, einer der beiden Kontrahenten hat schon vorher zwei Schläge gelandet. Bei einem offiziellen Wettkampf wäre dies von drei Kampfrichtern zu bestätigen. Kendô galt bis zum Ende des Krieges als ein privilegiertes Fach an der fünfjährigen Mittelschule, die damals die Stelle der heutigen je dreijährigen Mittel- und Oberschulen einnahm. In besonderen Kendôhallen, deren Fußböden glatt poliert waren, wurde der Unterricht erteilt, im Winter wie gesagt bereits um sechs Uhr in der Frühe im ungeheizten Raum, um die Schüler gegen die Kälte abzuhärten. Obwohl Kendô nach dem Kriege für kurze Zeit verboten war, entwickelte es in letzter Zeit eine wachsende, aber noch begrenzte internationale Bedeutung.

Kyûdô, die Kunst des Bogenschießens, kann auf eine sehr lange Geschichte zurückblicken und betont markanter die geistigen Werte. Kontrolle seiner Selbst, Identifizierung von Schütze, Scheibe und Bogen, nicht aber Konzentration auf die Technik oder gar das Ziel werden verlangt. Der eine Punkt, auf den es ankommt, ist zwar die Scheibe, aber die Konzentration auf ihn führt zugleich zu höchster Entspannung. Da die Scheibe in 80 bis 90 Metern Entfernung im Freien aufgestellt wird, versteht man, daß dieser Sport sich nur vergleichsweise langsam ausbreiten konnte. (Beim Üben in der Halle genügt eine Entfernung von etwa 30 Meter, die Scheibe ist 35 cm breit.) Der Bogen wird der Kraft des Übenden angepaßt und kann bei einem Meister bis zu 90 Pfund Spannstärke erreichen, liegt aber normalerweise bei etwas über der Hälfte davon.

Jûdô (wörtl: der sanfte Weg; der Weg des Ringens) ist an den vielen Universitäten Japans, aber auch außerhalb davon sehr populär. Daß „jû" weich, zart, aber auch biegsam und geschmeidig bedeutet, weist darauf hin, daß in diesem Sport die Kraft des Gegners zum eigenen Vorteil benutzt werden soll. Armhebelbewegungen und Würgungen sind erlaubt, die Kontrahenten versuchen sich an den Kleidern zu packen, niederzuwerfen und am Boden festzuhalten. Beim Aikidô (wörtl.: Weg der Einheit von Aktion und Geist) wird ebenfalls die Bewegung des Gegners in die eigene einbezogen, es gibt aber keinen Bodenkampf, und das Werfen kann zum Unterschied vom Jûdô recht schmerzlich sein.

Karate-dô (wörtl.: der Weg der leeren Hand) scheint sich auf den Ryû-kyû-Inseln entwickelt zu haben, weil dort lange das Waffentragen verboten war. Durch schnelles und gezieltes Schlagen mit der Handkante, Stoßen mit den untersten Fingerknöcheln, Treten usw. wird eine Wirkung erzielt, die bei Benutzung eines waffenartigen Gegenstandes kaum destruktiver sein könnte. Die zum Angriff benutzten Körperteile werden durch sehr langes Üben unglaublich gehärtet. Die volle Wirkung dieses Wehrsports, der leicht lebensgefährliche Folgen haben kann, wird durch die blitzartige Schnelligkeit und geballte Konzentration erzielt, mit der die Bewegungen durchgeführt werden.

Außerordentlich beliebt bei einem sehr breiten Publikum ist der Sumô (Ringen), dessen Geschichte bis auf mythologische Anfänge zurückgeht. Die Zeichen bedeuten: gegenseitiges Schlagen, was aber nur einen Teil der Bewegungen beschreibt. Denn der Gegner kann auch einfach mit Gewalt aus dem Ring geschoben oder am Gurt hinausgetragen werden. Nach etwa drei bis vier Minuten Zeremoniell folgt ein Kampf, der in Sekunden beendet sein kann, meist aber weniger als eine Minute dauert. Da die Ringer so „schwer wie Berge" sind, enden ihre Namen oft auf „yama", Berg. Sie werden auf besondere Weise ernährt, um ihre Schwergewichtigkeit zu erreichen, ihre Lebenserwartung soll entsprechend kurz sein. Sie sind, wenn sie gut sind, bekannt und weit populärer als Filmstars; ihre Leistungen und Aussichten bilden während der Saison das Hauptgesprächsthema, man sieht überall Gruppen vor den Fernsehschirmen die aufregenden Sekunden recht lebhaft „mitvollziehen". Die Psychologie des langen Wartens und der sehr kurzen und entscheidenden Aktion gibt vielleicht Aufschluß über eine Seite des japanischen Charakters. Auch der sehr beliebte Baseball paßt trotz seines ausländischen Ursprungs in dieses Schema, ja in der Wirtschaft könnte man Parallelen bei Marktstrategien aufzeigen, die recht nachdenklich stimmen.

Es ist wenig bekannt, daß die ritterlichen Künste (bugei), die in 18 Unterabteilungen eingeteilt waren, nicht nur in Japan, sondern ebenfalls in China praktiziert wurden. Neben Kendô und Bogenschießen gehörten Reiten, Schwimmen, Anschleichen und die Handhabung verschiedener, heute musealer Waffen dazu, Künste also, die zum Teil veraltet sind.

Von anderer Kategorie und Bedeutung ist der Bushidô (Weg des Ritters), jene geistige Haltung des Samurai, deren spezifische Werte Gleichmut im Angesichts des Todes, Tapferkeit, Aufrichtigkeit, Ehre und die aus der Treue folgende Hingabe sind. Einige dieser Ideale lassen bereits einen religiösen Hintergrund vermuten, was aber noch mehr für die folgenden gilt: völlige innere Ruhe, Gelassenheit, Vertrautheit mit dem Tode, Ertragen von Entbehrungen ohne Klagen, Ablehnung unehrenhaften Gewinns bis zum Vorziehen von Armut und endlich Mannhaftigkeit der Disziplin. Tatsächlich ist der Bushidô vom Zen beeinflußt: in beiden wird Askese verlangt; und da der Zen kein detailliertes Lehrgebäude kennt, spricht er den auf Aktion gerichteten Krieger in besonderer Weise an. Theoretische Bedenken treten zurück, schnelle Intuition tut not, und entschlossene Todesbereitschaft stählt den kriegerischen Geist.

Der äußere Grund des Zueinanderfindens von Zen und Bushidô mag darin gesehen werden, daß die Ritter sich um ihre Herren weit draußen auf dem Lande scharten und die korrupte Hauptstadt Kioto mieden. Das gleiche tat der Zen des Dôgen, der den Eiheiji-Tempel in den Bergen Mitteljapans gründete, bis heute Ziel der Meditanten aus aller Welt. Kamakura, die Stadt der Zen-Tempel und Ritter, verkörperte lange diese eigenartige Verbindung von Askese und Aktion.

Durch die Auffassung, daß es im Menschen den Gegensatz zwischen Gut und Böse in Wirklichkeit nicht gebe, sondern jedem eine Buddhanatur zugrunde liege, wird der spezifische Humanismus des Samurai begründet. Er bringt auch dem Gegner, der ja ebenfalls nach den edlen Prinzipien, vor allem dem der Treue seinem Herrn gegenüber, handelt, Achtung entgegen. In den zahlreichen Episoden, die das Leben der im Kapitel über die Geschichte vorgestellten Regionalfürsten Takeda Shingen und Uesugi Kenshin illustrieren, tritt dieser Humanismus, der den Gegner nicht im Haß vernichten will, sondern ihn bis zuletzt als ehrenwert betrachtet, zutage. Die Verbeugungen vor und nach den Übungen der japanischen Wehrwege sind daher keine reine Formsache, sie sagen etwas über die geistige Haltung der Kontrahenten aus, die an die besten Traditionen des Sports in westlichen Ländern erinnert.

Während der langen Herrschaft der Familie Tokugawa konnten die Samurai sich nicht kriegerisch betätigen, sie wurden, wie im Kapitel über die Geschichte ausgeführt, mehr und mehr zu Beamten. Die Vergeistigung ihrer Ideale, die damit gegeben war, und die 250jährige Dauer dieser Periode bei hermetischem Ausschluß störender Fremdeinwirkungen erklärt den tiefgreifenden Einfluß des Bushidô auf die Mentalität der Japaner überhaupt. Die nach Millionen zählende Schicht der Samurai prägte wegen der Strenge und Klarheit ihres Verhaltenskodex das geistige Gesicht der gesamten Nation, zumal die anderen Stände keine vergleichbare Ethik entwickelten. Das Verständnis des Bushidô kann daher der Schlüssel zum Verstehen vieler japanischer Eigenheiten sein.

Im Wirtschaftlichen wirkt er sich etwa darin aus, daß man Beziehungen nicht einfach auf Grund von finanziellen Abmachungen knüpfen und aufrechterhalten kann; es muß ein menschliches Element hinzutreten, damit sie von Beständigkeit sind. Die umsichtige Beachtung der Regeln der Höflichkeit, eine gewisse Form, besonders beim Besuch wichtiger Amtsträger, ist geboten. Planung geschieht vielfach „im Angesicht des Todes", d. h. so langfristig und umsichtig, daß es dem westlichen Partner den Atem verschlagen könnte.

Der Teeweg und das Nô im Zentrum der Überlieferung

Daß Geld und vor allem Prunk keine oder doch keine offenen Ziele sein dürfen, lehrt auch die Teezeremonie (chadô, der Weg des Tees). Die Stellung des Teewegs ist unter den nicht-wehrhaften Wegen so zentral, weil seine Bezüge so mannigfaltig sind: Eine Keramik, die die am höchsten geschätzten Gefäße herstellt; Kessel und Werkzeuge aus Schmiedeeisen; endgültige Maßstäbe für die Innengestaltung eines Raumes, für die zu verwendenden Materialien und damit Formvorstellungen für die Architektur; Gärten voll Bedeutung; eine Atmosphäre von religiöser Gelöstheit, gelassene Gespräche, menschliche Nähe jenseits sozialer Schranken; Gedichte, Rollbilder (kakemono) und Ikebana; endlich der Tee selbst, sein Genuß mit Maß; alles dies sind Elemente eines Weges, der aus vielen Pfaden wuchs und in viele mündet.

Ehrfurcht und Bescheidenheit flößt der Eintritt durch die niedrige Tür ein. Der Geruch von Weihrauch, der Siedeton des Wassers, der Anblick ehrwürdiger Schalen und das kostbare Getränk nehmen alle Sinne gefangen. Mit ihnen reinigt sich zugleich das Bewußtsein. Das Wabi im Teetrinken heißt Bescheidung. In der Auswahl der Hölzer und Belage, ihren Naturfarben und der Assymetrie ihrer Anordnung offenbart sich Reife und eine gehaltene Geistigkeit. Armut bedeutet hier vieles: Freisein von Süchten nach Menschen, nach Selbstdarstel-

Abb. 4: Gelassene Einfachheit des Raumes und der Kleidung, schlichte Geräte, die Abwesenheit allen Prunkes und aller Trivialität kennzeichnen den Rahmen des Teeweges. Das Auge mag im Garten, das Ohr im Surren des Kessels ruhen, das Herz in gelöster Unterhaltung und gütiger Stille. (Süddeutscher Verlag)

lung und von gedankenloser Schlaffheit. Friede, Ehrfurcht, Reinheit und Stille nennen sich die mit vornehmem Ebenmaß aufeinander abgestimmten Werte, die der Chadô vermitteln will. Im Trinken des sehr konzentrierten grünen Tees und im Schlürfen des Schaums erreicht die Zeremonie ihren Höhepunkt. Die Wirkung tritt schnell ein; man spricht miteinander. Daß sich die Japaner trotz mancher Hektik die Fähigkeit bewahrt haben, dem Anderen zuzuhören und eine Diskussion zu einem ganz und gar sachlichen Ende auslaufen zu lassen, verdanken sie dem implizierten Gesprächsmodell, das einen Teil der Teezeremonie bildet.

Ähnlich wie der Chadô (oder Sadô) eine zentrale Stellung unter den Künsten einnimmt, so das Nô-Drama unter den Bühnenspielen. Werke der Literatur, Instrumentalmusik, Einzel- und Chorgesang, Masken von höchstem Wert und großartige Gewänder treten zusammen, um einen tief religiösen oder einen echt menschlichen Inhalt zu gestalten.

Die beiden Begründer des Nô, Kanami Kiyotsugu (gest. 1384) und Seami Motokiyo (1363–1444), sein Sohn, waren zu gleicher Zeit Schauspieler, Tänzer, Autoren und Komponisten. Der Vater tat sich als Autor hervor, während sein Sohn auch die Theorie grundlegte. Er ist der Verfasser des Kadensho, des Buches von der Übertragung der Blume, in diesem Falle der Kunst des Nô. Zenchiku und Shôtetsu kommt unter den weiteren Autoren eine größere Bedeutung zu. Wir sprechen auf Grund der späteren Entwicklung von fünf Gruppen von Nô-Dramen: Götterspiele, Krieger-, Frauen- und gemischte Dramen, die auch Wahnsinnsstücke genannt werden, und Teufelsspiele. Um alle fünf Arten von Nô bei Vorstellungen zur Geltung zu bringen, teilt man die Programme vielfach in fünf Partien ein, beginnend mit den feierlichen und langsamen Götterstücken und endend mit den schnellen und dramatischen Teufelsspielen. In einem solchen Durchblick durch das gesamte Leben des Japan vor Jahrhunderten treten die bekannteren Künstler gegen Ende auf, zu einem Zeitpunkt, wo in abendlicher Feststimmung die Vorführung einen stark gesellschaftlichen Charakter erhält.

Zwischen den eigentlichen Nôdramen werden oft Einzeltänze oder -gesänge dargeboten, wobei es bei mehr privaten Programmen zur Vorstellung aller wichtigen Schüler eines Lehrers kommen kann, denen offensichtlich von Freunden und Verwandten unter den Zuschauern applaudiert wird. Die mitgebrachten Übungshefte auf den Knien haltend, verfolgen

Liebhaber und Angehörige die Leistungen von Spielern und Chor. Der Hauptdarsteller, Shite, wird etwa in einem Götterspiel im Verlaufe des ersten Aktes von dem Hauptnebenspieler, Waki, aufgefordert, seinen Namen zu nennen, was aber erst nach langen Reiseberichten und Stimmungsbildern und hintergründigen Selbstvorstellungen, alle mit klassischer Poesie verbrämt, geschieht: der erste Akt geht nach der wirklichen Namensnennung des Shite plötzlich zu Ende. Im zweiten Akt erscheint nach einer Pause der Shite in der vollen Würde und wahren Gestalt seiner Gottheit und vertieft nicht nur die Erklärung für seine ursprüngliche Verborgenheit, er lehrt das Buddhagesetz, bringt das Böse zum Schweigen und breitet seinen Segen über das Land aus.

Zwischen die beiden Akte eines Nôdramas schiebt sich oft das Aikyôgen, ein Zwischenspiel, das insofern interessant ist, als in ihm der Daimyô in der Regel von seinem Diener übertölpelt und zum Gespött der Zuschauer gemacht wird. Noch heute spürt man, wie herzlich sich die Menschen zu einer Zeit, als die Daimyô auf der Höhe ihrer Macht oder ihrer gesellschaftlichen Stellung standen, amüsiert haben, als sie die Ordnung umgekehrt sahen, und welchen psychologischen Durchbruch die Stücke einmal im sozialen Gefüge Japans bedeutet haben. Gute Miene zu ziemlich demütigenden Scherzen zu machen, ja sich selbst als ungeschickt und tölpelhaft darzustellen, gilt noch heute in Japan als echter Humor. Nur die Höflichkeit der Sprache wird gewahrt, aber gerade sie mit ihren vier Stufen von Ehrfurchtserweisen sorgt für den Kontrast, der zum Lachen reizt.

Ähnlich wie Ikebana, das sich in verschiedene Schulen aufspaltete und in dieser Vielfalt tradiert wird, gibt es im Nô heute fünf etablierte Schulen: Kanze, Hôshô, Komparu, Kongô und Kita. Die Kanze-Schule nimmt für sich in Anspruch, daß ihre Hauptkünstlerfamilie Nachkommen von Kanami und Seami sind. Es sind in der Tat alte und sehr traditionsbewußte Familien, die den Kern der Schulen bilden. Die Beiträge ihrer Schüler ermöglichen es ihnen, ohne staatliche Unterstützung fortzubestehen. Die Leitung ist streng und zugleich gütig; im besten Geist japanischer Kunsttradition entwickelt sich ein Verhältnis des Vertrauens zwischen Lehrer und Schüler.

Die Schwierigkeiten, denen sich dieser gegenüber sieht, sind nicht gering. Da ist die körperliche Voraussetzung, während der 30 bis 40 Minuten Übungszeit im offiziellen Hocksitz (seiza), also nicht im Schneidersitz, den Fächer in der Hand und das Heft auf einem kleinen Pult vor sich, dem Lehrer gegenüber zu hocken. Er muß die Texte lesen können, die in sehr schönen, aber leicht reduzierten und mit dem Pinsel elegant geschriebenen Schriftzeichen aufgezeichnet sind, gelegentlich durch graziöse Skizzen für die Tänzer illustriert. Nô-Texte sind inhaltlich schwer zu verstehen, was durchaus auch für Japaner gilt. Sie sind in der alten Schriftsprache verfaßt, die seit Beginn dieses Jahrhunderts nicht mehr die offizielle Sprache und auf ihren Höhepunkten zu wahren Geweben von Gedichten verflochten ist. Man kann ihren Inhalt zwar in kommentierenden Sammelwerken nachschlagen, aber während der Übung nur erfühlen. Da das Nô ein klassisches Drama ist, das sich nicht lang mit szenischen Einzelheiten aufhält, sondern sehr bald in die entrückte Sphäre von Feierlichkeit und Bedeutung eintritt, wie bereits die vorbereitende und untermalende Instrumentalmusik sowie Haltung, Gang und Blick der Spieler insinuieren und der Chor kraftvoll untermalt, häufen sich lyrische und religiöse Texte, die nur zum Teil verstanden werden wollen. Der Klang der Worte und die helle oder dunkle Farbe der Vokale akzentuieren erhabene Gefühle und vermitteln intuitiven Zugang zur literarischen Tradition.

Es gibt drei Arten, die Texte vorzutragen: die starke und schwache Singweise und eine sogenannte Sprechform, die so stark stilisiert ist, daß sie sich vom eigentlichen Gesang nicht leicht unterscheiden läßt. Die starke Singweise, die z. B. in den Eingangsversen des Nôdramas „Hagoromo" (Federkleid) benutzt wird, empfinden wir als am meisten fremd. Sie fällt völlig aus dem Rahmen dessen heraus, was unserer Auffassung von musikalischer Harmonie entspricht und stellt eine uralte japanische Singweise dar, die in der gesamten europäischen musikalischen Tradition nichts hat, womit sie sinnvollerweise verglichen werden könnte. Dem westlich-musikalisch geschulten Ohr klingen die Intervalle der sogenannten weichen Singweise am angenehmsten. Ursprünglich vom buddhistischen Choral beeinflußt, entwickelte sie sich zu einer selbständigen musikalischen Form, die ihren eigenen Gesetzen folgt. Noten in unserem Sinne kennt der Text zwar nicht, aber bestimmte Zeichen lassen die zu wählenden Singarten so klar erkennen, daß für den länger Übenden selten Zweifel aufkommen. Für die Texte der sogenannten Sprechform gibt es die sehr generellen sinnvollen, aber nicht leicht durchführbaren Anweisungen in Seamis Buch Kadensho. Dort wird für die verschiedenen Gruppen von Personen ein jeweils bestimmter Tonfall vorgeschrieben, den man nur unter der Leitung eines Lehrers üben kann. Er allein kann, nach dem Durchlaufen vieler Stufen der Übung, eine Blume der Anerkennung übergeben, was ja die Bedeutung des Titels Kadensho ist.

Dem Nicht-Japaner bleiben die ungewöhnlichen Schreie unvergeßlich, die der Träger der Schulter- oder Handtrommel in rhythmischen Abständen ausstößt. Sie, wie auch einige Tänze, erinnern in ihrer Urtümlichkeit an die Zeiten der Mythologie, die starke Singweise hingegen an die Strenge und Männlichkeit der Kamakura-Ritter. Die vorbereitende Musik überrascht überdies durch aufreizende Flötentöne, die mit dem Trommelschlag und den Schreien zusammen den Zuschauer in erwartungsvolle Spannung versetzen. Während des eigentlichen Dramas treten die wenigen Instrumente gegen den gesungenen und gesprochenen Text in den Hintergrund, außer bei den Einzeltänzen und dem letzten Entweichen über den Laufsteg, das wieder ganz im Zeichen der urtümlichen Musik steht.

Japan bewahrt sich im Nô nicht nur eine Fülle ältester Literatur, mittelalterlicher Dramen, Mythen und buddhistischer Lehrstücke, es bewahrt sich Tänze, die weit über den Beginn der Geschichtsschreibung hinaus vielleicht bis in die Zeit der Yayoi-Keramik weisen, und Vokalmusik, die in fünf verschiedenen Schulen mit je eigenen Reizen tradiert wird. Der Ursprung der Instrumente muß Jahrhunderte zurück, zum Teil in süd- und zentralasiatischen Ländern gesucht werden. Daß dies alles lebt, den Krieg und die Nachkriegszeit ohne öffentliche Hilfe überstehen konnte und die höchsten Festtage des Jahres im Fernsehen an zentraler Stelle steht, offenbart die tiefe Verwurzelung des Nô in der japanischen Gesellschaft, ja die große Liebe zum Schönen im japanischen Volk.

Kurzgedichte

Die Gedichte der Nô-Texte dürfen nicht verwechselt werden mit den bekannten Kurzgedichten in der Umgangssprache, deren Höhepunkt während der Tokugawa-Zeit erreicht wurde.

Eines der älteren wird einem prominenten Mitglied jener Familie Taira zugeschrieben, die in den „Meeresschnellen" von Schimonoseki geschlagen wurde. Er soll in den kriegerischen Wirren beim Anblick der Trümmer von Shiga ein Gedicht geschrieben haben, das Japans kämpferischen Geist und seine Liebe zum Schönen und darum sein ganzes Mittelalter widerspiegelt.

> Shiga, die alte Hauptstadt,
> Liegt ganz in Trümmern.
> Allein die Bergkirschen dort
> Blühen wie immer strahlend.
>
> *Taira no Tadanori (1143–1183)*

Beim Anschauen der duftenden Pflaumenblüte, die in den der Sonne zugewandten Teilen des Landes bereits in den ersten Monaten des Jahres zu Gestecken geformt wird:

> Wenn die Pflaumen blühn
> Fühl' ich Reue, daß ich auf
> Menschen böse war.
>
> *Rosen (1654–1733)*[6]

129

Und zwei Bilder von Buson (1715–1783)[7]:

Ein Frühlingsregen!
Plaudernd wandeln des Weges
Strohmantel und Schirm.

Und, vielleicht sehr tolerant:

Irgendeiner kam
und besuchte irgendwen –
Abendlicher Herbst.

Drei Gedichte von Kobayashi Issa (1763–1852), zunächst eines
als Ausdruck jener Armut, die bis 1960 ein japanisches Wesens-
merkmal war[8]:

Ein verstecktes Dorf.
Hier ist Armut altgewohnt –
Kühler Abendhauch.

Und für einen Alten in großer Einsamkeit am Jahresende[9]:

Wie beneide ich
Einen der gescholten wird –
Letzter Tag im Jahr.

Endlich ganz japanisch, buddhistisch, aber doch schintoistisch:

Die Welt von Tau
Ist eine Welt von Tau,
Und doch, und doch.

Zeitgenössische Literatur als Vergangenheitsbewältigung

Werfen wir zum Schluß dieses Kapitels noch einen Blick auf die
zeitgenössische Literatur.

130

Auffällig ist, daß heute mehr Vergangenheitsbewältigung versucht wird als Jahrzehnte zuvor. So stellt der Roman „Die Hand des Riesen" von Kaga Otohiko[10] klar die Frage nach der Kriegsschuld des Kaisers. Trotz der offensichtlich provokatorisch positiven Antwort wurde der Roman preisgekrönt, vielleicht um den Autor vor Rechts-Repressalien zu schützen. Er schildert eindringlich die Psyche der japanischen Bevölkerung zu Beginn und während des Krieges, die zunehmende Verwüstung japanischer Städte, vor allem Tokios und die zu der Zeit noch fortdauernde Verehrung des Kaisers Hirohito als Gott. Dann das dramatische Ende des Krieges nach den beiden Atombomben auf Hiroshima und Nagasaki und dem Eintritt der Sowjetunion in den Krieg. Alle Einzelheiten des Schocks der bedingungslosen Kapitulation in einer Kadettenschule und das tragische Ende von zwei Kadettenfreunden in ihrer Enttäuschung über den allgemeinen gewissenlosen Opportunismus und endlich die Fragwürdigkeit der Haltung des Kaisers selbst.

Auch das Drama von Kinoshita Junji „Zwischen Gott und den Menschen" gehört in diese Gruppe, allerdings mit umgekehrten Vorzeichen.

Unter Anspielung auf das enorme moralische Sendungsbewußtsein der Amerikaner unmittelbar nach dem Kriege will der Titel sagen, daß das Tribunal der Kriegsverbrechen einen Platz zwischen Gott und den Menschen einzunehmen versuchte. Es geht um die Verurteilung der wichtigsten angeklagten Militärs und Zivilisten, deren Prozesse der jetzigen Zeit voll zum Bewußtsein gebracht werden. Der Autor vermeidet jede Stellungnahme:

1. Akt: Das Gericht etabliert sich. Es besteht aus drei Amerikanern, einem Neuseeländer, einem Australier und als Hauptverteidiger aus einem Japaner. Dieser bestreitet die Kompetenz des Gremiums bezüglich zweier Punkte der Anklage: Verbrechen gegen die Menschlichkeit und gegen den Frieden. Es sei lediglich für Verbrechen gegen das menschliche Leben zuständig. Er wendet sich auch gegen die Person des Hauptrichters und die übrigen Mitglieder des Tribunals. Nach langen Erklä-

rungen des Hauptanklägers wird der Prozeß vor weiteren Einwänden des Verteidigers vertagt.

2. Akt: Es geht um die japanischen Greueltaten im damaligen französischen Indochina. Es werden aber keine Akte gegen die Vietnamesen und auch nicht gegen die Sympathisanten des Vichy-Regimes behandelt, sondern ausschließlich solche gegen die Anhänger de Gaulles. Zu der Zeit des Prozesses wurden in Frankreich die ehemaligen Vichy-Leute auf das Schärfste verfolgt. Der Autor stellt den Begriff der Gerechtigkeit bloß.

3. Akt: Während im zweiten Akt u. a. ein Franzose als Ankläger auftrat, produziert sich nun ein Russe. Er wirft den Japanern die Mißachtung des Kellog-Paktes von 1927 vor, der den Krieg als Lösung politischer Konflikte grundsätzlich ablehnte. Auf Einwände erwidert er, daß die zahlreichen Verletzungen dieses Paktes durch andere Nationen hier nicht zur Sache gehörten, nur Japan sei zu richten. Die Angriffe der Russen auf die Mandschurei und die Mißachtung des Nichtangriffspaktes der Sowjetunion mit den baltischen Staaten und, in den letzten Tagen des Krieges, mit Japan seien auszuklammern. Das Hauptproblem des russischen Klägers ist der Abwurf der Atombomben auf Hiroshima und Nagasaki. Er erklärt, daß nicht dieser Bombenabwurf den Krieg beendet habe, sondern einzig und allein das Eingreifen der Sowjetunion, das noch vor dem zweiten Bombenabwurf erfolgt sei und der Sicherung des Weltfriedens gedient habe. Der Verteidiger bestreitet, daß der Bombenabwurf ein im Sinne der Haager Konvention berechtigter Vergeltungsakt gewesen sei und ermahnt das Gericht, zu bedenken, daß in einem Prozeß, der sich mit allen Übeltaten des asiatischen Kriegsschauplatzes befasse, der plötzliche Angriff Rußlands trotz des bestehenden Nichtangriffspaktes und der Abwurf zweier Atombomben mit Hunderttausenden von Opfern mit einbezogen werden müsse. Daraufhin wird dem Verteidiger das Wort entzogen. Für solche Reden und Reflexionen sei in diesem Prozeß kein Platz. Ende des Dramas.

Frau Sawako Ariyoshi, die den zweibändigen Roman „Verwandlung von Mutter und Tochter" schrieb, gilt heute als eine der bedeutendsten japanischen Autorinnen. Vielleicht legt sie es auf jugendliche und gefühlvolle weibliche Leser ab; sie beschreibt die beiden Hauptpersonen extensiv, in allen Einzelheiten ihrer Schönheit. Die Welt der Stars ist, was früher die Welt der Fürsten und Könige war. Die zahlreichen Mißverständnisse und unerwarteten Komplizierungen im Leben der beiden Frauen sind der Natur, so wie sie sich in diesem Milieu im heutigen Japan gibt, abgelauscht. Dennoch kann man den Roman nicht eigentlich realistisch nennen. Denn die Tochter, Kiyoko, wird als unwahrscheinlich unschuldig und unerfahren dargestellt. Sie ist nicht nur nicht in der Lage, im westlichen Stil zu essen, was sonst allgemein verbreitet ist, sie durchschaut auch nicht das Verhältnis ihrer Mutter zu deren Liebhaber Kiyoshi. Man fühlt sich an die japanischen Dschungel-Soldaten erinnert, die nach dreißig oder mehr Jahren so tun, als hätten sie nicht gewußt, daß der Krieg zu Ende sei und der Kaiser einigermaßen humanisiert. Die Presse verbreitet und das Publikum genießt die Illusion bis zum „tragischen" Ende. In Frau Ariyoshis Roman wird außerdem noch der Paternalismus überhöht, mit dem dieser unschuldige, aber sonst sehr schöne Star gegängelt wird. Die Trennung von der Mutter wird zunächst hinausgezogen, dann aber finden sie sich, nun plötzlich ganz wirklichkeitsnah, unter den gleißenden Lichtern der Medien wieder.

Während der erste Band mit einem Sieg der Tochter endet, entwickelt sich der zweite dramatischer. Die Tochter fühlt sich vom Liebhaber ihrer Mutter, Kiyoshi, angezogen, der sich aber – wieder unwirklich – erstaunlich verantwortungsvoll ihr gegenüber verhält. Die Tatsache, daß die Tochter aussieht wie die Mutter in früheren Jahren, löst bei ihm Hemmungsmechanismen aus. So fängt sie an, durch kosmetische Operationen – 90% der Damen der Film- und Theaterwelt praktizieren dies – das jetzige Aussehen der Mutter nachzuahmen. Sie will ganz für Kiyoshi leben. Der nunmehr unüberbrückbare Gegensatz zwischen den beiden Frauen wird nicht in der üblichen Weise, d. h. durch Freitod gelöst, sondern durch Kiyoshis plötzlichen tödlichen Autounfall. Es gibt trotzdem keine Aussöhnung, aber verwandelt haben sich die beiden Frauen, wie der Titel sagt, innerlich und äußerlich. Man wird unwillkürlich an die klassischen Gemälde japanischer Damen erinnert: tiefe Gefühle in erhabenem Gewand, Entrücktheit und schattenlose Unwirklichkeit.

„Der Baum ohne Jahresringe" von Ryûzô Saki besteht aus vier ziemlich disparaten Teilen, von denen drei in der Zeitschrift „Gunzô" erschienen, der vierte aber hinzugefügt wurde, um zu einer Einheit zu kommen. Man kann den Roman zur zeitgenössischen Trivialliteratur rechnen, voll von unbedenklichem Realismus des Inhalts und der Darstellung, wie er heute beliebt ist. Nichts wird dem Leser vorenthalten, der Autor, der in der Ich-Form schreibt, ist voll von Selbstmitleid, bringt es aber fertig, über sich zu lachen. Die Oberflächlichkeit der Motive seines Handelns, ja seine Liederlichkeit, seine klebrige Art, mit den Personen nicht richtig abschließen zu können, die widerliche Unklarheit in allen menschlichen Beziehungen und noch mehr in rechtlichen Verhältnissen, alles dies ist typisch japanisch, kennzeichnend für den japanischen Mann. So ist er. Immerhin ehrlich genug, keine „abschließende Lösung" anzubieten. Der Roman könnte im Gegenteil endlos so weitergehen, eine Eigenart, die viele Werke dieser Art aufweisen. Dennoch, man kann sich des Eindrucks nicht erwehren, daß der Erzähler wegen der unglaublich weitherzigen Schwankungen zwischen den Personen viel leidet. Gegen Ende scheint er in stiller Größe aufzuscheinen, die aber völlig unausgesprochen bleibt. In aller Laxheit eine hintergründige moralische Elastizität die nirgendwo begründet wird. Der Baum ohne Jahresringe, das hieße, ohne Wachstum, ist er doch gewachsen?

Gassan, der Todesberg

Völlig anders, von monumentaler Einfachheit des Inhalts, in kraftvoller Sprache und großartiger Schönheit des Stils geschrieben, mit Recht gepriesen ist der Roman „Der Berg Gassan" von Atsushi Mori. Auch dieser Autor berichtet über sich selbst, über den Tod, das Werk hat einen existenziellen Zug.

Er wandert zum Berg Gassan, der mit seinen 1980 Metern einen Gipfel einer Dreiergruppe im alten Land Dewa im Nordwesten von Honshû bildet; die beiden anderen heißen Haguro und Yudono. Von alters her gilt Gassan als ein Ort, zu dem die Toten gehen, ein Berg des Jenseits. Wie man den Tod als unüberholbare Möglichkeit erfährt, über die man nicht mehr sprechen kann, so auch den Aufstieg zum Gassan. Der immer schmaler werdende Pfad mündet schließlich in den Bezirk des Tempels Chûrenji, der zur Shingonsekte gehört. Es schneit. Die Kinder im Weiler beim Tempel verschwinden schnell, als sie von dem Fremden angesprochen werden. Die Brücke über den Bach in der Schlucht unterwegs war schadhaft geworden. Er mußte zum Wasser hinunter und am jenseitigen Hang wieder hinauf, aber nun, bei dem immer stärker werdenden Schneefall, ist der Weg zurück endgültig abgeschnitten. Auch vorwärts geht es nicht mehr weiter, denn der Paß ist im Winter in diesem elenden Schneeland unpassierbar. Immer eindringlicher wird die Abgeschiedenheit des Eingeschneitseins, unterbrochen nur durch die Gespräche mit dem Alten des Tempels, erweitert gelegentlich durch die Alte und einen Mann in einer schwarzen Pluderhose mit näselnder Stimme. Der Lokaldialekt dieser entlegenen Berggegend ist kaum verständlich, die grabhafte Einsamkeit eines in Metern von Schnee versunkenen Tempels schwer zu ertragen. Betrachtungen über Schnee und Tod und Gräber, blitzartig unterbrochen durch ein nächtliches Erlebnis mit einer Frau nach einer der vielen Sake-Parties. Seidenraupenzucht herrscht in dieser Gegend, wie das Leben im Kokon der Raupe mutet das Überwintern in den tief verschneiten Häusern ohne Verbindung zur Außenwelt an. Die Anrufung des Buddha im Tempel ist schon Totenehrung, die beiden Alten sind nicht mehr von dieser Welt. Mumien werden hier aufbewahrt, erzählt der Näselnde. Baumwanzen, die zu Tausenden von dem Alten vom Gesims gestäubt werden, bilden am Boden zertreten eine glitschige Masse. Sie sind nicht wirklich tot, sie haben das ewige Leben schon erreicht. Auch die Raupe im Kokon, dieses zukünftige Insekt in den Lüften, strebt zum Himmel. Aber der ist fern. Das Brechen der Eßstäbchen, ein Teil der Heimarbeit des Alten, wird immer eintöniger. Sein Treten des Pfades in den Schnee, jeden Morgen, klingt wie von immer weiter her. Im fahlen Abendlicht wird der Berg Gassan sichtbar. Gedichte gerinnen zu Worten. „Und wenn zur jenseitigen Küste er bittend sich wendete, kann denn keiner dem Zug des Netzes entkommen?" Wenn der Tod wirklich die Trennung von allem ist, dann ist die Trennung von allem ja schon der Tod. Niemand, auch die Freunde nicht, weiß, daß er hierher kam. Tod ist Schlaf und der Rest ist Traum.

Dann endlich setzt die Schneeschmelze voll ein, aber es gelingt ihm nicht mehr, die Einsamkeit zu überwinden. Die Frau der einen Nacht kommt nicht, die Chrysantheme aus Zellophan abzuholen, die er für sie bereithielt. Und die Baumwanze, die in den Bottich fiel und hunderte von Malen versuchte, zum Rand zu krabbeln, plötzlich fliegt sie weg. Nicht einmal verabschieden kann er sich bei den Leuten des Weilers, sie sind auf den Feldern zur Arbeit, in der Stadt zum Einkauf. Ein Stück des Weges geht der Alte mit, dann bleibt auch er zurück.

In Japan gibt es für Romane und für Bücher überhaupt vielfach Folgewerke. So auch hier. Ist es eine Fortsetzung, eine Episode, die der Leser einfügen kann? Wer weiß.

Auf dem Pfad zum Fluß kommt ihm ein alter Bauer entgegen und lädt ihn ein, ihn zu seiner Feldhütte zu begleiten. Sie sprechen über die Berge und Pässe der Umgebung, die man im Winter nicht passieren kann. Das Gestöber und der Wind werden so heftig, daß man die Stimme des Alten kaum hört. Als der Tempel noch ein buddhistischer Wallfahrtsort war, kamen die Pilger zwar fromm an, aber wenn sie mit dem Gebet zu Ende waren, begannen sie zu wetten. Dabei tranken sie und erhitzten sich so sehr, daß die Polizei nicht wagte einzugreifen. Reis- und Weizenfelder, Waldstücke, ja ganze Häuser wurden durch Wetten schließlich an den Tempel verpfändet. Sogar ihre Töchter mußten sie an die Bordelle verkaufen, ja, viele Bewohner des Weilers erhängten sich hier am Fluß. Drunten in der Hütte dort starb einer, und der ihn fand, erhängte sich kurz danach. Auch der Bruder des Alten vom Tempel ging so dahin. Und die Schwarzbrennerei? Sie flog auf, als ein Finanzbeamter im Tal auftauchte. Natürlich hatte jemand die anderen angeschwärzt. Deswegen brennt man heute einzeln, ganz in der Stille, so daß keine Probleme mehr entstehen können. Ja, der Frühling ist schön hier oben, aber der Gassan ist wirklich ein Totenberg. Man bekommt im Schnee keinen Halt, wenn man nicht etwas Schweres auf dem Rücken trägt. Wer nichts trägt, kehrt besser um, wenn er seine Spur noch entdecken kann . . .

Daß „Gassan" so allgemein anerkannt wurde, liegt an seiner großartigen Sprache, dem Verweben von Dialekt und Hochjapanisch und an den eingestreuten Gedichten von großer Schönheit. Wohl noch mehr an der meditativen Stille der Handlung und dann am Thema: Tod. Der scharfe Kontrast zur Wirklichkeit des jetzigen Japan ist vollkommen: zur Hast, zur Flucht in die Geschäftigkeit, in den Luxus, in die Oberflächlichkeit der Medien, in die klimatisierte Annehmlichkeit, in die universale und fundamentale Gedankenlosigkeit. „Gassan" tritt auf wie ein Eremit in der Weltstadt, wie ein Zeuge für Einfachheit, für Tiefe.

Das Beamtentum, Vertreter des Staates
und Empfänger von Geschenken

Ohne Zweifel ist es die wirtschaftliche, nicht die literarische Tätigkeit, die das heutige Japan am eindeutigsten charakterisiert. Da es aber andererseits als die typischste Eigenart der japanischen Wirtschaft angesehen werden muß, daß sie mit dem Staat auf das engste zusammenarbeitet, scheint es sinnvoll, als Überleitung vom Kulturellen zur Nationalökonomie das Augenmerk speziell auf das Beamtentum zu richten, ohne dessen ausdrückliche oder stillschweigende Einwilligung sich keinerlei erfolgversprechende Aktivität auf wirtschaftlichem Gebiet denken läßt.

Chinesische Anfänge

Während in der fernöstlichen Geistesgeschichte Laotse durch seine herrlichen Gedanken zum Liebling des chinesischen Volkes und Freund der Grübler und aller Gebildeten wurde, können wir in Konfuzius den Philosophen der Verwaltung sehen, dessen zahllose Denkanstöße sich bis heute verfolgen lassen. Sie erwiesen sich als dynamisch genug, so daß Mao-China eine eigene Kampagne ihrer Ausrottung für nötig hielt. Konfuzius' Ethos war das der Bürokratie, sein Tenor durchaus pragmatisch. Ähnlich wie fast zur gleichen Zeit in Griechenland die auf rhetorisches Überreden und politische Aktivitäten spezialisierten Sophisten wollte Konfuzius den Staat und seine Verwaltung mehr als alle metaphysischen Probleme in den Mittelpunkt des geistigen Interesses rücken. Wir sahen schon, daß dies so weit ging, daß nach chinesischer Auffassung der Kaiser in dem Sinne der Himmelssohn war, daß er in seinem Auftrag handelte und daher als absetzbar galt, wenn sich durch Überschwemmung, Mißernte oder Erdbeben erwiesen hatte, daß der über ihm thronende Himmel dieser konkreten Herrscherperson seine Gunst versagte. Der japanische Kaiser hingegen gehört durch seine Abstammung von der Sonne selbst nicht mehr in die Kategorien der menschlichen Verantwortung, er sollte über aller Tagespolitik stehen.

Zwischen dem chinesischen und japanischen Verwaltungssystem gibt es wegen des starken Einflusses Chinas auf Japan natürlich manche Ähnlichkeiten. Schon früh richtete Japan nach chinesischem Muster eine Zentraluniversität mit dem Hauptzweck der Beamtenausbildung ein. Die Studenten erhielten Unterricht in der chinesischen Klassik und Stilistik, in der Kalligraphie und Mathematik. Unähnlich war dabei die Tatsache, daß diese Schulen ausschließlich oder doch in erster Linie der Aristokratie offen standen, wogegen Konfuzius sie gerade für alle Schichten der Bevölkerung geöffnet sehen wollte. Nicht die Zugehörigkeit zum Blutadel, sondern allein die persönliche Fähigkeit, das Aufnahmeexamen zu bestehen, sollten für den Eintritt in die Schulen und für das anschließende Fortkommen im Beamtenstand ausschlaggebend sein. Man muß von Schulen im Plural reden, denn etwas Ähnliches galt für die Provinzialschulen, die auch Medizin, Astrologie und Kalenderkunde lehrten. Mit dem letztgenannten Fach legten sie bereits sehr früh die Grundlage für jenen Aberglauben an gute und schlechte Tage, an den man sich noch heute streng hält und der gewissermaßen das religiöse Vakuum der Japaner weitgehend ausfüllt.

China ähnlich ist auch die administrative Zentralisierung, die sich aber in Japan nicht so eindeutig durchführen ließ wie in China. Dafür erwiesen sich die einzelnen Clans, die sich seit alters her in natürlichen geographischen Regionen ausgebildet hatten, als zu stark. Der Kompromiß, der gefunden wurde, räumte den Clanhäuptern die jeweils höchste Verwaltungsautorität in ihrem Bezirk ein.

Etwa um 700, also sehr früh, wurde Japan bereits in Provinzen, Bezirke und Dorfgemeinden aufgeteilt und die Verwaltung entsprechend aufgebaut. Wir sahen, daß Provinzen, die man in einer einzigen Rundreise aufsuchen konnte, dô (wörtl.: Weg) genannt wurden. Der Distrikt um die Hauptstadt Kioto erhielt in Anlehnung an chinesischen Brauch die Bezeichnung „kinai". Ein Name wie Hakkaidô entstand natürlich erst, als diese Insel stärker in das Blickfeld der Japaner gerückt war.

Korruption und Mißtrauen institutionalisiert

Aus der Nara-Zeit (710 bis 784) stammt das bis heute typische Ministerium des kaiserlichen Haushalts, Kunaishô. Leider datiert auch die spezifisch japanische Korruption bis dahin zurück. Die Tradition von administrativen Posten als leere Namen entstand zu dieser Zeit, denn die Provinzgouverneure überließen bald ihre Arbeit den ihnen unterstellten Bezirksgouverneuren und verschmähten Schmiergelder und Nebeneinkünfte keineswegs. Damit ihnen keine Schwierigkeiten entstanden, erreichten sie aber auch, daß ein eigenes Amt geschaffen wurde, um einem ausscheidenden Gouverneur eine einwandfreie Dienstausübung zu bestätigen.

Ähnlich schillernd, ja unaufrichtig erwiesen sich viele Dekrete der Zentralregierung, die in chinesischer Phraseologie von den Tugenden und Verpflichtungen des Kaisers sprachen. Was die damalige Beamtenschaft wirklich beseelte, war das Anlegen von Steuerregistern, das Eintreiben der Steuern und das Aburteilen flüchtiger Steuerzahler. Dies war der Hauptzweck einer Einrichtung der japanischen Gesellschaft, die bereits im Kapitel über die Geschichte erwähnt wurde und bis heute aufschlußreich ist: die Aufteilung der Haushalte in je fünf, z. B. je zwei und drei gegenüber an einer Straße gelegene, und ihr Zusammenschluß zu einer Nachbarschaftsgruppe (tonarigumi). Steuerflüchtlingsfahndung im frühen Mittelalter, Überwachung zur Unterdrückung des Christentums in der Tokugawa-Zeit und Spionageabwehr während des zweiten Weltkriegs sind einige Hauptaufgaben dieser eigenartigen Institution. Durch Gruppenhaft bei Vergehen konnte die Nachbarschaftsgruppe leicht zur Schicksalsgemeinschaft werden. Noch heute pflegen sehr viele Japaner sich vor Übernachtungen außerhalb des Hauses bei den Nachbarn abzumelden und kehren nach mehreren Tagen Abwesenheit nicht ohne ein genormtes Geschenk (omiyage) für alle Haushalte der Nachbarschaftsgruppe zurück. Der japanische Gruß „Wo gehen Sie hin?" unterscheidet sich nicht ohne Grund von dem amerikanischen Kurzgruß beim Vorbeigehen, der gerade diese Frage peinlichst vermeidet, weil er sie als die individuelle Freiheit verletzend auffaßt.

Ebenfalls aus der Zeit vor Karl dem Großen, wenn man europäische Geschichtsdaten daneben hält, aus der Nara-Zeit besteht der Brauch japanischer Beamter, Dinge geflissentlich zu übersehen. Daß Gerichte nicht so heiß gegessen werden, wie sie gekocht wurden, könnte man eine Weisheit nennen, die nicht nur den Japanern im allgemeinen, sondern zum Glück auch ihren Beamten in Fleisch und Blut übergegangen ist, natürlich mit den Gefahren, die sich dabei herausbilden. Schon damals kam es durchaus vor, daß Felder, deren Registrierung Steuern nach sich gezogen hätte, einfach übersehen wurden, meist natürlich wegen guter Beziehungen zu dem registrierenden Beamten oder dessen Vorgesetzten. Heute zeigt sich diese längst zum nationalen Brauchtum gehörende Laschheit besonders bei den Bestimmungen bezüglich des Prozentsatzes von bebaubaren Quadratmetern eines Grundstückes (kempeiritsu). Kaum jemand hält sich daran, und der Polizei Nachricht zu geben, um Verstöße zu verhindern, ist bei der gerade beschriebenen engen Verbundenheit mit den Nachbarn schlecht möglich. Auch der sich für alle Personen sehr interessierende Lokalpolizist (omawari-san: der herumwandernde Herr) sieht „so etwas" nicht.

Auf dem Sektor des Erziehungswesens gibt es Vorschriften für die offizielle Anerkennung von Schulen aller Art oder von einzelnen Teilen einer Universität, die recht streng gehalten sind, aber durchweg nicht pedantisch durchgeführt werden.

Ein Blick in einige der Bücher einer neu errichteten Fakultät überzeugt den Beamten, daß sie offenbar von einer befreundeten Institution ausgeliehen wurden, denn die Bibliotheksstempel verraten es. Er wird keine Miene verziehen, aber vielleicht gegen Schluß des abschließenden Essens, dessen Qualität Respekt vor den Vertretern des Staates signalisiert, nahelegen, doch im Verlaufe der Jahre die Einrichtungen zu vervollständigen. Er hat übersehen und doch gesehen. Das Insistieren auf juristischen Einzelheiten gilt als geschmacklos und kommt eigentlich nur vor, wenn der menschliche Kontakt mit den Beamten nicht gelang, wobei zu bemerken ist, daß die wünschenswerte Vertrauensbasis in der Tat den langfristigen Willen einschließt, alle Vorschriften zu erfüllen, sobald z. B. die nötigen Gelder bereitgestellt sind. Eine echte seelische Grundlage für eine weite, ganz unbürokratische Interpretation der Vorschriften ist also gegeben. Andererseits kann die Großherzigkeit der Korruption Tür und Tor öffnen.

Während der Heian-Zeit (794–1192) bildete sich die Unaufrichtigkeit, die jeder Korruption zugrunde liegt, bereits zur Insitution aus. Es zeigt sich auch, daß das konfuzianische Formdenken, das in einen Gegensatz zur Sachlichkeit treten kann, zur Verfestigung hybrider Einrichtungen einläd. Das galt ganz besonders für das vermeintliche Zentrum der Macht, den Kaiser. Zunächst erlaubte das Amt des Kampaku, des Regenten, nur den Zugang zum Kaiser zu jeder Zeit, aber bald wurde daraus das Recht, das Land während der Minderjährigkeit des „Herrschers" zu regieren. Der Schein, daß der Regent die Politik des Kaisers durchführe, wurde durchweg gewahrt, obwohl dies zu uns lächerlich vorkommenden Verzerrungen führen mußte. Bereits um 900 hatte die Fujiwara-Familie die diktatorische Gewalt des Kampaku zu einem Familienerbe gemacht, während der Kaiser durch das ständige Einheiraten der Fujiwara in die Kaiserfamilie blutsmäßig längst ein Fujiwara geworden war. Nur dem Familiennominalismus war es zu verdanken, daß die Kaiserfamilie weiter bestand. Die feminin-diplomatische Art, alle Feinde ohne offene Schärfe zu vernichten,

Abb. 5: Der große Buddha von Kamakura, der jahrhundertealten Verwaltungszentrale Japans, war damals ein Ausdruck des religiösen Eifers, aber auch des technischen Könnens und darin den europäischen Kathedralen ähnlich. Heute gilt er als mittelalterliches Monument, über das Japaner lächelnd sprechen, eine Attraktion für Schulausflüge und vereinzelte ehrfürchtige Ausländer. (Süddeutscher Verlag)

entspricht ganz den Regeln bestimmter Wehrsportarten. Sogar die Todesstrafe wurde nicht mehr verhängt, was namhafte Buddhisten auf das Gebot, das Leben zu schützen, zurückführen. Jedenfalls erlebte das Beamtentum eine Hochblüte an Eleganz und zugleich Unredlichkeit.

Dem korrupten Kioto zu entfliehen, war einer der Gründe, in Kamakura eine Zeltregierung (bakufu) zu errichten (1192–1392). In dieser Zeit wurde unter den fünf traditionellen fernöstlichen menschlichen Beziehungen der ersten, zwischen Herrscher und Untertan, ein ungewöhnlich hoher Stellenwert zugeschrieben. Die anderen Relationen: Eltern-Kind, Mann-Frau, Älterer Bruder-Jüngerer Bruder, Freund-Freund verblaßten dagegen. Der Bushidô, der Weg des Ritters, verfestigte sich zu einem echten Verhaltenskodex, dessen Einfluß auf die japanische Allgemeinheit während der Tokugawa-Herrschaft die japanische Mentalität wie gesagt entscheidend prägte.

In der Tokugawa-Ära (1600–1868) wurde Japan in Bezirke eingeteilt, die aber nicht nach der Flächengröße, sondern nach dem Reisertrag gemessen waren. Ein Koku Reis betrug 180 Liter. Die niedrigsten Fürsten, darunter auch bezeichnenderweise der Kaiser, besaßen 10000 Koku Reis, die Tokugawa-Familie selbst über fünf Millionen Koku, also das 500fache. Auch die Dörfer und sogar die Samurai wurden nach ihrer Kokuzahl bemessen, was die Besteuerung, die etwa die Hälfte des offiziellen Rohertrags an Reis ausmachte, erleichterte. In dieser Zeit organisierten die Tokugawa eine Geheimpolizei, die, gestützt auf ein über ganz Japan ausgedehntes Spionagesystem, alle Aktivitäten der Untergebenen, besonders der Fürsten und des Kaiserhauses überwachen mußte. Den Frieden im Lande dadurch zu sichern, daß man die Frauen und Kinder der Fürsten als Geiseln in Tokio festhielt, kann man auch als eine Vorform des Friedens durch Atombombendrohung auffassen, die ja ebenfalls deswegen so effizient ist, weil sie im Falle von Nichtbeachtung den Verantwortlichen das zerstören will, was sie am meisten schätzen, ihre Hauptstadt samt allen Kunstwerken, vor allem aber alle geliebten Menschen. „Terrorismus durch Geiselnahme" war in Japan in abgewandelter Form bereits durch Jahrhunderte bekannt. Er wurde in seiner Wirksamkeit erhalten durch Beamte, die früher als Samurai mit dem Schwert, jetzt aber mit der Feder tätig waren.

Damit sie nicht zuviel Macht bekämen, bestellte die Regierung vielfach je zwei für ein Amt, womit zwar alle Aktivität erschwert war, aber auch jede mögliche Subversion. Höhere Posten mußten darüberhinaus regelmäßig, ebenfalls der Sicherheit wegen, gewechselt werden. Seit dieser Zeit datiert auch die Ausdehnung der fünf oben beschriebenen Vertikalbeziehungen auf alle übrigen menschlichen Lebensbereiche, besonders auf den Beruf. Daher ist bis heute die Seniorität im Unternehmen so wichtig, die dem früher Eingetretenen das Recht auf Reverenz von seiten der später zugelassenen unabhängig vom Lebensalter sichert. Sehr scharf ausgebildet ist dieses „Obrigkeits-Untertan-Verhältnis" zwischen den älteren und jüngeren Jahrgängen einer Schule oder Universität. Man ordnet sich exakt nach dem Abschlußjahr ein. Das Gleiche gilt für die Mitglieder jener zahlreichen Clubs, in denen sich weitgehend das eigentliche Leben der Studenten abspielt. Auch hier muß das Mitglied eines jüngeren Jahrgangs alle Kommilitonen eines älteren mit dem San nach dem Namen ansprechen, während er selbst umgekehrt von diesen ohne das angehängte San, also recht unhöflich, angeredet wird. Kein Wunder, daß Japaner bei einem Erstkontakt untereinander zunächst genau herausfinden müssen, auf welchen Platz in der Gesellschaftshierarchie sie gehören, ein Problem, das sich ganz konkret in der Sitz- und Redeordnung bei Parties und Konferenzen zeigt und einer der wichtigsten Gründe für das bekannte japanische Zaudern darstellt.

Durch die Bezahlung der Samurai in Reis und ihre Umsiedlung in die Städte der Daimyô (jôkamachi, wörtl.: Stadt unter dem Schloß) wurde die Überführung vom Kriegerstand in den Beamtenstand eingeleitet. Von nun an war die Abstammung allein nicht ausreichender Grund für die Beförderung, es wurde auf Leistung geschaut. Die Samurai waren die gebildete Schicht, aber auch das Gros des Volkes besaß gegen Ende der

Tokugawa-Zeit, also in der Mitte des 19. Jahrhunderts, einen hohen Prozentsatz an Schreibkundigen, so daß deren Gesamtanteil an der Bevölkerung Japans höher war als im damaligen Italien oder Rußland, sicher eine der Tatsachen, die den schnellen Eintritt Japans in den Kreis der führenden Industrienationen weniger sensationell und viel verständlicher erscheinen läßt.

Als 1868 die Meiji-Reform durchgeführt wurde, konnte sich aus dem Tokugawa Samurai-Beamtentum schnell ein moderner und effizienter Verwaltungsapparat bilden. Die als Restauration der kaiserlichen Macht angekündigte Meiji-Reform befreite die Beamten von der Tokugawa-Despotie, etablierte aber keine kaiserliche Herrschaft über sie, sondern die einer von Zeit zu Zeit wechselnden Regierung. Die Samurai, sprich die Beamten, verdrängten bald die Prinzen und den Hofadel in der Regierung, so daß man zeitweilig von einer ausschließlichen Beamtenherrschaft sprechen kann. Sie sorgten dafür, daß ihnen bis 1877 ein Teil des in der Tokugawa-Zeit ausbezahlten Gehalts zukam, wobei sie sich nicht scheuten, dafür 40% des Staatshaushalts in Anspruch zu nehmen. Danach erhielten sie als Abfindung eine Anleihe, die so großzügig bemessen war, daß sie dem Regierungsbudget von drei Jahren entsprach. Wichtiger erscheint aber, daß sie endlich alle materiellen und juristischen Vorteile verloren und daß etwa um das Jahr 1900 die verbliebenen Titel wegen ihrer praktischen Bedeutungslosigkeit von den durchaus pragmatischen Japanern der Vergessenheit anheimgegeben wurden.

Obrigkeitsdenken und Dienen

Für das heutige Verständnis des Verhältnisses der Japaner zu ihren Beamten (und damit der Erwartungen an Ausländer) scheint wichtig zu wissen, daß diese aus der Samurai-Klasse hervorgingen und daß sie auch nach der Meiji-Reform noch eine privilegierte Schicht bildeten, die sich zwar des Gemeinwohls annahm, die aber die neue Verfassung des Reiches nicht aus den Rechten des Volkes ableitete, sondern sie von oben, also vom Beamtenstand selbst her, oktroyierte. Die früheren Samurai, die Herrscherklasse, hatte die gewandelten Verhältnisse selbst zu ungunsten ihrer Macht herbeigeführt und mußte sich nun darin zurechtfinden. Das Entscheidende in diesem Prozeß besteht darin, daß sie ihre neue Aufgabe erkannte und sich ihrer Pflichten so gut entledigte, daß die Meiji-Reform als Beispiel einer gelungenen Reform von oben gelten kann. Allerdings wurden aus den bisherigen Untertanen nun die „Verwalteten", ein Zustand, der sich erst nach dem Ende des Zweiten Weltkriegs zu ändern begann.

Für das allmähliche Verschwinden der Samurai oder ihrer Nachfahren aus den Verwaltungsposten wurde die Gründung der Universität Tokio im Jahre 1877 bedeutend, die geradezu als Beamtenschulungsstätte gedacht war und bis jetzt weitgehend diesen Charakter bewahrt hat. Ihre Absolventen traten immer mehr in den Vordergrund und unter ihnen schrumpfte der Anteil von früheren Samurai-Familien auf den Anteil zurück, der dem Prozentsatz an der Gesamtbevölkerung entsprach. Um die Jahrhundertwende brauchten sich die Nicht-Samurai nicht mehr als Heimin (gewöhnliche Leute) zu bezeichnen, die Unterschiede der Klassen waren mit Ausnahme der Eta verwischt, die sich noch als Shin-Heimin (Neu-Bürger) bezeichnen mußten. Trotz der veränderten Verhältnisse fühlten sich die Beamten keineswegs als Diener der Verwalteten, sondern als die Vertreter des Staates.

Unter amerikanischem Einfluß, also nach dem zweiten Weltkrieg, hörten die Beamten auf, „gehorsame Diener des Tennô" zu sein, was ohnehin eine Umschreibung dafür war, daß sie sich mit den jeweils Regierenden arrangierten, aber zugleich als die Obrigkeit schlechthin fühlten. Von jetzt an ist das Volk souverän, es besitzt unverletzliche Grundrechte. Verordnungen und andere Bestimmungen der Beamten können durch die ordentlichen Gerichte daraufhin überprüft werden, ob sie der neuen Verfassung gemäß sind oder nicht, was bis dahin unmöglich war. Der Staat, heißt es, wird aufhören, ein Verwaltungsstaat zu sein, er soll ein Justizstaat werden.

Daß diese „amerikanische Speise" aber ebenfalls nicht so heiß gegessen wie gekocht wird, zeigt die Tatsache, daß japanische Beamte heute sogenannte Verwaltungslenkung (gyôsei shidô) ausüben können, die merkwürdigerweise überhaupt keiner gesetzlichen Grundlage bedarf. So wurden während der Ölkrise die Preise für Öl von den zuständigen Regierungsstellen verbindlich bestimmt. Auch bei der Festlegung der Pharma-Preise spielt die Entscheidung der betreffenden Verwaltungen eine entscheidende Rolle, ebenso bei der Zulassung pharmazeutischer Produkte. Dies erklärt die Tatsache, daß die Regierung bisher bei auftretenden Nebenwirkungen schädlicher Natur einen Teil der Verantwortung in Form von Vergütungen an die Opfer auf sich nahm.

Daß sich das Bewußtsein der Bürger in ihrem Verhältnis zum Staat gewandelt hat, zeigen eben diese Prozesse, die vor den allgemeinen Gerichten geführt werden und nicht wie früher vor einem Verwaltungsgerichtshof. Bekannt sind die großen Verfahren wegen Umweltschäden, weniger aber die Klagen von Taxi- und Busunternehmungen, daß ihnen die erbetenen Lizenzen ohne hinreichende und objektive Prozedur abgeschlagen worden seien. Die Gerichte gaben ihnen recht, die Beamtenschaft mußte sich beugen, ein Zeichen dafür, daß sich die Japaner nicht mehr als Objekt einer ihnen ziemlich fremden Verwaltung fühlen, sondern auf ihren Rechten bestehen, womit zweifellos ein Prozeß der Demokratisierung eingeleitet ist, aber eben nur dies, die Umorientierung kann nicht als abgeschlossen gelten. Die vorherrschende Haltung ist nach wie vor die der Reverenz gegenüber dem Staat und seinen Repräsentanten. Die Wurzeln dafür müssen sowohl im Schintoismus als auch in den Lehren des Konfuzius gesucht werden, also in der Ethik. Man muß daran erinnern, welche bevorzugte Stellung dieses Fach bis zum Ende des Krieges in den Schulen innehatte und daß es bedenkenlos für die Propagierung ultrarechter Ideen eingesetzt wurde; man versteht von daher die Bedenken aller fortschrittlichen Kräfte gegen eine Wiedereinführung „eines solchen Ethikunterrichts". Tatsache ist, daß die Tokugawa-

Diktatur sich ebenfalls auf ethische Prinzipien berief und sich hütete, die Dinge mit rechtlicher Klarheit auszusprechen und dabei noch in Einzelheiten zu gehen. Denn sie erkannte, daß dies eventuell zu endlosen und sogar explosiven Schwierigkeiten führen kann, weil Japaner in Rechtsfragen leicht emotionsgeladen agieren und sich an Problemen festkrallen, die Nicht-Japaner mit rationaler Gelassenheit lösen. Bei Schwierigkeiten oder Streit empfiehlt es sich daher, auf die vertikale Struktur der Gesellschaft zurückzugreifen, also etwa bei einer diffizilen Partnerfirma deren „Mutterbank" einzuschalten oder in persönlichen Fragen einen Sempai (früher Graduierten) von der Universität der betreffenden Person, am besten aber jemand, dem diese Person wegen großer Hilfe in höchster Not ganz und gar zu Dank verpflichtet ist.

Man betrachtet das Beschreiten des Rechtsweges immer noch als etwas ungewöhnlich und zieht daher das klärende Gespräch, wenn nötig unter Einschaltung eines Vermittlers, vor. Aber in den letzten Jahren wird vor allem in Ehefragen weit mehr prozessiert als früher. Beamte lieben es aber nach wie vor, die Dinge inoffiziell zu erledigen, was vor allem besagt, daß sie nicht an ihrem Tisch im Amt guten Rat geben können, sondern dazu „anderswo" bereit sind, was eine ganze Reihe von Möglichkeiten andeutet und weiter unten erklärt wird.

Ähnlich wie der Samurai nicht nach materiellem Luxus strebte, sondern vor allem auf die Einhaltung seines Ehrenkodex achtete, so hat das japanische Beamtentum eine Tradition von Sparsamkeit, ja Kargheit bewahrt, die natürlich nur auf ganz bestimmte Aspekte beschränkt ist. Sie bezieht sich nicht auf die Beamtengehälter, äußert sich aber in den vergleichsweise dürftigen öffentlichen Gebäuden. Lange nach dem Kriege hieß es noch, daß die Verwaltungsbauten die letzten sein sollten, die wieder aufzubauen seien, die Wirtschaft und Industrie habe den Vortritt. Mit wenigen Ausnahmen sind sie ohne Prunk und Raffinesse erbaut worden, der Gegensatz zu den immer luxuriöser und moderner erstellten Firmenzentralen ist auffällig. Auch das Innere mancher öffentlicher Gebäude wirkt geradezu asketisch. Bis zur Decke reichen vielfach die Stapel von verstaubten Akten, die Einrichtungsgegenstände sind einfach, das Personal ist eher schlicht gekleidet.

Geschenke im Sommer und zum Jahresende

Aber es gibt andere Aspekte des Beamtenberufs. Zweimal im Jahr wird der Beamte, aber auch der Lehrer oder Professor, dem man sich in irgendeiner Weise verpflichtet fühlt oder verpflichtet fühlen sollte, mit einem Geschenk bedacht. Die Zahl der in dieser Weise Bedachten ist so groß, daß sich eine florierende Geschenkindustrie entwickelt hat. Kaufhäuser von Rang haben längst eigene Abteilungen für Geschenkartikel eingerichtet, denn die kunstgerechte Verpackung mit dem Papier eines durch das Warenzeichen kenntlich gemachten bekannten Kaufhauses gilt als unumgänglicher Beweis der Hochschätzung für den Beschenkten. Die üblichen Inhalte – Seife, Zucker, Speiseöl und Gewürz – pflegten sich so oft zu wiederholen, daß viele Beamte bis zur nächsten Geschenksaison mit diesen Lebensmitteln zur Genüge versorgt waren und deswegen in der folgenden Phase nach exquisiteren Gaben Ausschau hielten bzw. in diskreter Weise auf die sehr praktische Verwendbarkeit von Gutscheinen hinwiesen, mit denen sie sich gern selbst der Mühe des Einkaufs unterzögen. Vertreter der Wirtschaft finden leicht die Privatadresse aller Beamten heraus, mit denen sie zu tun haben, und beweisen durch die Pünktlichkeit und die Art ihrer Geschenke, daß sie auch in der Behandlung der zwischen ihnen und der Behörde anstehenden Frage das rechte Maß zu halten wissen werden. Sie weisen sich bei dieser Gelegenheit als Leute von Common Sense (jôshiki) aus. Ohne die Geschenke würden sie als ungewöhnlich betrachtet werden und sich den Tadel ihrer Unternehmensleitung zuziehen. Natürlich muß das Geschenk einen angemessenen Preis haben; der Versuch ausländischer Unternehmen, diesen Markt durch billiger ausgewiesene Produkte zu unterlaufen, stößt auf Seiten der Käufer auf psychologische Schwierigkeiten.

Zum Jahresende heißt das Geschenk Oseibo und im Sommer, anläßlich des Totenfestes (obon), hat es den Namen Ochûgen.

Die ursprüngliche Bedeutung des Wortes Oseibo ist: Jahresende, es wird aber jetzt fast ausschließlich im Sinne von: Geschenk zum Jahresende gebraucht. Während hier die Schriftzeichen die Verbindung zwischen Geschenk und Termin noch allgemeinverständlich erscheinen lassen, gilt dies weit weniger für die Bezeichnung Ochûgen. Offenbar bedeutet das Wort: Mittelfeier, nämlich das Fest, das man im alten China zeitlich in der Mitte zwischen dem Jahresanfang am 15. Januar und dem „Jahresabstieg" am 15. Oktober beging. Das Datum war also der 15. Juli. Dieser Tag wurde später mit dem Totenfest verbunden, das heute meistens, aber nicht überall, am 15. August begangen wird, während der 15. Juli noch den Namen „Urabon" behielt, nach dem Sanskrit Ullambana. Die Zeit zwischen diesen beiden Daten gilt als der „Termin" für die Sommergeschenke, während der Dezember, vor allem sein letzter Teil, der Monat der Wintergeschenke ist.

Auf die Frage, wieviele der japanischen Haushalte denn diese Geschenke geben, kann man nur mit den Statistiken antworten, daß 1977 90% aller beteiligt gewesen sein sollen. An der Spitze der Rezipienten stehen nahe Verwandte, also nicht Mitglieder der Kernfamilie, sondern etwa die Familie des älteren Bruders oder andere Teile dessen, was früher die Großfamilie war. Erst dann folgen Lehrer und Vorgesetzte im Berufsleben. Tatsächlich gibt man von Herzen gern, wenn es sich um eine Person handelt, der man sich wegen einer bestimmten Gunst, etwa einer erfolgreichen Empfehlung des eigenen Kindes für den Eintritt in eine gute Schule, wirklich verpflichtet fühlt. Dies trifft aber nicht für die große Mehrheit der Geschenke zu. Sie werden fast mechanisch verschickt, wobei die enorme Ausweitung dieses früher maßvollen Brauchs durchaus Konsumzwang genannt werden und vielleicht der bewußten Wirtschaftspolitik der Handelsgesellschaften angelastet werden darf.

Dem Ausländer völlig unverständlich ist der Brauch, daß solche Geschenke von den Lokalpolitikern zu den wichtigen

Verwaltungszentralen in Tokio getragen werden. So hasten zu den oben genannten Geschenkzeiten Bürgermeister, Oberbürgermeister oder Abgeordnete der Regionalparlamente durch die Räume der Tokioer Ministerien und verteilen Geschenke in solcher Größe und Zahl, daß eigens untere Chargen mitziehen müssen, um als Geschenkträger zu funktionieren und damit der Demarche mehr Gewicht zu geben. Das angestrebte Ziel ist hierbei ein frommes Memento der hohen Beamten bei der Festsetzung der Haushaltsausgaben für das kommende Halbjahr, aber der Brauch ist bereits so schal und stereotyp geworden, daß in Wirklichkeit kaum etwas zu erhoffen ist, außer daß man durch sein Erscheinen nicht unangenehm auffällt. Die ziemlich umfangreichen Auslagen für die Geschenke und Reisen mit Übernachtungen der Lokalpolitiker samt ihrer Begleitung trägt natürlich der Steuerzahler.

Nach der Lockheed-Affaire hatte das Verkehrsministerium sich einen moralischen Ruck gegeben und bestimmt, daß diese Geschenke nicht mehr angenommen bzw. zurückgegeben werden sollten, der Besuch der beladenen Regionalpolitiker selbst wurde allerdings nicht verboten. Die anderen Ministerien haben die Übernahme dieser Verordnung diskutiert, aber die Entscheidung darüber in einem Diskussionsnebel, sehr treffend uya-muya genannt, untergehen lassen. Auch die Annahme von Einladungen zum Golf von seiten der Unternehmen und das Einschreiben in Luxusclubs bestimmter Bezirke von Tokio auf Kosten von Unternehmern gehören zu den Gewohnheiten, die sich von Korruption nicht mehr unterscheiden lassen.

Daß Beamte Beamte beschenken, um damit eine günstige Behandlung ihrer Verwaltungsprobleme zu erreichen, steht vielleicht einmalig in der Welt da. Daß sie von der Verwaltung in die Privatwirtschaft überwechseln, kann ebenfalls als in dieser Form ungewöhnlich gelten. Die Beamten sind zwar auf Lebenszeit angestellt, aber ihre Altersrente beziehen sie bereits mit 55 Jahren. Sie können auch schon früher mit der Rente entpflichtet werden, was sie häufig tun, um einen anderen Beruf zu übernehmen. Gewöhnlich haben sie sich während ihrer

Amtsjahre einen guten Platz bei einem Unternehmen gesichert, mit dem sie ohnehin viel zu tun hatten und wegen ihrer vielseitigen Beziehungen hochwillkommen sind. Weil man immer noch an dem Gedanken festhält, daß der Beamte den Staat repräsentiert und daher „oben" zu lokalisieren ist, nennt sich dieses Engagement in einem zweiten Beruf Amakudari: vom Himmel herabsteigen.

Tatsächlich bedeutet der Beamtenstand für viele weniger Gesicherte einen Himmel an wirtschaftlicher Stabilität. Der Bonus zum Jahresende 1976 betrug im Durchschnitt knapp 4000 DM, während zur gleichen Zeit viele Unternehmen wegen der gespannten Wirtschaftslage keinerlei Sondervergütung auszahlen konnten. Wenn man die große Zahl der Beamten bedenkt – es gibt 2,4 Millionen Provinzialbeamte und 218 000 in der Stadt Tokio – kann man die kritischen Stimmen zur heutigen Verwaltung verstehen.

Als kleinere Form von wirklicher oder doch möglicher Korruption kann man das Verhalten der Beamten des Forstministeriums ansehen, die für ihre Pensionäre ein Unternehmen schaffen, das sich fast ausschließlich mit der Weiterverarbeitung des in den Staatsforsten geschlagenen Holzes beschäftigt. Es handelt sich um eine Art zusätzlicher Altersversorgung, die aber leicht mißbraucht werden kann, weil die Beamten, die den Preis und auch die Zahl der zu schlagenden Bäume bestimmen, später in diese Firma überwechseln. Gerede über die zu schützende Natur wirkt dabei leicht unaufrichtig, es geht ums Geld und auch um die Frage, wie weit man gehen kann, ohne von höheren Vorgesetzten zur Rechenschaft gezogen oder von den Medien angeprangert zu werden.

Oft werden Organisationen geschaffen, die hochtrabende, meist mit moralischen Ausdrücken durchtränkte Namen tragen, in denen sich Beamte und ihre Freunde in die wichtigen Posten teilen, während die anderen Mitglieder, denen der Beitritt praktisch zur Pflicht gemacht wird, zu allmählich zu erhöhenden Beiträgen gezwungen werden, die vor allem die Führungsgruppe bei endlosen Gelagen verbraucht.

Kein Wunder, daß japanische Beamte stets zaudern, eine Rechtskörperschaft anzuerkennen, weil sie zunächst einmal dahinter eine mehr oder weniger korrupte Masche vermuten und dabei entweder wirklich ablehnend sind oder aber versuchen, selbst mit von der Partie zu sein. Dennoch läßt sich nicht leugnen, daß, wenn sie nach vielem Hin und Her keinen Zweifel mehr an der Reinheit der Motive hegen und vielleicht sogar ein Maß von Idealismus festgestellt wird, echte Hilfsbereitschaft und Zuvorkommenheit von seiten der Verwaltung erlebt werden können. Natürlich bleibt die Regel bestehen, daß der Vertreter des Staates mit Ehrerbietung behandelt werden will und daß die regelmäßigen Geschenke im exakten Rahmen dessen, was gerade als passend angesehen wird, ans Haus gebracht werden. Alles ungestüme Drängen oder gar Schimpfen bewirkt das Gegenteil des erhofften Zieles, denn es wird als unhöflich und arrogant empfunden; dagegen können wiederholte Besuche, in großer Selbstbeherrschung und Freundlichkeit durchgeführt, jene Art von Bekanntschaft herstellen, die das Vertrauen schafft, auf dessen Basis Erlaubnisse gegeben werden.

Es wäre also ganz falsch, die Beamten, deren Zahl, wie gesagt, sehr groß ist, als völlig homogen zu betrachten. Viele sind sehr ernst, ja alle können das sein und sie bemühen sich seit dem Kriege, freundlicher zu erscheinen als früher, was aber nur zum Teil gelingt. Auch die oft als Schikane empfundenen langwierigen Einwände gegen Eingaben etwa von Ausländern haben zunächst einmal den konkreten Grund, im Verlaufe der Verhandlungen den Bittsteller und seine Motive möglichst genau kennenzulernen und außerdem, sich nicht der Gefahr auszusetzen, etwas erlaubt zu haben, auf das sich weitere Antragsteller als Präzedenzfall berufen können.

Bei „sachgerechter Behandlung" sind japanische Beamte sogar so hilfsbereit, daß sie mit dem Partner „auf den Gang gehen", wie der oft benutzte Ausdruck heißt. Denn auf dem

Korridor des Verwaltungsgebäudes spricht der Beamte nicht mehr offiziell, sondern gleichsam als privater Freund. Er erklärt dort gern, in welcher Weise und unter Berücksichtigung wievieler Aspekte ein Gesuch umzuschreiben ist, damit es wirklich angenommen, also als formgerecht anerkannt und schließlich approbiert werden kann. Man sollte daher immer in diesen Dingen erfahrene Japaner zur Verfügung haben, die laufend die „Arbeit mit den Behörden" bewältigen. Von diesen Personen kann man lernen, welche Geduld und Freundlichkeit und vor allem Selbstbeherrschung sie auf der einen Seite aufbringen und wie sie auf der anderen Seite über den schrecklichen Bürokratismus seufzen und auch, aber letztlich ohne Erregung, schimpfen. Die im Rahmen der Form sich bewegende Zähigkeit bürgt in Japan für den Erfolg. Nachdem dieser gesichert ist, wird mit Bewunderung sogar von seiten eventueller Konkurrenten nicht gespart.

Japaner als Sprecher

Für wichtige Verhandlungen etwa in Wirtschaftsfragen oder Problemen der Industrie ist zu beachten, daß der Beamte lieber mit Japanern redet als mit Ausländern, selbst dann, wenn der Ausländer sehr gutes oder gutes Japanisch spricht. Der Grund ist, daß er sich verunsichert fühlt, denn einem Ausländer gegenüber wirkt seine Obrigkeitspose unangebracht. Er muß eine neue Haltung suchen, was für diesen so sehr seltenen Ausnahmefall vielen gar nicht gelingt und den anderen wenigstens lästig wird. Rollenunsicherheit irritiert.

Bei der Auswahl einer geeigneten Person für Verhandlungen mit Beamten kommt es auf eine Reihe von Dingen an: vorgerücktes Alter, eine gewählte Sprache, Erfahrung im Umgang mit Staatsstellen, der richtige Universitätsabschluß, vielleicht sogar Erfahrung in der Laufbahn des öffentlichen Dienstes. Die Möglichkeit, eine Vertikalbeziehung zu dem beamteten Gesprächspartner von oben her geltend zu machen, ist immer ein großer Vorteil. Von dem begleitenden Ausländer erwartet man

Zurückhaltung, unprätentiöse Sachkenntnis, einen Eindruck von Verantwortungsbewußtsein, ein gutes, ja herzliches Verhältnis zu seinem japanischen Sprecher, den er nach Möglichkeit an Geduld, Freundlichkeit, Beherrschung des Mienenspiels und Zähigkeit noch übertreffen sollte.

Gemeinsame Essen, die entsprechend den Umständen Brauch sind, wobei Auswahl von Zeit und Lokal dem japanischen Partner ganz zu überlassen sind, können dienlich sein, jene Bekanntschaft und sogar Freundschaft zu entwickeln, die vor allem dann von großer Bedeutung sind, wenn man auch in Zukunft noch oft zu verhandeln hat. Freundschaft und gegenseitiges Verständnis gelten als die selbstverständliche Grundlage für die Lösung aller, auch zukünftiger Probleme und Mißverständnisse. Diese Basis ist der japanischen Seite darum wichtiger als das vorrangige, konkrete Ziel der ersten Verhandlungen. Ein guter und umsichtiger Gesprächspartner zu sein, der seine Meinungen mit allen Vorbehalten und eher als Understatements vorbringt und ohne zu unterbrechen gut und gern zuhört, wird auch, so glaubt man, in der Zukunft vernünftig handeln. Der Sache dienende Einzelheiten werden vielfach erst beim Aufbrechen einer langen Party erwähnt. Sie werden gleichsam im Vorbeigehen geregelt, nachdem jener Konsensus erreicht ist, der auf einer tieferen, menschlichen Ebene Harmonie lebendig werden ließ.

Japan und Deutschland, Ähnlichkeiten und Unterschiede

Umgekehrtes Verhältnis

Beim Besuch des Bundespräsidenten in Japan im Jahre 1978 fand in Kioto ein Treffen von Humboldt-Stipendiaten statt, an dem je nach den Berichten 600 bis 1000 ehemalige japanische Studenten in Deutschland teilnahmen. Man fragt sich, ob bei einem Besuch des japanischen Staatsoberhaupts, also des Kaisers, in der Bundesrepublik ein Treffen deutscher Austauschstudenten, die in Japan studiert haben, denkbar sei. Sicher würde der Versuch einer ähnlichen Versammlung bescheidenere Ausmaße haben, wenn er überhaupt zustande käme. Das Verhältnis Japan-Deutschland zeichnete sich lange durch eine gewisse Einseitigkeit des Gebens von deutscher Seite aus, während umgekehrt das Studium der Japanologie weitgehend als eine Art Hobby betrachtet wurde. Gelegentlich kann man heute noch das überhebliche Wort vom Exotenfach hören.

Im beiderseitigen Verhältnis stehen wirtschaftliche Belange jetzt ganz im Vordergrund. Von deutscher Seite werden in Japan Produkte wie Wella-Haarkosmetik, Triumph-Mieder und Melitta-Kaffeefilter mit Erfolg abgesetzt. Bei den japanischen Erzeugnissen, die im Handel mit der Bundesrepublik eine große Rolle spielen, stehen Waren von ganz anderer Kategorie im Vordergrund: hochwertige Fotoapparate und Uhren, elektronische Geräte und Fernsehapparate, Kugellager, Schiffe und Stahl, Motorräder und Autos, um nur die wichtigsten Branchen anzudeuten. Das Verhältnis im gegenseitigen Handel hat sich in den letzten Jahren derartig zugunsten Japans gewandelt, daß man unwillkürlich an die Relation zwischen den Tokugawa und ihren Gegnern, den Tozama-Daimyô nach dem Falle des Schlosses von Osaka erinnert wird; sie wurden nicht völlig zerstört, aber ihr Fortbestand in recht bescheidenen Verhältnissen war ein Akt der Berechnung. Man wollte den extremen Widerstand vermeiden, der sich beim Versuch der totalen Auslöschung zu formieren pflegt.

Hätte die Bundesrepublik eine solche Überlegenheit im Handel mit Japan errungen, so wäre unser Land ohne Zweifel von zahlreichen japanischen Handelsdelegationen besucht worden. Sie hätten in aller Demut und unter Einsatz von genügend Zeit und Geld die Gründe für diese Einseitigkeit studiert, um zu lernen, später aufzuholen und eventuell die Verhältnisse umzukehren. Ein Blick auf die Listen der ehemaligen Humboldt-Stipendiaten zeigt, daß es früher einmal eine Superiorität deutscher Kultur, Wissenschaft und Technik gab, die ein breites Spektrum umfaßte, während dies heute nicht mehr der Fall ist. Die große Zahl der über 30000 ausländischen Studenten in der Bundesrepublik darf nicht darüber hinwegtäuschen, daß es sich bei ihnen in erster Linie um junge Leute aus den Entwicklungsländern handelt, die zum Teil aus politischen Gründen, zum Teil wegen des toleranten sozialen Klimas unter uns sind. Japaner hingegen sind in relativ geringer Zahl hier, sie studieren in erster Linie Musik, nur in seltenen Fällen Medizin und wohl nie Fotomechanik, Schiffsbau, Stahlherstellung, Uhrenfabrikation oder Elektronik. Es gab eine Zeit, in der die japanische Medizin nach Deutschland ausgerichtet war; ältere Ärzte kennen durchaus deutsche medizinische Fachausdrücke und schreiben ihre Rezepte zum Teil darin aus. Aber heute ist die japanische Medizin längst nach Amerika orientiert, wie überhaupt in der technisch-wissenschaftlichen Hochschätzung die Vereinigten Staaten an erster Stelle stehen, die darin nicht einmal von einer Kombination aller europäischen Länder eingeholt werden können.

Trotz der diametral veränderten Verhältnisse zwischen Japan und Deutschland zeichnen sich noch nicht jene Konsequenzen unter den Studierenden und ihren Geldgebern ab, die die Japaner ihrerseits längst gezogen hätten, nämlich langfristige Planung, großzügige Investitionen für das Studium und der Einsatz von linguistisch qualifiziertem Personal, um die leidige Sprachbarriere zu überwinden. Der Blick auf die vergangene deutsche Überlegenheit schmeichelt offenbar der Eitelkeit so sehr, daß er den Gedanken an ein grundsätzliches Umdenken im Hinblick auf die Zukunft erst gar nicht aufkommen läßt. Der japanischen Sprache unkundige Autoren und Berichterstatter tendieren vielleicht gerade deswegen dazu, die Mängel des „japanischen Systems" über Gebühr bloßzustellen, während romantisch veranlagte Naturen auf die überraschenden Ähnlichkeiten in der geschichtlichen Entwicklung der beiden Länder bis in die jüngste Vergangenheit hinweisen, die sich in der Tat nicht leugnen läßt. Es scheint daher an der Zeit, den Ähnlichkeiten einmal die Unähnlichkeiten gegenüberzustellen und neben den genügend bekannten und zu vermeidenden Mängeln des „japanischen Systems" das nunmehr auch und gerade für uns Deutsche Nachahmenswerte zu unterstreichen.

Ähnlichkeiten in der jüngeren Geschichte

Mit der Parallele der Entwicklung zwischen Japan und Deutschland ist vorwiegend die auffallende annähernde Gleichzeitigkeit wichtiger historischer Ereignisse der neueren Geschichte gemeint, beginnend mit der Meiji-Reform 1868 in Japan und der fast gleichzeitigen Reichsgründung Bismarcks 1870. Die Modernisierung schritt in beiden Ländern schnell voran, wenn auch nicht in so ganz ungewöhnlich rasanter Weise, wie es viele Darstellungen erscheinen lassen. Man vergißt zu leicht, daß auch England, Frankreich und die Vereinigten Staaten stürmische Entwicklungen erlebten, die auf den einzelnen Sektoren, z. B. des Wachstums des Bruttosozialprodukts, mit derjenigen Japans zu vergleichen wären, um zu einem ausgewogenen Urteil zu kommen. In Deutschland hatte man vor der Reichsgründung bereits viel Vorarbeit auf dem Gebiet der technischen Entwicklung geleistet, und auch in Ja-

Abb. 6: Takeo Fukuda, Premierminister Japans, mit Bundeskanzler Helmut Schmidt beim Wirtschaftsgipfeltreffen in Bonn im Juli 1978. Das wiederge-wonnene Selbstvertrauen der beiden Nationen spiegelt sich in den Gesichtern der politischen Führer, die beide den Krieg noch aktiv miterlebten. (Süddeut-scher Verlag)

pan gab es durchaus Anfänge von Industrialisierung vor der Meiji-Reform, auf denen man aufbaute.

Im politischen Sektor ähnelt sich der starke Einfluß des Mili-tärs auf die Politik; in Deutschland und Japan herrscht eine in Phasen mehr oder weniger autoritäre Regierungsform bis zum Ende des zweiten Weltkriegs. Dazu wurde bereits früher an-gemerkt, daß sich kurz nach der Meiji-Reform deutsche Ein-flüsse gegen eine Demokratisierung im Sinne Englands geltend machten, also eine eher ungünstige Wirkung ausübten, und daß Japan in der Zeit nach dem ersten Weltkrieg ebenso eine kurze Periode größerer politischer Freiheit, die sogenannte Taishô-Demokratie erlebte. Fast zur gleichen Zeit traten Deutschland und Japan aus dem Völkerbund aus, verschrieben sich dem Antikommunismus, unterschrieben Nichtangriffspakte mit der Sowjetunion, erklärten wieder fast gleichzeitig den Krieg an die Vereinigten Staaten und beendeten ihn durch eine bedingungslose Kapitulation. Amerikanische Wirtschaftshilfe, wirtschaftliche Genesung, stetiger Aufschwung bis zum Wirtschaftsgiganten, ja sogar eine nicht unähnliche traurige Erfahrung mit dem Terrorismus bezeichnen die zahlreichen Stationen einer Parallelität, die in der Tat überrascht. Man könnte die Auflistung noch ergänzen durch solche gemeinsamen nationalen Eigenschaften wie Fleiß, Sparsamkeit, Organisationstalent, industriellen und wirtschaftlichen Wagemut und Innovationsfreude.

Schwerwiegende Unterschiede

Andererseits gibt es viele Unähnlichkeiten zwischen den beiden Ländern, die meistens nicht genügend beachtet werden. Japan ist geographisch von der Bundesrepublik grundverschieden, weil es aus einer zentralen Gruppe von Inseln besteht, einem Archipel, dem sich eine schmale Inselkette weit nach Südwesten, eine von kleineren Inseln nach Süden zu angliedert und das Anspruch erhebt auf Teile einer Kette im Nordosten. Es stellt ein politisches Gebilde dar, das als Inselland in den Meeren des westlichen Pazifik viel weiter ausgedehnt ist, als Deutschland es je war. Das Land besteht vorwiegend aus steilen, neovulkanischen Bergketten und ist darum überwiegend nicht bebaubar und verkehrstechnisch nur schwer zu erschließen, während Deutschland fast überall bebaut werden kann und topographisch betrachtet dem Verkehr vergleichsweise nur geringe Hindernisse entgegenstellt. Die kontinentale Lage im Mittelpunkt Europas bedingt nicht nur Deutschlands militärisch permanent prekäre Situation, sie bedeutet im Zeitalter des Tourismus enorme Chancen kulturell sinnvoller Erholung bei unmittelbaren und entfernten Nachbarn und fast ungehinderte Möglichkeiten schnellsten wirtschaftlichen Austausches nach allen Seiten, lauter Vorteile, die Japan in dieser Form nicht besitzt. Im Gegensatz zum japanischen Sprachraum in Ostasien, der mit dem Territorium Japans identisch ist, gibt es im deutschen Sprachraum in Mitteleuropa fünf deutschsprechende Staaten und noch einige deutschsprechende Regionen, Deutschland selbst zerfällt in zwei politische Gebilde mit grundverschiedenen Gesellschaftsformen. Aber die deutschen Lande sind eingebettet in ein Gesamteuropa, das als Ganzes eine griechisch-römische und mittelalterlich-christliche Tradition besitzt. Sie erlebten mit den Nachbarn Renaissance, Reformation, Aufklärung, Revolution und viele tragische Kriege. In der Folge ordnete sich die Bundesrepublik geistig, wirtschaftlich und politisch in die Europäische Gemeinschaft ein, was sich von dem weit lockeren Verhältnis Japans zu seinen Nachbarn wesentlich unterscheidet. Der Beitrag der Bundesrepublik zur Verteidigung des Westens kann als ein Ausdruck dieser nunmehr wieder gelungenen Eingliederung in ein Europa angesehen werden, das in vieler Hinsicht stets eine Einheit darstellte, während Asien aus kulturell völlig disparaten Teilen zusammengesetzt ist und im Grunde in erster Linie einen geographischen Raum bezeichnet, in dem Ostasien nur in einem viel weiteren Sinne als Europa eine Einheit genannt werden kann.

Denn der Buddhismus mit seiner uralten Toleranz in Fragen der Lehre und der daraus resultierenden Auseinanderentwicklung stellte nie die geistige Klammer dar, die eine auf dogmatische Einheit bedachte straffe kirchliche Organisation im Westen bedeutete, für die ein Verstoß gegen die zentrale Kirchenautorität fast ebenso schwer wog wie der gegen die Rechtgläubigkeit. Daß Japan nach dem ersten Zusammentreffen mit den europäischen Seefahrern des 16. Jahrhunderts gleichsam seine Hände vor die Augen schlug und sich für immer zu verbergen versuchte, offenbart, wie verschieden von allen europäischen Nationen, also auch von Deutschland, es schon damals in Wirklichkeit war.

Die Bundesrepublik ist durch das besondere Verhältnis zur Deutschen Demokratischen Republik in einer Lage, die sich außer mit Korea mit keinem anderen Land der Welt vergleichen läßt. Japan existiert als Nation unter ungleich günstigeren Voraussetzungen. Es konnte seine Einheit erhalten. Es hat darüberhinaus ein Gefühl für seine traditionellen kulturellen Beziehungen zu China bewahrt und wünscht demgemäß ein gutes Verhältnis zu diesem Mutterland ostasiatischer Kultur. Die Jahrzehnte, in denen die Chinesen nicht nur von den Weißen, sondern tiefer noch von den Japanern verachtet und entsprechend verdemütigt wurden, sollen endgültig vorbei sein. Japan fühlt außerdem ein erweitertes Verantwortungsbewußtsein für den südostasiatischen Raum, das allerdings noch durch den Krieg belastet ist. Aber sonst verbindet das Meer und der Flugverkehr das Inselland unmittelbar mit allen Staaten der Welt. Es pflegt ganz pragmatisch in besonderer Weise seine Beziehungen zu den wichtigsten Handelspartnern, allen voran den Vereinigten Staaten oder Rohstofflieferanten wie Australien, fühlt sich aber den Entwicklungsländern weit weniger verpflichtet als die europäischen Länder.

Ein Rückblick auf das vergangene Jahrhundert zeigt, daß in den Fragen der konkreten Außenpolitik und der territorialen Vergrößerung beide Staaten, Japan und das alte Preußen-Deutschland, bedenkenlos ihre eigenen, egoistischen Ziele verfolgten und dabei durchaus auch in Konflikt gerieten. So wurde Japan von Deutschland, Rußland und Frankreich gezwungen, die Halbinsel Liaotung an China zurückzugeben, obwohl es siegreich gewesen war. Die Halbinsel wurde wenige Jahre später von Deutschland besetzt und im ersten Weltkrieg von Japan den Deutschen endgültig entrissen. Auch andere ostasiatische Besitzungen Deutschlands mußten damals an Japan abgetreten werden.

Auf dem Sektor der gesellschaftlichen Reform scheinen die Parallelen zwischen beiden Ländern nur äußerlich. Während das deutsche Volk noch lange an den Privilegien des Adels festhielt und sich auch während der Weimar-Republik nicht entschließen konnte, den Großgrundbesitz zu enteignen, verloren in Japan nicht nur die Fürsten ihre Privilegien, sondern auch die Samurai, die selbst die Träger der Reform gewesen waren, ja, sie verschwanden als gesellschaftliche Schicht innerhalb von 30 Jahren so vollständig, daß heute keine Spur mehr von ihnen zurückgeblieben ist. Der Strukturwandel war radikaler. Vielleicht waren die Nicht-Existenz einer privilegierten Schicht und die durch diese Tatsache freigesetzten Energien für die schnelle Industrialisierung Japans ein ebenso bedeutender Faktor, wie sie es für den schnellen Aufstieg der Bundesrepublik nach dem zweiten Weltkrieg geworden sind.

Man kann noch hinzufügen, daß der Anstoß für die wichtigen politischen Bewegungen um das Jahr 1870 in beiden Ländern verschiedenen Ursprungs war. In Japan kamen eine Reihe von Anstößen von den alten Kolonialmächten und der entscheidende Impuls schließlich von den Vereinigten Staaten, also eindeutig von außen, wenngleich sich auch eine innere Vorbereitung für die Öffnung des Landes durch so weitschauende Politiker wie Yoshida Shôin vollzogen hatte. In Deutschland ging dem Einigungswerk Bismarcks die Revolution von 1848 voraus, der Drang zur Einigung kam also von innen her und mußte in Kriegen gegen Österreich und Frankreich durchgesetzt werden.

Verpreußung

Wegen der Beziehungen, die Japan als Inselland zu allen wichtigen Ländern der Welt unterhält, kann man nicht von einem besonders intimen Verhältnis zu Deutschland sprechen. Trotz des pragmatischen Charakters der Realpolitik muß festgestellt werden, daß zu bestimmten Zeiten der Einfluß Preußens und später Deutschlands auf die Gestaltung einzelner Sektoren des japanischen Gemeinwesens, etwa die Verfassung, das Recht oder das Militär entscheidend war. Man kann geradezu von einer Verpreußung Japans sprechen, weil die ersten Ansätze der Entwicklung eigentlich in eine andere Richtung wiesen. Es waren vor allem der Wirtschaftswissenschaftler und Soziologe Lorenz von Stein, der vor dem englischen Parlamentarismus warnte, und ein Major Meckel, der, wie gesagt, den französischen Einfluß im Militärwesen zurückdrängte. So blieb trotz der erstaunlichen Fortschrittlichkeit der Meiji-Reform die Stellung des Militärs – sehr zum späteren Nachteil – gerade durch den preußisch-deutschen Einfluß stark. Auch wurde die Regierung, ebenfalls unter deutschem Einfluß, durch schwer zu identifizierbare Gruppen beherrscht, die sich der parlamentarischen Kontrolle entzogen.

So lernte Japan in der Vergangenheit von Deutschland keineswegs immer zu seinem Vorteil. Andererseits kann man auf dem Gebiet der Wirtschaft feststellen, daß die beiden Länder in den letzten hundert Jahren ganz unterschiedliche Strukturen hervorbrachten. In Japan spielt der Staat seit der Meiji-Reform im wirtschaftlichen Bereich eine ganz hervorragende Rolle, in Deutschland keineswegs. Die japanische Beamtenschaft, die sich mit nationalökonomischen Problemen befaßt, ist sehr zahlreich und bestens qualifiziert; aus ihr gehen vorwiegend die Minister der wirtschaftlichen Ressorts hervor und meist auch der Premierminister. Die Creme der Nation schult sich in Wirtschaftsfragen für die Führung, so könnte man es ausdrükken. Die Bundesrepublik hingegen legt Wert darauf, den staatlichen Einfluß auf die Wirtschaft so viel wie möglich in Grenzen zu halten. Sie überläßt die Probleme der Wirtschaft gern dieser selbst, obwohl sie im Falle Japans mit Organisationen und Strukturen konfrontiert ist, die, wie eine Münze, nur auf der einen Seite die Zahl, das Symbol der Wirtschaft, auf der anderen Seite aber das Hoheitszeichen, das Symbol des Staates, trägt.

Weil das Verhältnis von Deutschland zu Japan sich in mancher Hinsicht gewandelt hat, scheint es berechtigt, die Frage aufzuwerfen, was nach den Jahrzehnten, in denen Japan von Deutschland gelernt hat, wir nunmehr von Japan lernen können. Die Fragestellung selbst klingt so pragmatisch, daß sie geradezu an jenen Bestseller Fukuzawa Yûkichis „Empfehlung zum Lernen" erinnert, den dieser in der frühen Meiji-Zeit verfaßte und der zum geistigen Aufbruch Japans zu westlicher Fortschrittlichkeit in ungemeiner Weise beitrug.

Vielleicht könnte man als Erstes auf eine diplomatische Demutshaltung der Japaner hinweisen, die natürlich keineswegs christlich motiviert, sondern der fernöstlichen Tugend der Form, der Etikette zuzuordnen ist. Als ein sprechendes Beispiel möge die Tatsache dienen, daß Japan die Bundesrepublik gebeten hat, sich bei den anderen EG-Staaten dafür zu verwenden, daß eventuelle gegen die japanischen Einfuhren gerichtete Maßnahmen nicht zustande kommen. Man könnte sich vorstellen, daß wir Japan bitten, sich unserer Belange wegen bei China und Korea zu verwenden, wo es sicher über mehr Erfahrung und wohl auch größere Möglichkeiten verfügt. Die Frage drängt sich auf: verfügen wir über die nötige Demut, Japan zu bitten, sich für unsere Interessen einzusetzen?

Als zweites könnte man die große Behutsamkeit der japanischen Außenpolitik anführen, die sich in der heiklen Frage der Hokkaidô vorgelagerten Inseln zeigt, die Japan bekanntlich nicht zu den abgetretenen Kurilen rechnet, sondern mit erstaunlicher Zähigkeit zurückzugewinnen entschlossen ist. Gewiß liegen die Probleme zwischen der Bundesrepublik und der Sowjetunion völlig anders als zwischen Japan und der UdSSR. Dennoch fällt der Mut und die Beharrlichkeit auf, mit der Japan als erstes jener Länder, die mit der Sowjetunion territoriale Fragen zu erörtern haben, dies tat und seine Forderungen mit einer Regelmäßigkeit wiederholt, die an jene jährliche ominöse Szene der Chôshû-Leute erinnert, die im Kapitel über die Geschichte (S. 66) beschrieben wurde. Wir sollten wenigstens versuchen, uns nicht laufend trotz allen Wohlverhaltens durch eine Drei-Staaten-Theorie mit dem Fokus Westberlin irritieren zu lassen, sondern durch die Wahl eines Themas, dessen geographischer Angelpunkt bedeutend weiter östlich liegt, den Russen gewissermaßen entgegenkommen und von der Lage der langjährigen Hauptstadt Deutschlands nur noch als in jeder Friedenslösung zu bereinigendes Problem sprechen. Daß Japan als Gesprächsthema die Kurilenfrage zum Brennpunkt der beiderseitigen diplomatischen Aktivität machte, kann man nur vergleichen mit der Feststellung der Probleme um Westberlin von seiten der Russen als zentrale Frage russisch-deutscher Beziehung. Das Geschick der Japaner überrascht.

Das japanische Zaudern, seine Beziehungen zu Südost-Asien zu entwickeln, mag zu lange gedauert haben. Dem steht entgegen, wie selbstverständlich sich die Bundesrepublik bei jedem Aufnahmewunsch eines südeuropäischen Staates in die Europäische Gemeinschaft ermutigend verhält, während die beiden großen und alten Demokratien Frankreich und England stets mit Zurückhaltung reagieren, und zwar keineswegs nur aus konkreten wirtschaftlichen Rücksichten, sondern weil sie überlegen wollen, welche Folgen eine solche Verbreiterung der Gemeinschaft unter Völkern hat, die bis vor kurzem noch in „finsteren diktatorischen Verhältnissen" lebten. Der japanischen übergroßen Behutsamkeit scheint bei uns eine unbedachte Hast zu entsprechen, die mit geradezu germanischer Überschwenglichkeit von Entscheidungen mit einfacher Mehrheit in der EG schwärmt, aber die etwaigen Folgen solcher Entscheidungen durch wirtschaftlich schwache und politisch wenig stabile Länder nicht in Ruhe durchdenkt und schon gar nicht der breiten Masse der Bürger zur Diskussion vorlegt. Daß demokratische Prozesse in erster Linie Denkprozesse sind, die oft viel Zeit und gedankliche Anstrengung benötigen, wissen Franzosen, Engländer und Holländer sehr wohl; dieser sehr wichtige Punkt des demokratischen Lebensgefühls ist den Japanern ebenfalls auf der Grundlage ihrer in der Teezeremonie kultivierten Kunst der Gesprächsführung leicht eingegangen. Sind wir Deutschen eigentlich fähig, unsere Gedanken rückhaltlos offenzulegen und bei ähnlicher Bereitschaft anderer auf Grund sachlicher Argumente die Wahrheit zu eruieren, um eventuell später zu einem vorsichtigen Entschluß zu kommen? Diese Erfahrung konnte bei uns nicht wachsen, weil der politische Stil bis zum Ende des Krieges, aber auch schon seit vielen Jahrzehnten, wenn nicht Jahrhunderten, ein ganz anderer war. Er basierte nicht auf dem

Vertrauen den Mitgliedern einer mehrheitlichen Gruppe gegenüber. Ehrgeiz und der Versuch, in einem System, zu dem man kein inneres Verhältnis findet, durch besonders effiziente Handlangerdienste Lob und Beförderung zu ernten, standen wohl zu oft im Vordergrund.

So gewinnt man bei Kongressen und besonders Podiumsdiskussionen den Eindruck, daß das eigentlich Bestimmende nicht so sehr der Inhalt, das Thema ist, sondern die einzuhaltenden Termine, die Tagesordnung. Wortmeldungen müssen kurz und tief sein, Antworten, wenn es sie wirklich gibt „schlagfertig", wie es bezeichnenderweise heißt. Das Eingeständnis, zu einer überraschend gestellten Frage keine oder noch keine Antwort zu wissen, wäre offenbar ein schwer zu ertragender Gesichtsverlust; es läßt sich aber in Japan sehr wohl denken. Hast und eine gewisse Eitelkeit scheinen den demokratischen Denkprozeß nicht recht zur Entfaltung kommen zu lassen oder doch zu hemmen. In Japan sind lange, gemeinsame Überlegungen schon von alters her Brauch, nur das Problem, ob man mit einfacher Mehrheit entscheiden kann, ist, ebenfalls auf Grund alter Tradition, wie erwähnt, schwer lösbar. Man möchte bis zum verständigen Beipflichten auch des Letzten in der Runde weiterreden, was natürlich Zeit benötigt. Deutsche würden in einer solchen Gruppe schon bald „auf heißen Kohlen sitzen". Der Frage „Keine Wortmeldungen?" möchte der deutsche Vorsitzende am liebsten noch im gleichen Atemzug folgen lassen: „Also dann, bis zum nächsten Mal!" Das hat gut „geklappt", sagt er sich dann, wobei „Klappen" offenbar ein Wort ist, das aus dem Physikalisch-Materiellen entlehnt wurde, aber im Bereich des Geistigen ganz unpassend wirkt.

Verhältnis zur Geschichte

Obwohl der fernöstliche Mensch ein anderes Verhältnis zur Zeit hat als wir und darum auch zur Geschichte, fällt es dem Beobachter auf, daß in Japan Fernsehsendungen, die sich mit den Heldentaten gewisser Ritter des Mittelalters befassen, größte Einschaltquoten registrierten. Es kommt vor, daß die Straßen dann so leer gefegt sind, wie bei uns bei bestimmten Fußballspielen. Es handelt sich nicht so sehr um Bravourstücke ritterlichen Mutes, die begeistern, sondern es ist der herbe, männliche Geist, die Tugenden der Großzügigkeit, Aufrichtigkeit und vor allem der Geradheit, die anziehen. Man findet im deutschen Sprachraum kein vergleichbares Phänomen bei den Massenmedien. Natürlich lebt die Verbindung mit dem alten Japan auch in den vielfach in Familientraditionen übermittelten Künsten wie Nô-Drama, Ikebana, Shamisen, Shakuhachi und Koto, aber auch in den Wehrsportarten, deren Clubs an den Universitäten aus diesem Grunde fälschlicherweise schlechthin als „rechts" eingestuft werden.

Das Herzstück des japanischen nationalen Selbstverständnisses bleibt der Schinto, die aus der Zeit der Mythologie überlieferte Religion der Vorfahren, die in ihrer Hochschätzung von Natur, Ahnen, Kaiserhaus und fast allen Dingen, die Japan ausmachen, eine geradezu unversehrbare geistige Basis darstellt, auf die der Japaner immer wieder zurückkehren kann, wenn es ihn danach drängt, wobei die Gefahren nicht geleugnet werden dürfen, die eine solche Rückkehr in sich birgt. Verglichen mit diesem natürlichen Reichtum an nationaler Tradition befindet sich Deutschland heute in einer eigenartig verwirrenden Lage. Die kulturellen und zivilisatorischen Leistungen der letzten Jahrhunderte etwa in Musik, Dichtung, Philosphie und später in den Naturwissenschaften bedeuten zwar ein Erbe von enorm stärkerer internationaler Ausstrahlung. Aber sie sind noch zu neu, um ein Gefühl zu erzeugen, das sich mit dem spezifisch-japanischen vergleichen ließe. Das davor liegende Erlebnis von Reformation und Gegenreformation verblaßt unter dem Einfluß der Ökumene, und die wirklich fruchtbare Ausrichtung des deutschen Geistes auf die europäische Politik, die das Mittelalter darstellte, wird als solche gar nicht erfaßt. Nur blitzartig, wie bei den Ausstellungen, die die Zeit der Staufer oder die Gestalt Karls IV. zeigen, erfährt der Deutsche von einer ganz anderen Vergangenheit. Obwohl sich viele Überlegungen anstellen ließen, die den Europagedanken durchaus befruchten könnten, kommt es nur sehr sporadisch dazu. Leider sind auch die einst lebendigen, demokratischen Traditionen der freien Reichsstädte oder einzelner Gebiete wie des Hotzenwaldes nicht sehr lebendig. Es gelang nicht, die heutige bundesdeutsche Demokratie mit den zahlreichen Ansätzen demokratischer Entwicklung auf deutschem Boden zu verknüpfen und die Zeit des Absolutismus als ein fremdes Produkt zu kennzeichnen, das dem früheren und echteren Geist regionaler Selbständigkeit und persönlicher Unabhängigkeit zuwider ist. Das Verhältnis zur Geschichte wurde zu einem zeitweiligen Unverhältnis, Normalisierung tut not.

In der Frage der biologischen Weiterexistenz der Volkssubstanz, die in Zeiten einer schweren nationalen Krise durchaus akut werden kann, reagierte Japan anders als die deutschsprachigen Länder. Man kann es auf konfuzianische Einflüsse zurückführen, daß die Geburtenkontrolle in Japan, trotz einer weit größeren Bevölkerungszahl, nie die extremen Auswirkungen hervorrief, die sie in der Bundesrepublik noch heute zeitigt. Kinder zu zeugen, betrachten Eheleute als ihre Pflicht, und zwar überraschender Weise ihren Eltern gegenüber, wie sie sich ausdrücken. Tatsache ist, daß nur durch die Existenz von Kindern die den Ahnen gebührende Verehrung gewährleistet ist, obwohl diese Folge nicht mehr bewußt empfunden wird. Die medizinisch optimale Zeit für das Heiraten, die für den weiblichen Teil ein recht junges Heiratsalter vorschreibt, „weil sonst die Geburt schwer wird und sogar Mißgeburten vorkommen können", wie die stets wiederholte Phrase lautet, wirkt sich positiv auf die Substanz des japanischen Volkes aus. Der bekannte Elan, ja die Jugendlichkeit des Einsatzes in japanischen Unternehmen, aber auch beim Massensport wie Ski und Bergsteigen könnten durchaus in einer fundamentalen Vitalität ihren Grund haben, die wiederum durch die immer und immer wiederholte Geburt der Kinder zu medizinisch optimalen Zeiten hervorgerufen sein könnte. Wie in fast allen Nationen hat sich auch bei den Japanern ein sehr natürliches Verhältnis zur schwangeren Frau herausgebildet, das weit entfernt ist von dem Genieren bei uns.

Von den allgemeinen Erwägungen auf das engere Gebiet des Wirtschaftlichen übergehend, läßt sich vom Schintoismus und seiner gemeinschaftsbezogenen Ethik her gut verstehen, daß japanische wirtschaftliche Interessengruppen wie z. B. Vertreter der Schneidwarenindustrie relativ leicht organisatorisch zueinander finden. Von dorther erklärt sich auch, daß der Vorrang des Staates, im konkreten Fall die Autorität der Führung durch Beamte als Katalysatoren eines Zusammenschlusses auf Branchenebene ohne Diskussion respektiert wird. Es drängt sich daher der Gedanke auf, daß man, will man in Japan wirksam vertreten sein, in ähnlicher Weise organisiert sein sollte wie die Japaner selbst. Mittlere und kleine Betriebe haben auf die Dauer keine Chance, wenn sie sich nicht in dem Sinne der japanischen Szene anpassen, daß sie ihre Erfahrungen in eine gemeinsame Organisation einbringen und ihre rechtlichen und fachlichen Belange durch rationale Koordinierung laufend und kostengünstig vertreten lassen.

Wenn man auf das oben erklärte Bild von der japanischen Wirtschaft als der einen Seite einer Münze, deren andere den Staat selbst darstellt, zurückkommt, kann man hier die Forderung stellen, daß zum Unterschied von vielleicht allen Märkten der freihändlerisch-westlichen Nationen im Falle Japan ein genügend großer Stab von fachlich geschulten Beamten der Wirtschaft zur Seite stehen sollte. Der Mehraufwand an staatlichem Personal und Energie könnte durch einen besonderen Vertrag zwischen einzelnen Wirtschaftszweigen und staatlichen Stellen finanziert werden, einen Vertrag, der einzig und allein die besonderen Verhältnisse Japans betrifft. Man darf in diesem Zusammenhang nicht vergessen, daß die Zahl staatlicher Beamter, die mit wirtschaftlichen Fragen betraut sind, in Japan außerordentlich groß und hoch qualifiziert ist, was sicher den Erfolg der japanischen Wirtschaft weitgehend erklärt. Außerdem gilt es zu bedenken, daß japanische staatliche Stellen im Grunde nur

ausländische Staatsbeamte als vollwertige Gesprächspartner anerkennen. Für den auswärtigen Dienst hieße dies, daß im Falle
Japan von dem sonst praktizierten Turnussystem abzugehen ist
und geeignete Wirtschaftsexperten so lange in ihrer Position
verbleiben wie nur möglich, was ja auch durch die sehr wün-
schenswerten und zeitraubenden Sprachstudien gefordert wird.

Für die innere Organisation von großen, aber auch kleineren
Unternehmen, die sich in Japan etablieren, scheint es wichtig zu
wissen, daß die Japaner das Berufsleben stärker als eine Frage
des sozialen Prestiges auffassen, als dies in Europa der Fall ist.
Kleine Unternehmen sind daher im Grunde als Arbeitsplätze
nur akzeptabel, wenn sie den Namen eines großen, womöglich
international bekannten Konzerns aus ihrer Heimat tragen. Bei
sonst gleichen Bedingungen erwartet man in einem kleinen
Unternehmen besonders gute Entlohnung dafür, daß man
überhaupt in es eintritt. Für den Unternehmer gilt in jedem Fall
die durch den Rang von Schule, besonders Universität ausgewiesene Fähigkeit des Bewerbers als entscheidend bei der Anstellung. Die Vertikalstruktur der japanischen Gesellschaft
spielt in diesem Zusammenhang eine wichtige Rolle. Man kann
nicht von dem Absolventen einer renommierten Universität
verlangen, daß er Untergebener einer Person wird, die von
einer notorisch schlechten Hochschule kommt, um ein Beispiel
zu geben. Eine wenig bekannte Firma muß, falls sie diese Art
von Rücksichten außer acht läßt, stets damit rechnen, daß einzelne ihrer Angestellten die nächste Gelegenheit wahrnehmen,
um in ein bekannteres Unternehmen einzutreten, mit dem Ziel,
sich auf diese Weise gesellschaftlich zu verbessern. Die Höhe
des Gehalts ist also keineswegs allein entscheidend.

Es ist normalerweise unumgänglich, für die komplizierten
japanischen Besoldungsfragen – grundsätzliche Besoldungsein-
stufung, Berechnung von Versicherungen, Zuschlägen und des
sehr wichtigen Bonus, einer Sondervergütung von etwa vier
Monaten oder mehr des Grundgehalts – eine völlig verläßliche
Kraft einzustellen, die gewissermaßen eine zentrale Stellung in
der internen Struktur des Unternehmens einnimmt, im Unter-

schied zu dem „Behördenmann", der früher empfohlen wurde. Das japanische Besoldungssystem wird für einen Ausländer erst nach Jahren durchschaubar und ändert sich zudem laufend etwas. Am besten hält man sich auf das genaueste an die Gepflogenheiten von Unternehmen gleicher Größe im gleichen Berufszweig. Allerdings ist zu bedenken, daß für den Japaner außer der oben beschriebenen Erwägung des sozialen Prestiges eine Beschäftigung bei einer ausländischen Firma auch deswegen ein Grund zur Beunruhigung darstellt, weil er nie sicher zu sein glaubt, ob nicht plötzlich in einer wichtigen Teilfrage seiner Entlohnung oder sogar bezüglich seiner Anstellung überhaupt anders entschieden wird, als er es und mit ihm alle anderen Japaner gewohnt sind. Diesen Risikofaktor sollte man bei Einstellung von Führungskräften durch eine fünf- bis zehnprozentige Erhöhung der Grund- oder Gesamtentlohnung mit in die Berechnungen einbeziehen und dies so lange, bis er auf Grund eines objektiven Rückblicks auf Jahre vernünftigen Handelns im Sinne japanischen Brauchtums wirklich nicht mehr besteht.

Zweifellos ist die angestrebte Aufnahme in ein Unternehmen „für den Rest des Lebens" so etwas wie eine Adoption in eine Familie. Man könnte dieses Berufsideal eine späte Auswirkung konfuzianischer Gedanken nennen. Etwas Ähnliches gilt für den bekannten japanischen Sinn für Etikette und für das bis in die Gegenwart lebendige Ideal der Harmonie.

Höflichkeit, Service, Hygiene

Für den Japaner kann eine morgendliche Grußerwiderung von seinem Chef eine weit größere Bedeutung besitzen als für den Europäer, der darin vielleicht nur eine Äußerlichkeit sieht und daher durch eine Vernachlässigung nicht sonderlich affiziert wird. In den Bereich der psychologisch schwerwiegenden Vorschriften der Etikette gehören die manigfaltigen Pflichten, sich für Fehler zu entschuldigen. Sie gelten auch dann, wenn der „Schuldige" nach westlichen Begriffen eigentlich gar nicht „schuldig" ist, sondern nur der rein äußere Anlaß für eine Handlung, die eine negative Auswirkung auf jemand hatte. Das buddhistische Denken von Ursache und Wirkung ist eindeutig verschieden vom westlichen und läßt den Japaner, obwohl ihm der Grund dieses Einflusses gar nicht mehr bewußt ist, sich entschuldigen für Dinge, mit denen er nur äußerlich, also physisch etwas zu tun hatte, ohne jede wirkliche und moralische Schuld. Zu bedenken ist hier, daß bereits im Vergleich mit Engländern und Amerikanern der Deutsche durch seine nur seltene Bereitschaft, sich zu entschuldigen, auffällt. Für den Japaner, der in dieser Frage noch weit feinfühliger reagiert als der Angelsachse, sieht es so aus, als ob der Deutsche nur in äußerst seltenen Fällen bereit zu sein scheint, sich zu entschuldigen, um dadurch echte Fehler oder aber einem anderen verursachte Unannehmlichkeiten aus der Welt zu schaffen. Das gelte, registrieren Berichte in der enorm einflußreichen japanischen Tagespresse, sogar für den monumentalen und historischen Fehler, fast alle europäischen Nationen mit Krieg überzogen zu haben, ganz zu schweigen von den zahllosen, unendlich geringfügigeren Fällen des täglichen Lebens, wo Entschuldigungen nach japanischem Brauch in Wirklichkeit lediglich möglichen Aggressionen vorbeugen bzw. sie abbauen und nicht einmal mit dem vorhin erwähnten rein äußeren Kausalzusammenhang etwas zu tun haben.

Der Grund, daß die Japaner die Engländer für zivilisierter halten als die meisten übrigen Europäer, liegt in deren eleganten und höflichen Umgangsformen, an ihrer Selbstbeherrschung und ihrem Sinn für leichten Humor. Entschuldigungen spielen bei ihnen eine große Rolle, außerdem respektieren sie die vermutete Meinung eines Gesprächspartners durch abgemilderte Formen der Behauptung, die manchmal zum Understatement werden. Wendungen wie „may be" oder „perhaps" kommen ihnen spielend, wie auch die anfängliche Bewunderung für den Standpunkt des anderen. Die Zentren einer solchen Ausbildung bilden in den angelsächsischen Ländern vielfach die sogenannten „finishing schools", Colleges für Mädchen, in denen sie mit Unnachgiebigkeit für die wichtigsten Positionen in der Gesellschaft eingeübt werden; die Absolvierung einer solchen Schule ist vor allem in den Vereinigten Staaten die Voraussetzung für die Ehefrau eines Mannes in einer Stellung mit großer Verantwortung. Auch in Japan pflegen zahlreiche Frauenschulen von Universitäts- bzw. Collegerang in Anlehnung an angelsächsische Muster und oft durch regelmäßigen kurzfristigen Studentenaustausch die gleichen Formen. Die Absolventinnen dieser Schulen sind in Diplomatenkreisen und unter den Führungskräften der Wirtschaft außerordentlich begehrt. Die Schulung begnügt sich im Sprachlichen nicht mit einer guten Kenntnis des Englischen, man strebt sogar jenen unverkennbaren Akzent an, an dem das College von Kennern identifiziert werden kann, auch darin ganz ähnlich wie in den Vereinigten Staaten. Man könnte sich vorstellen, daß im Zuge einer tiefgreifenden Integrierung der europäischen Gemeinschaft englischen Lehrern an deutschen Höheren Schulen zugleich mit dem Sprachunterricht eine Schulung in humanen Umgangsformen überantwortet wird, was sich zunächst im Verhältnis Deutschlands zu den angelsächsischen Ländern und dann auch zu allen Ländern, nicht zuletzt zu dem in diesen Dingen angelsächsisch ausgerichteten Japan sehr positiv auswirken würde.

Vielleicht ist es der Sinn für Form, der eine große Rolle in dem japanischen Begriff für Service bei der Lieferung von Waren spielt, genauer gesagt bei der eventuellen Behebung von Mängeln an einem gelieferten Produkt, etwa einem Stereogerät oder Auto. Unser mangelndes Einfühlungsvermögen hindert uns nicht nur, durch rechtzeitige Entschuldigung eventuelle Aggressionen abzubauen, wir finden die zu geringe Rücksichtnahme auf den Partner wieder in der oft kritisierten Unverständlichkeit von Schul- und Kochbüchern und in der Behandlung von Kleinkindern. Sollte es Eitelkeit sein, die die Bedienung in vielen Fachgeschäften zu verleiten scheint, durch eine kaum verständliche Wortwahl eine Verbalsuperiorität, eine

Wortüberlegenheit über den Kunden anzustreben? Bei Verkauf von Geräten besteht der in der Reklame stets angepriesene Service oft nur in der Beigabe von gedruckten Anweisungen. Manche Servicebüros bekannter Firmen erwecken den Eindruck, daß sie instruiert sind, zunächst einmal den Kunden „abzuwimmeln". Zum eigentlichen Service reisen sie nur an, wenn sie ungewöhnlich dringend gebeten und unmißverständlich auf ihre Reklame-Versprechen hingewiesen wurden. Die Rechnung für eine kurze Beratung ohne Auswechseln irgendwelcher Teile fällt dann so hoch aus, daß man sich fragt, was hier das Wort vom „Kundendienst" noch soll. Offenbar soll der Kunde entmutigt werden, den Service ein zweites Mal zu beanspruchen. Daß dies bei japanischen Firmen anders ist, kann als ein echter und berechtigter Vorteil angesehen werden. Man kann voraussehen, daß viele Kunden bei sonst gleichen Bedingungen einen japanischen Lieferanten einem deutschen vorziehen, weil der Japaner das Wort vom Kundendienst nicht Lügen straft. Man muß deutschen Firmen in Japan empfehlen, zunächst dort und später auch in Deutschland und auf anderen Märkten japanische Teams mit dem Kundendienst zu betrauen und sie auch die Ware ausliefern zu lassen und dann von der Zuvorkommenheit für sich selbst zu lernen, um nicht endgültig zurückzubleiben.

Auch die Bedienung in den Läden und Kaufhäusern ist in Japan weit humaner als bei uns. Die deutsche Hast äußert sich hier in dem Hang, mit einem Minimum von Zeitaufwand menschliche Beziehungen ganz rationell „abzuwickeln", das Ideal ist offenbar ein Roboter. Der unterbewußte Hang zum Zack-Zack des Paradeschritts der Soldaten von einst hat sich auf die Seelenlosigkeit der Bedienung verlagert. An die Stelle des damaligen Männerdrills ist der Frauendrill der Gegenwart getreten. Denken oder gar persönliche Art sind auf ein absolutes Minimum eingeschränkt, die Funktionalisierung scheint vollständig.

Nun hat die japanische Etikette ebenfalls ein mechanisches Element an sich. Aber kleine Auflockerung durch Scherze oder eine sonstige menschliche Note sind sehr willkommen. Der bekannten Herzlichkeit einfacher Leute entspricht die souveräne Humanität wirklich vornehmer Menschen, die man z. B. in den Vorzimmern zur Übung von den alten Künsten findet. Begrüßungen und Abschied vollziehen sich zwar in der vorgeschriebenen Weise, aber leichte Varianten von Formulierung, Blick und Stimme der sprechenden Personen geben dem menschlichen Kontakt eine Tiefe und Echtheit, die Japan so anziehend machen. Man hat Zeit. In abgewandelter Form findet sich dieser als typisch fernöstlich gepriesene Stil in den Kaufhäusern und Geschäften wieder. Vielleicht tendieren in Europa wir Deutschen in ganz besonderer Weise zu einer Militarisierung des nicht-privaten Lebens, denn bereits in Frankreich fällt auf, daß sogar dem Nicht-Franzosen ein Gespräch angeboten wird, wenn er sich durch Einkäufe mit dem Notwendigsten versieht.

Ein weiterer Punkt gilt der Verpackung. Geschenke, aber vor allem Geldscheine, können in Japan niemals ohne die entsprechende Verpackung bzw. den vorgeschriebenen Umschlag überreicht werden. Andernfalls wäre ein „Höflichkeitsverlust" (shitsurei) begangen worden, der einem Affront sehr nahe kommt. Verpackung sagt also etwas aus, das zu beachten ist, daher die Sorgfalt bei Geschenkartikeln und die Geduld, mit der Einheimische dem Verpacken zuschauen.

Bezüglich der Hygiene gibt es wohl kaum ein Volk, das nicht in einer Hinsicht vorbildlich, in anderer hingegen nachlässig genannt werden müßte. Deutsche Frauen finden ihren Stolz in „blitzblanken" Fußböden. Japanerinnen würden sagen, warum nicht beim Eintreten die Schuhe abstellen und in Slippern im Hause umhergehen, dann ist das ständige Wienern des Fußbodens ganz überflüssig. In der Tat finden sich ja wohl die meisten gefährlichen Bakterien unter den Schuhsohlen und sollten nach Möglichkeit nicht ins Haus und sogar die Zimmer getragen werden. Von Virus-Überlegungen wird auch die Notwendigkeit abgeleitet, die Unterwäsche oft zu wechseln, vor allem aber auch die Gewohnheit, reichlich Toiletten-Papier zu benutzen und sich nach dem Benutzen der Toilette die Hände möglichst mit Seife zu waschen. Ohne Zweifel ist das japanische Hygiene-Bewußtsein durch die Tatsache geprägt, daß Japan bedeutend weiter südlich liegt als die Bundesrepublik und sich daher Infektionen aller Art entsprechend schneller ausbreiten können. Man ist empfindlicher.

Das erklärt wohl auch das ganz verschiedene Verhältnis zum Bad. Der Japaner hält es für nötig, täglich heiß zu baden und versteht einen Gast nicht, der ein vorbereitetes Bad ablehnt. Daß bei Übernachten in deutschen Familien die Duschen oder Bäder erst ausgeräumt werden müssen, bevor sie benutzt werden können, schockiert ihn. Die Tatsache, daß dies sogar in Krankenhäusern ähnlich ist, wo hinter dem Vorwand, der Patient könne einen Kollaps bekommen, erst die Erlaubnis des Arztes zum Baden eingeholt werden muß, was in einzelnen Fällen zwar nötig sein kann, spricht für das Gerücht, daß in Hospitälern durchaus Krankheiten übertragen werden.

Natürlich ist übertrieben, was japanische Medizinstudenten vereinfachend behaupten, nämlich daß die japanische Medizin der deutschen um zehn Jahre voraus sei, aber auch zehn Jahre der amerikanischen nachhinke. Es gibt sicher Probleme, die bei allen ähnlich liegen, nur scheint eine gesunde Demokratisierung der Ärzteschaft die Voraussetzung für echten Fortschritt in der Medizin zu sein. Während bei uns wohl im Einklang mit unserer politischen autoritären Vergangenheit Kritik von Ärzten an den Kollegen verpönt zu sein scheint, was auch in den Statuten von Ärztevereinigungen festgeschrieben sein soll, sind amerikanische Ärzte nicht nur berechtigt, sondern sogar verpflichtet, Fehlleistungen von Kollegen bloßzustellen, um dadurch dem Patienten zu helfen. Sie stimulieren aber zugleich den Fortschritt. Der Zustrom der Stipendiaten richtet sich danach.

Von Fragen der Hygiene zum Wirtschaftlichen mag überleiten, daß Bestimmungen der japanischen Behörden bezüglich Eßwaren sehr wohl von diesem unterschiedlichen Hygiene-Begriff herrühren können und durchaus nicht immer als Schikane abgetan werden sollten. Trotz der häufigen kritischen Berichte über Umweltverschmutzung in Japan, hält man sich dort gerade in diesen Fragen für fortschrittlicher als die meisten, wenn nicht alle, europäischen Länder. Man sorgt sich sehr um die Auswirkungen von Seifenlaugen auf das Grundwasser, warnt vor Spülmitteln, die ein letztes Spülen mit Wasser überflüssig machen sollen, und wundert sich über klebrige Bestecke und die möglichen Ingredienzien der Flüssigkeit, in der bei uns Biergläser „gespült" werden. Sollten es Erlebnisse mit unserem Hygiene-Begriff gewesen sein, die zu strengen Vorschriften bei der Einfuhr von Lebensmitteln führten?

Die Düsseldorf-Strategie

Von entscheidender Bedeutung für das gegenseitige Verständnis im wirtschaftlichen Bereich ist die Tatsache, daß japanische Unternehmen langfristig planen und daher natürlich erwarten, daß ausländische Firmen nach dem gleichen Prinzip vorangehen. Daß Zeit in der Planung keine Rolle spielt, könnte man vielleicht auf die Gelöstheit vom Zeitdruck zurückführen, die eine Zenmeditation, wie sie japanische Manager vielfach durchführen, in der Tat verleihen kann. Es bestehen außerdem ganz konkrete Gründe, langfristig zu planen. Man benötigt viel Zeit für das Studium des Landes, in dem man sich etablieren will, und weiß wohl, daß man in keinem mit der japanischen Sprache weiterkommt. Japaner lernen daher für den Auslandsaufenthalt Englisch, mit dem sie heute in den meisten Ländern durchkommen. Für China braucht man allerdings Chinesisch, für die mittel- und südamerikanischen Länder und die iberische Halbinsel Spanisch bzw. Portugieisch. Japanische Zeitungen sprechen darum sehr offen aus, daß sie auch bei einem ernsten Engagement großer Unternehmen von Übersee in Japan mit einer Anzahl von Japanischkennern unter den Ausländern rechnen. Zwar ist Englisch die Sprache der Ausländer, aber jeder Kenner der japanischen Szene wird zweifeln, ob mit Englischkenntnissen allein die sehr ungewöhnlichen Einzelheiten des Verteilersystems oder des Kundenverhaltens erschöpfend beschrieben werden können, um nur zwei Beispiele zu erwähnen. Ohne Sprachkenntnisse bleibt man stets abhängig und unfähig zu kontrollieren.

Daneben tritt die Adaptation an die Psyche der Japaner, das Erlernen der Höflichkeitsregeln und die Einübung der Selbstüberwindung, die ihre Anwendung erheischt. Es handelt sich bei diesem Einstieg vielleicht schon um den Erwerb echter Tugenden, wie sie von Missionaren praktiziert wurden, die religiös motiviert inmitten einer komplizierten Organisation, wie sie etwa eine Schule und in geringerem Maße eine Kirche darstellen, die Sprache meisterten und dann erfolgreich waren. Sie wären imstande, mancherlei Ratschläge zu geben, die in Personalfragen großen Wert haben könnten.

Die bei Japanern leider weit verbreitete Auffassung, daß Japan alles und jedes Produkt herstellen kann und der Wunsch, daß dies auch geschehen sollte, können die geistige Basis des Widerstandes gegen fremde Niederlassungen genannt werden. Um sich deswegen gegen eventuelle Abwehr zu schützen, könnte die aktive, beratende Tätigkeit solcher Unternehmen hilfreich sein, die eine obstruktive Phase bereits erfolgreich hinter sich gebracht haben. Leider handeln europäische Unternehmer unabhängig voneinander. Man müßte gerade in dieser Frage von den Japanern selbst lernen, die im Ausland rege Beziehungen zueinander pflegen, wobei staatliche Stellen als geeignete Katalysatoren fungieren. Rechts- und Managementberatung, Sprachschulung und sogar die Einschulung der Kinder in deutschen Schulen könnten wie viele andere Probleme naturgemäß in gemeinsamer Anstrengung leichter gelöst werden, als wenn jedes einzelne Unternehmen alles auf eigene Faust bewältigen will. Vor allem muß die romantische Idee vermieden werden, daß man als Pionier in einem fernen Lande Entdeckungen machen kann, die noch keinem früher gelungen sind. Das kann zwar für die Verkaufsstrategie eine gute Leitidee sein, für Personal-, Rechts- und Gehaltsfragen gilt aber das

Gesetz der Anpassung an die japanischen Verhältnisse, ja der Wille, in vieler Hinsicht von den Japanern zu lernen.

Die Japaner haben für Europa Düsseldorf als ihr wirtschaftliches Zentrum erkoren, weil es geographisch günstig in großer Nähe zum Ruhrgebiet, zu Brüssel und zu London liegt und auch von Paris nicht allzu weit entfernt ist. Dabei spielte auch die Erwägung eine große Rolle, daß die Bundesrepublik die freiheitlichste Gesetzgebung in finanziellen Dingen besitzt und zudem das wirtschaftlich stärkste Land Europas ist. Den meisten Japanern ist an sich Paris sehr sympathisch, wo sie mehr von jenen Zerstreuungen finden, an die sie von Tokio her gewöhnt sind und um das viele ihrer Träume vom Ausland kreisen. An zweiter Stelle rangiert London. Die rein zahlenmäßige Ansammlung von vielen Firmen in Düsseldorf, die sich mit wirtschaftlichen Fragen Europa betreffend befassen, zieht notwendigerweise zahlreiche Fachleute für alle Gebiete, vor allem für Rechtsfragen, an, die dann allen zur Verfügung stehen. Man könnte in einem sinnvollen Gegenzug zur Düsseldorf-Strategie der Japaner an ein wenigstens gleichwertiges Zentrum für Wirtschaftsbeziehungen in Japan denken. Wegen der Bedeutung von japanischen Regierungsstellen in wirtschaftlichen Fragen, aber auch weil die Zentralbüros fast aller japanischen Unternehmen sich heute nicht mehr in Osaka, sondern fast ausschließlich in Tokio befinden, sollte man in einem bestimmten Bezirk dieser Stadt eine Zentrale für deutsche Firmen in Japan und auch andere europäische Unternehmen planen. Tokio eignet sich vielleicht ebenso gut oder noch besser als Zentrale für den ganzen ost- und südostasiatischen Raum wie Düsseldorf als Zentrum Europas.

Man kann sich vorstellen, daß weitschauende japanische Regierungsstellen ein großzügiges Entgegenkommen für die schrittweise Durchführung eines solchen Planes zeigen, weil das den Wind aus der europäischen Japankritik nehmen könnte. Aus der japanischen Wirtschaft ist wenig Begeisterung für einen Plan zu erwarten, der tausende von Ausländern – die Japaner in Düsseldorf zählen schon 4000 Personen – in einem bestimmten Bezirk von Tokio zusammenführt, um einen ständig wachsenden Faktor im japanischen Wirtschaftsleben aufzubauen. Dennoch gibt es seit Jahren Wirtschaftsführer, die dringend eine Ausweitung des deutschen und europäischen Handels in Japan befürworten, weil nur so das japanische Engagement in Europa langfristig gesichert werden kann.

Wichtig ist zu wissen, daß der japanische Verbraucher sich durchweg mit freundlichem Interesse ausländischen Produkten zuwendet. Er kennt die großen Preisunterschiede zwischen Europa und Japan und erwartet zu Recht eine bessere und preisgünstigere Versorgung. Die Massenmedien, die in Japan eine größere Rolle spielen als bei uns, lassen sich auf kommerzieller Basis in das Vorhaben einspannen, könnten aber auch auf ideeller Grundlage für positive Berichte gewonnen werden.

Internationale Arbeitsteilung

Die Gesamthaltung „der Japaner" gegenüber einem solchen Groß-Projekt deutscher und europäischer Etablierung in Tokio muß wie oben erklärt aufgefächert betrachtet werden. Dennoch läßt sich sagen, daß sich „die Japaner" dazu so verhalten werden, wie immer, wenn ein großer Versuch gewagt wird: der Erfolg entscheidet. Pragmatische Menschen bewundern stets den Erfolg, auch wenn sie sich anfänglich negativ zu einem Bemühen verhalten haben. Das Ziel müßte zunächst sein, für ein solches Zentrum einen respektierten Platz im Leben Japans zu finden.

Ein deutscher und gesamteuropäischer Brückenkopf, um einmal diesen militärischen Ausdruck zu verwenden, bedeutete keineswegs einen Gegenstand laufender Irritation, sondern müßte sich ganz im Gegenteil frühzeitig als das ausweisen, was er sein soll: ein Garant wirtschaftlichen Friedens. Erst wenn europäische Interessen in Japan fest verankert sind, kann Europa, kann Deutschland weiteren Exportoffensiven japanischer Unternehmen gelassen entgegensehen. Man weiß dann, daß deutsche und europäische Produkte vom japanischen Verbraucher in so großer Menge gekauft werden, daß in Wirklichkeit ein Austausch vor sich geht, der wegen der Spezialisierung, die er nach sich zieht, dem Verbraucher in Japan wie in Deutschland zugute kommt. Um einige konkrete Beispiele zu nennen: Die japanische Familie könnte Fleisch essen, das weniger als die Hälfte, und Wein dazu trinken, der weniger als ein Drittel seines heutigen Preises kostet. Der Deutsche hingegen könnte seine Spülmaschine nachsehen lassen, ohne nach mehrfachem Abgewimmeltwerden für ein kurzes Gespräch eine überhöhte Rechnung begleichen zu müssen; er würde prompt und menschlich bedient.

Die vielen Hemmnisse, die japanisches Inseldenken in wirtschaftlichen Fragen kreiert, sind ähnlich zu überwinden wie im Sport Hürden beim Hindernislaufen. Wer sich in Japan nicht frustrieren läßt und nicht aufgibt, kann des Lobes aller, sogar seines Gegners, sicher sein. Natürlich muß er die „Spieltechnik" kennen, in diesem Falle also die nach unseren Begriffen vielfach an die Grenzen des Moralischen stoßenden japanischen Methoden, mit Widerständen aufzuräumen. So muß er lernen, Rechtsfragen eventuell durch außergerichtliche Gespräche beizulegen, die Massenmedien für den notwendigen Protest bei Ungerechtigkeiten oder auch für die Vermarktung von Waren einzusetzen und dabei Auslagen nicht zu scheuen. Er wird Personalfragen im Sinne des Harmoniedenkens lösen und in allen technischen Neuerungen auf seinem Spezialgebiet so weit vorn in der Entwicklung liegen, daß der Aufenthalt in Japan und das Investment an Personal und Geld auch durch die Güte der Ware selbst gerechtfertigt erscheint. Die Rückgewinnung der investierten Summen kann wegen der Schwierigkeit des Startes nur in langen Zeitspannen erwartet werden, dann aber der Größe des Marktes entsprechend reichlich.

Schon heute ist klar, daß viele japanische Produkte auch dann gekauft werden, wenn der Kurswert des Yen steigt; sie sind quasi preisunabhängig. Hierhin gehören hochwertige Hi-Fi- und optische Geräte, Uhren und Fotoapparate der höheren

Preisklasse, in Zukunft Computer und Raumfahrttechniken. Trotz aller von den Japanern selbst pathetisch beklagten Krisenanfälligkeit – sie ist nur scheinbar vorhanden – wird das Land in den kommenden Jahrzehnten ständig wohlhabender werden. Der Markt, den Japan darstellt, wird also qualitativ wachsen. Er steigert sich aber zugleich quantitativ allein wegen der Menschenzahl, die nach offiziellen demoskopischen Untersuchungen bis auf 130 Millionen Einwohner steigen wird. Daher stellt sich die potenzielle Aufnahmefähigkeit des japanischen Marktes als enorm dar, nur vorläufig noch übertroffen durch den amerikanischen. Der heutige Aufwand an Personal und Geld ist also im Hinblick auf die Zukunft durchaus berechtigt. Man kann sogar von einer Notwendigkeit sprechen, weil die Japaner in ihrer Wirtschaftsinselmentalität dahin tendieren, fast jedes Produkt in langen Zeiträumen durch Hemmnisse aller Art abzublocken, um es zunächst für ihren eigenen Markt zu produzieren, laufend zu verbessern und endlich damit auf dem Weltmarkt aufzutreten. Man sollte dieser falschen Entwicklung in den Anfängen wehren, indem man in Japan selbst aktiv wird. Es liegt ganz im Sinne vieler deutscher und europäischer Industriezweige, der „typisch japanischen Entwicklung" vorzubeugen, indem man in Japan selbst den Versuch erübrigt, ja mit allen einwandfreien Mitteln bekämpft, alles und jedes selbst herzustellen. Ohne Zweifel stehen weitschauende japanische Politiker einer solchen Tätigkeit, die im Grunde Japan in die Wirtschaftswelt wirklich eingliedern will, freundlich gegenüber, während von weniger klugen, also wirtschafts-nationalistisch denkenden Beamten und Politikern mannigfaltiger Widerstand zu erwarten ist. Ihn systematisch zu brechen, kann nicht die Aufgabe eines einzelnen Unternehmens sein, sondern wäre durch die besten Experten in Recht und Politik der gesamten Niederlassung in oder bei Tokio und mit der psychologischen und finanziellen Unterstützung aller zu leisten. Die Befreiung der zahlenmäßig überwältigenden Mehrheit der Japaner von dem engen und im Grunde sehr schädlichen Denken einer Mittelschicht von Beamten und Unternehmern kann nur dem

Frieden dienen. Sie erleichtert guten japanischen Produkten den Weg in die ausländischen Märkte, schützt sie vor Abwehrmaßnahmen und ermöglicht dem japanischen Verbraucher ein besseres Dasein, erhöht ohne Zweifel seine Lebensqualität.

Weil es den oben erwähnten Unterschied zwischen der Kurzsichtigkeit niederer Beamter und dem Egoismus meist kleiner japanischer Produzenten auf der einen Seite und der vorausschauenden Klugheit führender Politiker und Wirtschaftsführer auf der anderen Seite gibt, kommt es darauf an, diese letzten für den Plan einer organisatorisch gründlichen Etablierung europäischer Wirtschaftsinteressen zu mobilisieren. Man kann sich sehr wohl vorstellen, daß für den Erwerb großer Grundstücke, für eine günstige Verkehrsgestaltung usw. freundliche Hilfe von führenden Japanern geleistet wird, vielleicht sogar durch gesetzliche Regelungen, die eine langfristige Begünstigung bedeuten würden, also in ihrer Wirkung dem entsprechen könnten, was japanische Firmen auf deutschem Boden durch die von jeher großzügige deutsche Gesetzgebung genossen haben.

Bei dem Versuch, einen vollständigen Parallelismus zwischen japanischen Aktivitäten in der Bundesrepublik und europäischen in Japan herzustellen, könnte es gewisse Schwierigkeiten geben. So würde die japanische Presse vielleicht ein gründliches Studium des japanischen Marktes durch verschiedene ausländische Regierungsagenturen in allen Teilen des Landes als wirtschaftskolonialistisch attackieren, obwohl japanische Regierungsstellen durch Jetro und Miti solche Studien sehr extensiv und gründlich in allen Ländern Europas durchgeführt haben. Bei Symposien über deutsch-japanische Handelsbeziehungen müßte von vornherein unmißverständlich klar gemacht werden, wer in wessen Dienste steht. Daß Jetro oder Miti oder andere von japanischen Regierungsstellen finanzierte Organisationen gelegentlich wegen der zu starken Kritik an der Einseitigkeit der Handelsbeziehungen Anstrengungen machen, deutsche Ausfuhren nach Japan zu ermöglichen, mag als recht erfreulich vermerkt werden, stellt aber nicht nur keine Lösung dar, es bahnt auch keine an, sondern verunklart nur, denn je nach Bedarf werden solche Gratisdienstleistungen natürlich wieder eingeschränkt. Gemildert gilt dies auch für die Hilfen der Handelsgesellschaften (shôjigaisha), die ebenfalls durch und durch japanische Schöpfungen sind und bei den mannigfaltigen Querverbindungen der japanischen Wirtschaft dem ausländischen Unternehmen keine volle Parität garantieren können. Deutsche oder europäische Interessen müssen sich selbst in zweifelsfreier Weise etablieren. Bei Gesprächen, Konferenzen und Symposien kommt es ebenfalls darauf an, Experten und nur sie zu Wort kommen zu lassen, Verunklarungen schaden nur. Akademischer Ernst und kritische Diskussion allein können für beide Seiten Klarheit bringen und den Fortschritt ermöglichen. Auch auf diesem Gebiet und auf diesem vor allem gilt, daß eine ernste Auseinandersetzung, mit Fairneß durchgeführt, den Fortschritt stimuliert. Kulturelle Aktivitäten oder diplomatische Freundlichkeiten mögen in sich selbst betrachtet ihre Bedeutung besitzen, sie dürfen aber nicht mit dem Bemühen um ernste Wahrheitsfindung auf dem Gebiet des Wirtschaftlichen vermischt werden. Das würde nur die anstehenden Probleme verniedlichen und damit fortschrittshemmend wirken.

Das Ziel muß stets die internationale Arbeitsteilung bei Chancengleichheit sein. Der Wille, auf die Produktion vieler Waren von vornherein zu verzichten und anderen dazu von Herzen Glück zu wünschen, kann als die Grundlage echten Wirtschaftsfriedens genannt werden. Das Verhältnis von Japan zu Deutschland bildet daher nur einen Teilaspekt einer größer zu denkenden Friedensstruktur, könnte aber für viele andere Länder vorbildlich werden, weil diesen beiden Ländern heute wieder eine sehr große Bedeutung zukommt.

Demokratie-Verständnis

In der langen Geschichte der deutsch-japanischen Beziehungen scheint die Zeit der deutschen Präponderanz endgültig zu Ende zu sein; der Vergleich der Produkte, die auf dem gegenseitigen Markt verkauft werden, läßt keinen Zweifel an der geradezu umgekehrten Bedeutung unserer beiden Länder für einander. Die Tatsache, daß Japan bald fast die doppelte Bevölkerungszahl beherbergen wird als die Bundesrepublik und daß seine Wirtschaft sich fortlaufend auf möglichst preisunabhängige Produkte konzentriert, läßt ahnen, daß unsere Republik sehr bald in noch mehrfacher Hinsicht zum Juniorpartner im deutsch-japanischen Verhältnis werden wird, obwohl sich dies heute noch nicht im gegenseitigen Austausch von Lizenzen niederschlägt, aber in seiner Tendenz bereits anbahnt. Vorrangig vor ein romantisches Japanbild in Deutschland, das sich auf die großen Leistungen der japanischen Kunst konzentriert und mit Recht ahnt, daß hier die eigentliche Begabung der Japaner liegt, müßte das pragmatische Wissen und die demütige Lernwilligkeit bezüglich der japanischen Industrie, seiner Wirtschaft, seiner Massenmedien und Forschung treten. Während durch fast ein Jahrhundert Deutschland Japan in seiner vom Konfuzianismus herrührenden Vorliebe für patriarchalischen Frieden im Innern bestärkte und Japan von der politischen Machtausübung durch wenige, oft anonyme Kräfte nicht ernst genug abgeraten hatte, sollte es heute seine Vorliebe für politische Auseinandersetzungen mit steter Bereitschaft zum ordnungsgemäßen Wechsel suggerieren. Daß die politische Landschaft in dieser Hinsicht in den beiden Ländern grundverschieden ist, kann als bekannt gelten. Auf vielen anderen Ebenen gewinnt man aber den Eindruck, daß Japan gelockerter und kritischer ist als wir. So diskutiert man die Möglichkeiten der Außenpolitik ganz offen und spekuliert gern über die Zukunftschancen.

Wegen der Gemeinsamkeiten im politischen Volkscharakter und der Geschichte geraten deutsch-japanische Veranstaltungen in den Augen der japanischen Medien leicht in den Geruch der Rechtslastigkeit, was wiederum Abwehraktionen mobilisiert. Als solche kann die Ausstrahlung der Fernsehserie „Holocaust" durch den Sender der wichtigsten Zeitung des Landes „Asahi" gerade zur Zeit des Besuches von Bundeskanzler

Schmidt, Herbst 1978, angesehen werden. Es gäbe viele Beispiele dafür, daß die Medien jeden Schein einer Sympathie für Deutschland vermeiden wollen, offenbar um nicht den Gedanken einer Kontinuität mit jener Periode totalitärer Herrschaft aufkommen zu lassen, während der die beiden Staaten offiziell verbündet waren.

Dennoch sind beide Völker mit Problemen konfrontiert, die auch in Zukunft noch viel Ähnlichkeit zu haben scheinen. Es gilt z. B. die von außen übertragene Demokratie voll und ganz innerlich zu verarbeiten. Es wurde bereits von dem Mehrheitsprinzip gesprochen, das in Japan noch nicht heimisch wurde. Für die Bundesrepublik wäre mehr Sicherheit im demokratischen Staat, auch ohne besondere Maßnahmen gegen gefährliche Elemente, zu wünschen, ein Sektor, auf dem man von den vielen alten Demokratien Europas manches lernen könnte. Kritiker aus den angelsächsischen Ländern sähen gern mehr demokratisches Verhalten in Familie, Berufsleben, in Kirche und Schule. Es kann nicht ausreichend sein, daß das Parlament funktioniert, aber die Gesellschaft als Ganze noch viele Reste von autoritären Strukturen aufweist. Man kann vielleicht einen Vergleich mit dem Sport wagen. Erst wenn eine bestimmte Sportart so weit verbreitet ist, daß man ein enormes Reservoir an Spielern besitzt, aus denen die besten zu suchen sind, kann man mit Zuversicht in die Zukunft schauen. So wäre die Demokratie eigentlich nur dann als sicher anzusehen, wenn es so viele „funktionierende" Kleingruppen in einer Gesellschaft gibt, daß die Rücksicht auf die anderen, der demokratische Denkprozeß und die Entscheidungsfindung allen Bürgern als selbstverständliche Haltung in Fleisch und Blut übergegangen sind. Das internationale Bedenken, die Bundesrepublik und noch mehr Japan in die Führungsgremien fest einzugliedern, hat seinen Grund in dem Zweifel, ob nach dieser kurzen Zeit der „Bekehrung" bereits die Garantie gegeben ist, daß nun für alle Zukunft keine Abweichung von der Politik der Rücksichtnahme auf die anderen und in diesem Sinne des Friedens zu befürchten ist.

Man darf nicht vergessen, daß es für bisher führende Nationen wie England und Frankreich eine harte Probe darstellt, ihre Position an die ständig an Bedeutung wachsenden Deutschen und Japaner abtreten zu müssen. Für beide gilt daher das Gebot der „Neidvermeidungspolitik", damit die neue Konstellation, die sich zwar schon etwa zweimal früher abzeichnete, aber beide Male durch Kriege zu einem jähen Ende gebracht wurde, nun endlich Wirklichkeit wird. Neben das Gebot, im Wirtschaftlichen möglichst alle Reibereien zu verhindern, was der Bundesrepublik offensichtlich bisher besser gelungen ist als Japan, kommt der noch fundamentalere Auftrag, nicht ins Abseits und gar nicht ins Schußfeld derer zu geraten, die über die sich wandelnden Kräfteverhältnisse aller Voraussicht nach nicht enthusiastisch sein können. Neben wirtschaftspolitischer Klugheit tritt die generelle politische Klugheit als das Gebot der Stunde, die die umfassendere ist. Japanische Xenophobie kann das Land wieder isolieren und gefährden, deutsche Hast kann die Bundesrepublik mißliebig machen und das deutsche Volk, das auf der Schnittlinie der großen Gesellschaftssysteme lebt, der dritten und größten Gefahr in diesem Jahrhundert für sein physisches Weiterbestehen aussetzen: der atomaren Katastrophe.

In einem Dilemma zwischen wirtschaftlichem Vorteil und politischem Risiko auf der einen, materiellem Nachteil und größerer Sicherheit auf der anderen Seite sollte sicher die letzte Möglichkeit gewählt werden. Ob beide Völker das schon eingesehen haben?

Die Antwort scheint für beide Nationen zur Stunde eher negativ zu sein. Für viele Deutsche gibt es nach wie vor in der jüngsten Vergangenheit zwei Zeiten, „in denen es uns gut ging", wie sie sagen, die erste war die Periode vor dem Ersten Weltkrieg, also die wilhelminische Vorkriegszeit, und die zweite die Jahre, als Hitler „die Arbeitslosigkeit beseitigte" und

Autobahnen baute. Dabei lassen die so Urteilenden ganz außer acht, daß in beiden Fällen das kommende Unglück bereits inkubiert war. Bei Hitler eindeutig durch die Arbeitsbeschaffung durch Rüstung und mehr noch durch seine verblendete „Weltanschauung", in den Jahren vor dem Ersten Weltkrieg durch eine Blüte, die, gepaart mit politischem Unvermögen, neidische Gegner geradezu zur Aktion verleitete. Die obigen Urteile über die jüngere Geschichte zeigen, daß noch immer nicht erkannt wurde, daß es Bereiche zu beachten gibt, die weit wichtiger sind als der wirtschaftliche Wohlstand, nämlich die Bereiche Politik und Diplomatie, die innen- und außenpolitische Situation. Die Falschbeurteilung der internationalen politischen Lage wurde nach beiden „Wohlstandsperioden" den Deutschen zum Verhängnis. Vielleicht war es das einseitige Augenmerk auf wirtschaftliche Dinge, der sich als politisch unklug, ja als falsch erwies.

Politische Fahrlässigkeit könnte auch ein ernstes Problem des heutigen Japan sein. Sollte sich das wirtschaftliche Wachstum in der Weise fortsetzen wie in den letzten Jahren, so wird, muß man annehmen, die Kritik an Japan fortgesetzt werden, ja sie wird wachsen. Auch hier ist wirtschaftliche Blüte mit politischer Unklugheit verbunden, eine gefährliche Kombination, die von Neidern leicht mißbraucht werden kann. Obwohl die Option für die Kombination von wirtschaftlichem Wohlstand mit politischem Eskapismus nicht so eindeutig zu sein scheint wie bei vielen Deutschen im Hinblick auf die jüngere Geschichte, findet man doch keine nennenswerte Gruppe unter den Elementen, die die öffentliche Meinung bilden, die darauf hinweist, daß weiteres Wachstum und verstärkter Export ohne erweiterten Import nicht nur wirtschaftliche Abwehrmaßnahmen, sondern, weit bedenklicher, eine untragbare politische Gefahr heraufbeschwören könnten. Man hält ebenso entschlossen und ohne weiterverbreitete Zweifel oder Gegenstimmen am einmal eingeschlagenen Kurs fest wie schon im Krieg und der Zeit davor, wie auch lange in der Periode der Abschließung gegenüber dem Ausland zur Zeit der Tokugawa. Während

Japan keine gründliche Erfahrung im Umgang mit anderen Völkern besitzt und daher besonders vorsichtig sein müßte, aber einstweilen solche Vorstellungen, wenn auch zögernd, zurückweist, fügt sich die Bundesrepublik vergleichsweise gut in die europäische Wirtschafts- und Verteidigungsgemeinschaft ein. In dieser Hinsicht hat sie Japan wirklich noch etwas voraus.

Wirtschaftliche Aktivität in Japan
nach den Regeln des Landes Gô

Doppelstruktur und Overhead

Deutsche Unternehmen tendieren dazu, einen möglichst geringen Overhead zu dulden, sie scheuen Ausgaben für Repräsentation wie Geschenke und Essen. Reisen und Kommunikation werden in Grenzen gehalten. Japanische Unternehmen handeln vielfach umgekehrt. Die Wirtschaft Japans kennt außerdem die sogenannte Doppelstruktur, die besagt, daß die großen und renommierten Unternehmen nur eine sehr begrenzte Zahl von Arbeitnehmern zulassen, aber mit vielen Zubringerfirmen liiert sind, die bei einem Abflauen der Bestellungen in Zeiten von Rezession entschieden weniger Aufträge erhalten und im übrigen ihrem Schicksal überlassen bleiben. Viele von ihnen gehen dabei in den Bankrott. Natürlich gibt es auch in der Bundesrepublik einen großen Unterschied an Arbeitszeit und Sicherheit, z. B. im Falle von Krankheit, zwischen großen und kleinen Unternehmen, aber daß es zu einer Doppelstruktur gekommen ist, kann man nicht behaupten.

In der folgenden Betrachtung der Wirtschaft Japans sollen nach Möglichkeit jene Elemente nicht wiederholt werden, die bereits anderweitig als wesentlich beschrieben wurden.[11] Es soll hingegen versucht werden, neue Aspekte aufzuzeigen, die zum Verständnis des japanischen wirtschaftlichen Gebarens unumgänglich sind und sich bei der Gestaltung der Arbeit in Japan selbst als bedenkenswert anbieten.

Es wurde gerade gesagt, daß japanische Unternehmen bei ihrer langfristigen Planung den Overhead nicht fürchten. Sie rechnen sehr langfristig, um das am Ende wieder einzubringen, was sie zu Beginn durch einige Jahre investierten. Es ist bekannt, daß Japaner nie als einsame Individuen arbeiten, sondern in Teams und jede Sparerei bezüglich Unterbringung und Büroanmietung verabscheuen. Heute darf man sagen, daß die gewaltigen Bürozentralen in Tokio ihren großen Stil bezeugen. Wieviel Wert sie auf das Gesicht legen, zeigt sogar schon das Japanische Zentrum in Düsseldorf. Der Vergleich mit benachbarten deutschen Einrichtungen läßt ahnen, worin die Anpassung an die Japaner in Japan selbst liegen könnte. Unleugbar zeigt sich der gesamtvolkswirtschaftliche Trend, das Geld nicht für das auszugeben, was wir als den letzten Sinn aller wirtschaftlichen Tätigkeit ansehen, nämlich für das materielle Wohlergehen aller am industriell-wirtschaftlichen Prozeß Beteiligten, sondern es in großen und hypermodernen Bürozentralen anzulegen. Für uns ist die luxuriöse Repräsentanz nichts weiter als eine Zweckentfremdung von wirtschaftlichem Wert. Es sollte sich in den gut eingerichteten Häusern der Arbeitenden niederschlagen. Aber die Japaner denken leider heute noch in ihrer Mehrheit anders.

Es wäre also falsch, einen japanischen Geschäftsführer in Japan (nicht in Deutschland) in ein schönes Heim einzuladen und ihn dort erlesen zu bewirten mit dem Hinweis, daß die Lebensqualität von Arbeitgebern und Arbeitnehmern eines Unternehmens mehr für seine Güte zeuge als eine mit Marmor ausgelegte Eingangshalle eines Zentralbüros der Firma. Er würde dies kaum begreifen. Er selbst kann seinen westlichen Partner ohnehin nicht nach Hause einladen, weil alles zu eng ist, und zieht auch aus diesem Grunde ein feudales Restaurant vor, wobei es sich von vornherein versteht, daß das Unternehmen bezahlt.

Kommunikation

Es wurde bereits auf die Notwendigkeit hingewiesen, die Regeln der Etikette zu beachten. Vollendung auf diesem Gebiet zählt als ein Teil der Repräsentanz. Dies gilt ganz besonders für die Angestellten, die im Büro empfangen und die das Telefon bedienen. Für japanische Begriffe können in diesem Bereich junge Mädchen von niemandem übertroffen werden. Ihre Bezahlung ist zwar relativ schlecht und es wird ihnen bei Herannahen des Heiratsalters der Abgang vom Unternehmen u. a. auch deswegen empfohlen, weil sie keine weiteren Aufstiegsmöglichkeiten erwarten können. In den großen Städten Japans werden viele Kurse über die Art und Weise der Telefonbedienung angeboten. Man braucht demgegenüber nur daran zu erinnern, daß in manchen westlichen Betrieben das Telefon von irgendjemand in seiner Nähe abgenommen wird mit allen negativen Folgen für eine exakte und sachliche Verständigung. Improvisation auf dem Gebiete der Kommunikation gilt in Japan als Zeichen von extremer Minderwertigkeit mit der Implikation, daß man „einen solchen Betrieb" entsprechend rauh behandeln darf. Japaner würden es nicht glauben, daß bei uns auch Unternehmen, die zu den größten der Bundesrepublik gehören, ihrer Telefonzentrale nicht beibringen können, daß bei Verhinderung des gesuchten Gesprächspartners der Anrufer von dieser Tatsache unterrichtet wird. Meist muß er sich beim Ausbleiben jeder weiteren Kommunikation selbst ausrechnen, daß wohl etwas nicht funktioniert. In Japan wäre dies bereits ein Formverlust (shitsurei), der einer Beleidigung nahe kommt.

Daß Japan ein Land der Kommunikation im modernsten Sinne geworden ist, findet seinen Grund vermutlich in der althergebrachten Bauweise der Häuser, die es jedem Mitglied einer Familie möglich machte, mit jedem anderen Mitglied zu kommunizieren. Eine andere Quelle könnte der Schintô sein, der bereits in den ältesten Annalen von Gruppenberatungen auf den breiten Steinablagerungen der Flußbette berichtet. Im heutigen Bürobetrieb sind dem japanischen Angestellten eine ständig zu vermehrende Zahl von Telefonapparaten und eine große Zahl von Telefonaten auf nationaler und internationaler Ebene ein Ausdruck für Ernst und echtes Leben in seinem Beruf. Während in der Bundesrepublik die Verbindung mit einem gewünschten Partner wegen des guten, aber teuren Straßennetzes mit dem Wagen oft leichter herzustellen ist als mit dem ständig besetzten Telefon, ist dies in Japan umgekehrt. Eine unzureichende Ausstattung mit Telefonnummern wird an sich schon als ein Gesichtsverlust, als Rückständigkeit und Inferiorität angesehen. Nach dem Grundsatz, daß ein Zuviel an Kommunikation immer besser sei als ein Zuwenig, wird vor Reisen mit Sicherheit wiederholt telephoniert, damit alles planmäßig verläuft. Die Benutzung des internationalen Telefons für reine Familienzwecke wie auch des Luftpostfrachtverkehrs für Geschenke zu Geburtstagen kann man heute schon beim Verkehr mit Japanern im Ausland als normal betrachten. Sparsamkeit bei den als ungleich wichtiger eingestuften Anliegen des Unternehmens würde auf völliges Unverständnis stoßen.

Auf dem Gebiete der Kommunikation kann man davon ausgehen, daß bei jeder zukünftigen höheren Stufe die Japaner die ersten oder mit bei den ersten sind, sie zu erklimmen. So hoch wird der Stellenwert der Kommunikation eingeschätzt. Japaner scheuen, gerade auch als Privatpersonen, die Ausgaben nicht, weil ihnen die höhere Dimension der Kommunikation ein Gefühl des Glückes verleiht, sie ist zugleich ein Zeichen der Wertschätzung gegenüber der Person, mit der man verkehrt. Der kommunikativ-soziale Charakter läßt alle am Zustandekommen intensiv zwischenmenschlicher Beziehungen mitarbeiten, das Gelingen erfreut alle Beteiligten. Für das Mißlingen gibt es den japanischen Ausdruck „Renraku fujûbun", d. h. ungenügende Verbindung, mangelhafte Fühlungsnahme, ein Begriff, der bei Schaden durch Kompetenzgerangel, natürlich auch im Westen anwendbar ist. Eine gewisse Schwerfälligkeit zusammen mit dem vereinzelnden Individualismus der Nordeuropäer kann vielleicht der Grund eines bemerkenswerten Unterschieds im Verhältnis zur Kommunikation zwischen Japan und diesen Ländern sein.

Faito und Erfolg

Dem pragmatischen Charakter der Japaner entspricht es, in allen Industriezweigen zunächst einmal genau zu registrieren, was denn bereits an guten Produkten vorliegt; in weltweiten

Reisen diese zu sammeln und dann gründlich zu studieren, halten sie in keiner Weise für ehrenrührig, und das Entsenden von jungen und befähigten Praktikanten, damit sie in jahrelanger Übung die Produktionstechniken erlernen, steht in vollem Einklang mit der Tradition der japanischen Kunst- und Wehrwege. Bei allen Übungen dieser Künste wird frühe Eigeninitiative entschieden abgelehnt, können heißt, sich exakt in die Tradition einfügen. Bei der Analyse von Industrieprodukten fühlen Japaner meist schon beim ersten Studium und den Aussprachen in ihrem Team, welche Verbesserungen angebracht werden könnten. Sie produzieren daher oft Waren, die sich von Anfang an durch einen Grad von mehr Handlichkeit oder Sparsamkeit oder durch gefälligere Form von den Modellen vorteilhaft unterscheiden.

Der Hinweis auf die traditionellen Wehrsporte kann verdeutlichen, daß der Begriff Form oder Etikette in Japan zwar sehr viel gilt, aber nicht mißverstanden werden darf. Der Sinn der Form liegt dabei in der Tat in einer bestimmten Selbstbeherrschung, die vor allem zu Beginn und am Ende eines Wettkampfes in Erscheinung tritt und auch während des eigentlichen Kampfgetümmels bis zu einem gewissen Grade eine Rolle spielt. Dieser Grad scheint allerdings recht gering, denn im Wettstreit selbst kommt es natürlich auf Kraft und Geschick an. Im Wirtschaftlichen wie im Organisatorischen benutzen die Japaner mit Vorliebe einen Ausdruck, der im Deutschen in diesem Zusammenhang gar nicht gebräuchlich ist: das Wort „fight", das wie viele andere moderne japanische Termini, aus dem Englischen entlehnt wurde, aber in abgewandelter Bedeutung voll und ganz ein Kernwort des jetzigen Japanischen geworden ist. Die japanische Aussprache ist „faito", also mit einem kurzen offenen o am Ende. Man benutzt dieses Wort ständig beim Sport, spornt sich damit beim Bergsteigen und beim Skilaufen an, wendet es aber auch als „Männerwort" an bei unerwarteten Überstunden, ja beim allgemeinen wirtschaftlichen Wettbewerb. Da die japanische Gesellschaft den Unterschied der beiden Geschlechter nicht in der Weise zu verwi-

Abb. 7: Der jahrhundertealte äußere Graben an der Ostseite des Kaiserpalastes in Tokio scheint die modernen Zentralen der Wirtschafts- und Industriegiganten machtvoll in ihre Schranken zu weisen. Andererseits bedeutet Einordnung und vorsichtige Wahrung der Form in Japan in Wirklichkeit Voraussetzung zur Stärke. Daran änderte sich von alters her nichts. (Japanische Botschaft, Bonn)

schen sucht, wie es im Westen vielfach unternommen wird, lebt in den von Männern normalerweise völlig beherrschten Unternehmen ein ausgesprochen viriler, man ist geneigt zu sagen, militärischer Geist. Lautes Reden, rückhaltlose Offenheit, Widerstand bei Fehlentscheidungen, bissig-wütende Äußerungen von vorantreibender Kritik, Mißachtung aller lächerlichen Zeiteinteilung durchweg zugunsten der Arbeit, freier Gebrauch von Spesengeldern und das Überlassen von „Kleinigkeiten" in der täglichen Arbeit an Frauen oder Untergebene, alles dies gibt dem Unternehmen einen überraschend „mannhaften" Zug.

Der Ausländer tut sich schwer, wirklich fähige Mitarbeiter von denen zu unterscheiden, mit denen ihm selbst der Umgang am angenehmsten ist, d. i. den Englisch- oder gar Deutschsprechenden, den freundlichen und aufmerksamen Gentlemen, mit denen man nie aneinandergerät, ein bestimmter Typ also, dem der normale Japaner sehr bald den ständigen Verkehr mit Ausländern anmerkt. „Faito" ist keineswegs die Stärke dieses Typs, man nennt ihn deshalb vielfach eine Person „mit schwachem Mark" (shin no yowai hito), mit schwacher Vitalität. Kraftvoll, männlich und gerade im Wirtschaftlichen vital zu sein, steht daher keineswegs im Widerspruch zu den Regeln der Etikette, die fast so begrenzt sind wie die Anfangs- oder Schlußverbeugungen beim Jûdô. Was dazwischen geschieht, zählt, obwohl auch dort noch gewisse Regeln gelten.

Sich als Gruppe durchzusetzen, dem Unternehmen als Ganzem vorwärts zu helfen und dabei mit großer Energie und Intelligenz alle nur möglichen Mittel zäh und erfolgreich zu benutzen, nennt der Japaner „faito" im Wirtschaftlichen. Er, der durch und durch Pragmatiker ist, ist auch ein unbedingter Bewunderer des Erfolgs. Daher seine vorbehaltlose Hochachtung für Amerika, dem „bei weitem erfolgreichsten" Land. Auch in den Zeiten des lautstärksten Antiamerikanismus hat sich diese Bewunderung nur wenig vermindert, wie Meinungsumfragen bewiesen. Von hierher versteht man auch die Haltung vieler Japaner zu Hitler, „dem erfolgreichen Deutschen", die noch immer nicht ganz verschwunden ist. Daher ihre

Hochachtung vor der Bundesrepublik, dem brillanten Exporteur, daher aber auch die Selbstachtung Japans, des endlich anerkannten Industrie- und Wirtschaftsgiganten. „Nothing succeeds more than success!" könnte durchaus ein japanisches Sprichwort sein. Das Überwinden von Hindernissen, ihr Aufbau, um den Konkurrenten durch Hemmnisse zu verlangsamen, die Benutzung politischer Mittel, der Einsatz der Medien, alles dient nur dem einen Ziel: Erfolg zu haben. Moralische Erwägungen spielen im Prinzip fast keine Rolle, so lange ihre Nichtbeachtung den Erfolg nicht in Frage stellt.

Es wäre indes ganz falsch, sich „die Japaner" wie einen monolithischen Block von großer Geschlossenheit vorzustellen. Sie kämpfen nicht nur erbittert untereinander, es gibt auch jene Elemente wie Politik, Presse und sogar organisiertes Gangstertum, die jeweils ihre Eigengesetzlichkeit besitzen, aber auch gelegentlich kooperieren. Innerhalb des Bereiches des Wirtschaftlichen heißen die wichtigen Elemente: die Banken, die Werbungsunternehmen, deren größtes, Dentsû, sich sehr wohl mit den größten Agenturen in den Vereinigten Staaten messen kann, die Zubringerfirmen, die verschiedenen, sich mit wirtschaftlichen Fragen befassenden Regierungsstellen, die durchaus auch gelegentlich gegeneinander stehen können. Für den Ausländer treten dazu die sich mit Wirtschaft befassenden Abteilungen der eigenen Botschaft und die großen wirtschaftspolitischen Kräfte der Heimat, bzw. der Europäischen Gemeinschaft. Sie müssen zu einem wirklichen Erfolg eventuell einbezogen und koordiniert werden. „Faito" heißt in diesem Falle, dies alles zu bewältigen und sich durch Tritte vor das Schienbein, Schläge unter den Gürtel oder echte Gegen- oder Eigentore nicht einen Moment entmutigen zu lassen, sondern, das Ziel wie ein Samurai fest im Auge, voranzuschreiten. Dem Sieger gilt in Japan mit größerer Sicherheit uneingeschränktes Lob als in den meisten anderen Ländern, weil ein tieferes, ideologisch begründetes Vorurteil nicht besteht. Die gefürchtete „Abwehrhaltung gegen den Ausländer" hat für ein japanisches Unternehmen lediglich den Stellenwert eines Minuspunkts auf der Seite des Gegners, also bei der unerwünschten Konkurrenz. Wer es sich gefallen läßt, daß man gegen ihn diskriminiert, hat nichts anderes verdient, man sollte ihn noch mehr benachteiligen und ihn so zu Fall bringen, könnte die kämpferische Parole fast heißen. Daß gute japanische Firmen für bestimmte mit Expansion befaßte Abteilungen mit Vorliebe Sportleute von großem Elan aufnehmen, zeigt ihren wahren Geist, den man besten als die bedingungslose Achtung des Starken und – in diesem Bereich zum wenigsten – Verachtung des Schwachen nennen könnte. Nationalistische Erwägungen, Hemmnisse durch Beamte oder Regierungsvorschriften, Schwierigkeiten bei der Verteilung: dies alles würde in den Augen eines Fighters lediglich als Hürden auf der Bahn zum Sieg über den in jedem Fall zu bekämpfenden Konkurrenten aufgefaßt werden. Fällt er darüber, gilt seine Unfähigkeit als erwiesen, überspringt er sie, eine wie die andere, zählt er als ein Mann, der ehrlich zu respektieren ist.

Augenzeugen der letzten Wochen des Krieges in Japan erinnern sich, wie japanische Jugendliche sich laut lachend zeigten, als ihre eigenen Flugzeuge von den schnelleren und zahlreicheren Maschinen der Engländer und Amerikaner gejagt und abgeschossen wurden. Nach japanischen Begriffen ist das wirklich zum Lachen, der Schwache findet keinerlei Mitleid. Er wird zu allem Übel noch ausgelacht, weil er so schlecht gewappnet in den Kampf zog, bzw. weil die gesamte Kriegsführung sich als so mangelhaft geplant erwies. „Diesen Fehler nicht zu wiederholen," dieses Gedenkwort von Hiroshima hatte darum u. a. die Bedeutung, dem Westen nie wieder technisch unterlegen sein, damit sich so etwas nicht wiederholen kann, oder: sich nie wieder in dieser Weise lächerlich machen.

Anpassung und Marktprozente

Für das wirtschaftliche Gebaren führen die Japaner noch ein anderes Motto an, das als Sprichwort offenbar vor Jahrhunderten anläßlich von Reisen und Aufenthalten in einem entlegenen Bezirk (gô) benutzt wurde und dem sie in diesem Zusammenhang die größte Bedeutung beimessen: Gô nite, gô ni shitagae! Im Distrikt Gô den Bräuchen von Gô folgen! Dieser Leitsatz galt in den zahllosen Fällen, in denen japanische Produkte sich in fremden Ländern mit großer Mühe einen Markt erobern mußten. Überall bestehen verschiedenartige Bestimmungen technischer und rein rechtlicher Art, überall gibt es Nuancen im Geschmack. Im Falle des Autoexports fühlte man bald, daß der lukrative amerikanische Markt recht differenziert ist und daher konsequenterweise mit einem halben Dutzend verschiedener Modelle angegangen werden muß. Der deutsche Käfer und heute der Mercedes bestechen zwar durch das unveränderte Festhalten an einer bestimmten traditionellen Form und sind unter dieser Rücksicht weit wirtschaftlicher als die zahlreichen Typen der Japaner. Aber es kommt der Zeitpunkt der Verdrossenheit an der Gleichförmigkeit, oder der akkumulierten Kritik durch die Medien (z. B. wegen eines bestimmten Kurvenverhaltens oder einer eigenartigen Windresistenz), denen sich ein praktisch unveränderter Typ naturgemäß stärker aussetzt als eine schwer greifbare Anzahl von verschiedenen Modellen, die zudem noch in jedem Jahr Verbesserungen aufweisen können.

Die Überlegenheit des japanischen Expansionsprinzips bewährt sich, nämlich daß es auf das schnelle Verdienst nicht ankommt, sondern auf die eroberten Marktprozente, die es so lange zu halten und zu erweitern gilt, bis dem Konkurrenten endlich die Luft ausgeht und man gemächlich das früher investierte Kapital durch die nunmehr großen Gewinne zurückholen kann. Daß Zeit an sich nichts ist, allein eine Art Illusion, wird in den philosophischen Betrachtungen des Ostens oft ausgeführt. Man könnte noch hinzufügen, daß die Zenmeditationen der angehenden Manager bei ihnen eine Entschlossenheit bewirken soll, die sich über gewöhnliche Zeitgrenzen hinwegsetzt. Japanische Unternehmen planen sehr langfristig, sie nehmen einen Konkurrenten nur ernst, wenn er ähnliche Zeitmaßstäbe anlegen kann. Auf die wirtschaftlich-praktische Frage,

woher denn das Überbrückungskapital für diese langen Zeitspannen beschafft werden soll, lautet die Antwort klar: bei der
Mutterbank des Unternehmens und deren affilierten Geldinstituten. Bei jener Bank also, auf die das Unternehmen in finanziellen Fragen einzig und allein baut und die die eine Gruppe
von etwa einem halben Dutzend oder mehr anderen Geldinstituten anführt, die alle durch Austausch von Direktoren, Kapital
und Personal, ja durch gemeinsam abgestimmte Planung untereinander verbunden sind. Verschuldung bedeutet in Japan
daher durchweg gar nichts Negatives oder Bedenkliches,
sondern im Gegenteil Sicherheit im Schoße einer bestimmten Bankfamilie; sie ermöglicht Planung Jahrzehnte voraus
und beinhaltet natürlich ein Maß von Aufsicht und eventuell
die Annahme von Direktorenernennungen durch die Hauptbank.

Daß man sich im Lande Gô nach den Bräuchen des Landes
Gô richten solle, war das Prinzip, mit dessen Hilfe die Japaner
sich weltweit die Märkte öffneten. Sie wünschen in ihrer Ge-
genkritik an den ständigen Beschwerden des Auslandes über
den „verschlossenen japanischen Markt" nunmehr verständ-
licherweise, daß der gleiche Grundsatz auf ihr eigenes Land
angewandt werde. Das Erlernen der japanischen Sprache durch
jeweils einige Vertreter eines ausländischen Unternehmens
scheint ihnen in Anbetracht eines zukünftigen Marktes von 130
Millionen ziemlich snobistischer und voraussichtlich höchst
zahlungsfähiger Konsumenten geradezu eine Minimalforde-
rung. Sie erwarten auch z. B. Typenanpassung bei Autoimpor-
ten und reagieren in ihrer Presse mit bitterem Zynismus auf
Beschwerden, daß viele technische Bestimmungen in Wahrheit
planmäßige Handelshindernisse darstellen. Mit Recht weisen
sie auf die verschiedenartigsten Umstellungen und Anpassun-
gen hin, denen sie sich für die jeweiligen Märkte unterworfen
haben, glauben aber im Grunde wohl, daß man sogar absichtli-
che Hemmnisse als spezifische Hindernisse des Landes Gô auffassen solle, die man durch gutes Zureden, Essen und Trinken
mit den zuständigen Beamten leichter lösen könne als durch

offenbar frustriertes Lamentieren, es sei denn, dieses sei schon
selbst ein Teil der planmäßigen und ernsten Arbeit, die einge-
standen schwierige Situation in Japan in den Griff zu bekommen.

Banken und Investitionslenkung

Bei der überragenden Bedeutung der Banken und der langfristigen Planung kann man sich theoretisch durchaus vorstellen,
daß auch ausländische Firmen von einer japanischen Bank-
gruppe adoptiert und zum Erfolg gegängelt werden und sei es
nur, um auf diese Weise die echte Internationalität der japanischen ökonomischen Szene unter Beweis zu stellen. Man
würde normalerweise allerdings eher erwarten, daß der potenzielle ausländische Konkurrent so gute finanzielle Fundamente
in seinem heimatlichen Standort vorweist, daß er bei dem
Match mit japanischen Unternehmen nicht nach den ersten
Runden des Schlagabtauschs bereits aufgeben muß. Die großen
japanischen Privatbanken werden bekanntlich in ihrer Finanz-
tätigkeit, insbesondere, was die Stromrichtung der auszuleihen-
den Gelder angeht, von Beamten der Bank von Japan kontrol-
liert, die wiederum auf Grund sehr zahlreicher weltweiter und
stets auf den modernsten Stand gebrachter Analysen von Au-
ßenposten der Regierung die Gesamtindustrie und -wirtschaft
so leiten, daß bestimmte Zweige, die kaum Zukunftschancen
haben oder im Gesamt der japanischen Wirtschaft nicht wün-
schenswert erscheinen, frühzeitig eingeschrumpft werden,
während andere, die z. B. weniger umweltverschmutzend oder
deren Produkte wegen ihrer hohen Qualität, wie etwa Nobel-
uhren oder hochwertige Hi-Fi-Geräte, weitgehend preisunabhängig und damit dollarkrisen-unempfindlich sind, mit reichlich Kapital versorgt werden. Da die Wirtschaft demnach in
einem ganz besonderen, japanischen Sinne eine Nationalökonomie ist, kann man sich nur schwer vorstellen, daß ausländische Unternehmen in den Genuß jener klugen Direktiven, die

bindend sind, also keineswegs nur Orientierungshilfen darstellen, gelangen sollten, die sich auf Analysen stützen, die durch staatliche Organe wie Jetro oder Miti erarbeitet, m. a. W. mit japanischen Steuergeldern finanziert wurden. Eine Ausnahme könnten allenfalls solche Erwerbszweige bilden, die einer beträchtlichen Anzahl von japanischen Arbeitnehmern Lebensunterhalt geben. Daß man sich im Lande Gô nach den Methoden von Gô richten solle, könnte in dieser Teilfrage eher den Sinn haben, man möge sich tunlichst nach ähnlicher Kapital- und Intelligenzunterstützung im eigenen Lande, oder, im Falle von EG-Europäern, in der Europäischen Gemeinschaft umschauen, wie sie japanischen Unternehmen in ihrem Lande und im Ausland zuteil wird. Man müßte also die japanische Wirtschaftsorganisation und dies ist der entscheidende Punkt, weitgehend kopieren. Sich als schlichter Einzelgänger auf den Konkurrenzkampf mit einem völlig anders fundierten und potenziell ungleich viel durchhaltefähigeren japanischen Kontrahenten einzulassen, erscheint wenig sinnvoll, wenn nicht gar selbstmörderisch. Sogar eine in Japan entdeckte Marktlücke, die man ohne anfängliche Konkurrenz nutzen könnte, wäre keine Gewähr für langes Überleben, weil man bei der japanischen Akribie von Produkt-, Markt- und Methodenanalyse damit rechnen müßte, daß eine Bankfamilie ein konkurrierendes japanisches Unternehmen derartig ausstattet, daß es zwar nicht sofort, aber eben auf lange Sicht die Stelle des glücklichen Marktlückenentdeckers einnimmt. Die japanische Wirtschaftsorganisation ist derart flexibel, daß sie sich theoretisch auf jedes mögliche Ziel einstellen kann. Weil Produkte, die in großen Serien auf den Markt kommen, am rentabelsten sind und daher die Aufmerksamkeit auf sich ziehen, muß man sogar gelegentlich innerhalb des Gefüges von Regierungsstellen, Großbanken und Unternehmen kluge Selbstbeschränkung empfehlen. So effizient ist das System.

Gute Beziehungen zu japanischen Behörden, die sich mit wirtschaftlichen Dingen befassen, können aus diesem Grunde günstigenfalls durchaus bedeuten, daß ein gewisser, indirekter

Schutz gewährt wird, was für die Regierung die wünschenswerte Folge hätte, daß man auf in Japan erfolgreiche ausländische Unternehmen hinweisen kann und damit die Auffassung abbaut, daß das Land sich hermetisch gegen fremde Produkte abschirme. Man könnte sich sogar denken, daß die Leiter von Handelskammern so gut Freund mit den Beamten werden, daß man über zu füllende Marktlücken Absprachen versucht, „falls dies nach den Gesetzen erlaubt ist", um auf diese Weise dem japanischen Verbraucher mit guten überseeischen Produkten zu dienen und Japan selbst weiter auf dem Weg zum internationalen Wirtschaftsfrieden Hilfestellung zu leisten. Wegen der offensichtlich überragenden Bedeutung des japanischen Beamtentums für die Wirtschaft und der anzunehmenden politischen Weitschau vieler höherer Beamten läßt sich durchaus ein Einvernehmen denken. Andererseits muß sich auf dem etwas niedrigeren Niveau von Werbung, Vermarktung, Finanzierung und Personalproblemen das Durchsetzungsvermögen des einzelnen Unternehmens bewähren. Wir bereits ausgeführt, sind bei einem Erfolg in wirtschaftlichen Dingen in Japan viele Elemente zu beachten, wobei die heimatlichen Medien und Diplomaten durchaus eine wichtige Funktion ausüben können, aber sicher keine ausschließliche und ausschlaggebende. Presse- und Fernsehdonner allein genügen hier ebensowenig wie beim Sport. Training, Struktur der Mannschaft und noch viele andere Gesichtspunkte wollen ebenfalls berücksichtigt werden. In wirtschaftlichen Fragen lohnt sich die umfassende Beachtung aller Faktoren deshalb so sehr, weil Japan als Markt ständig bedeutender wird. Der Japanfreund wünscht den japanischen Verbrauchern gute und preiswerte Ware. Durch Aufnahme ausländischer Produkte in den Japanmarkt und der damit verbundenen notwendigen Spezialisierung wird der Druck einer japanfeindlichen Propaganda abgebaut, der Weg zum gegenseitigen Einvernehmen geöffnet.

Es geht aus dem oben Gesagten hervor, daß Investitionslenkung für die Japaner nie ein Problem war, weil sie von jeher auf die besondere, japanische Weise, d. h. über die Direktiven bezüglich Anleihen der Privatbanken durch die Bank von Japan, praktiziert wurde. Man erkennt aus dem Gesagten klar, daß es in Japan sehr gefährlich sein kann, und dies gilt für Ausländer wie für Japaner, mit einer falschen Bank oder einer solchen Bankfamilie zusammenzuarbeiten, bei der die Konkurrenz bereits längst fest etabliert ist. Man könnte als Nicht-Japaner unter Umständen das eigene jähe Ende aller Aktivität in Japan mit einprogrammiert haben. Endlich wird es leichter verständlich, daß die in Düsseldorf angesiedelten japanischen Unternehmen sich durchweg konstant weigern, Gelder bei deutschen Banken, etwa der Deutschen Bank aufzunehmen, auch dann, wenn diese zu einem niedrigeren Zinsfuß und zu sonst günstigeren Bedingungen angeboten werden als Gelder von den dortigen japanischen Banken. Die Zentrale in Tokio hat streng untersagt, mit einer anderen Bank geschäftliche Beziehungen von nennenswertem Umfang anzuknüpfen als mit der „Mutterbank" und den Finanzinstituten, die dieser affiliiert sind. Andererseits steht es dem ausländischen Partner eines Joint Ventures an sich offen, seinen Unmut über das Verhalten seines Partners gleichsam über dessen Kopf hinweg mit seiner Bank zu besprechen. Er könnte sogar versuchen, durch ein massives Kooperationsangebot für die lange Zukunft mit dieser Bankengruppe und unter der gleichen Treueverpflichtung, wie sie japanische Unternehmen auf sich nehmen, eine entscheidende Personalveränderung durchzusetzen. Japaner würden dies keineswegs als heimtückisch oder gar unmoralisch auffassen, sondern, wenn erfolgreich, als eine geniale Anwendung des Prinzips, daß man im Lande Gô den Gebräuchen von Gô folgen muß.

Im Verhältnis zu den Banken zeigt sich, daß die Unterschiede nicht nur äußerlich sind, sondern mit dem wesentlichen Unterschied des Verhältnisses zur wirtschaftlichen Aktivität der Japaner und etwa der Deutschen zusammenhängen. Japanische Banken leihen in London zu günstigeren Zinsen aus als deutsche und werden oft des Dumping verdächtigt. Tatsächlich weiß der Kenner der innerjapanischen Szene, welche enormen Schwierigkeiten entstehen, wenn ein eingetragener Verein oder gar eine Universität den Versuch unternimmt, ihre Hauptbank zu wechseln. Die japanischen Banken kämpfen unter sich bis aufs Messer um die Marktprozente des Bankgeschäfts und arbeiten mit der gleichen Erbitterung auf den internationalen Finanzmärkten. Wenn sie trotzdem nicht immer die gewünschten Fortschritte trotz günstigen Zinsangeboten erzielen, liegt dies wohl daran, daß sie volle Offenheit bezüglich der Finanzlage des Leihers, also die Übergabe des Balance Sheets verlangen. Deutsche Firmen, aber auch die meisten anderen außer den japanischen halten ihre Rechnungsabschlüsse streng geheim und lehnen es meist ab, verbindliche Auskunft zu erteilen. So kommt es nicht zu dem gewünschten Geschäft. In Japan werden die Bilanzen von 1750 Firmen, die natürlich die wichtigsten sind, viermal im Jahr auf Japanisch veröffentlicht und neuerdings auch zweimal im Jahr auf Englisch unter dem Namen Kaishashikihô. Außerdem bringt der Daiamondo Verlag eine noch viel mehr ins einzelne gehende Übersicht einer weit größeren Zahl von Firmen heraus, diesmal mit dem gesamten Inhalt der Rechnungsabschlüsse. Bankkaufleute tragen diese Bücher stets bei sich und unterrichten sich ständig, um beim Ausleihen keine unnötigen Risiken einzugehen. Für die Japaner ist der Weiterbestand eines Unternehmens eine Frage des Gesichts; die Mutterbank, die übrigens auch immer angegeben ist, garantiert gewissermaßen die Solidität des Unternehmens; der Staat selbst wacht über größere Firmen. Japaner fühlen naturgemäß große Unruhe, wenn sie mit fremden Unternehmen zu tun haben, weil die Daten nicht nur nicht leicht einzusehen sind, sondern streng geheim gehalten werden. Es kommt natürlich auch vor, daß die Daten der japanischen Veröffentlichungen nicht stimmen, weil sie falsch angegeben wurden. Das wird aber als schwerer Betrug betrachtet und entsprechend streng geahndet. Während für Japaner ein Unternehmen auch dann noch weiter geführt wird, wenn es keinen Profit abwirft, sind die „anderen" geneigt, bei sinkenden Profiten den Konkurs anzumelden. Insbesondere die Gesellschaften mit beschränkter Haftung schrecken japanische Banken zunächst ab. Westliches Profitdenken und östliches Gesichtdenken kollidieren hier ganz offensichtlich. Es ist sehr schwer, sich in dieser Frage eine Annäherung vorzustellen.

Wegen der großen Durchsichtigkeit japanischer Unternehmen – auch die Arbeitnehmer werden am Schwarzen Brett über Einzelheiten unterrichtet, die im atlantischen Westen nur Direktoren erfahren würden – können japanische Banken daher zur Not zu sehr niedrigem Zinsfuß ausleihen. Sie gehen ja nicht das Risiko ein, das den westlichen Banken durch die allseitige Geheimhaltung Kopfzerbrechen macht. Daher ist der Vorwurf des Dumping aus dieser Sicht nicht berechtigt. Andererseits begnügen sie sich in der Tat mit den kleinstmöglichen Gewinnen, um zunächst einmal am Finanzmarkt das zu erreichen, was sie bei weniger wichtigen Einzelzweigen der Wirtschaft stets anvisieren: die Marktprozente. Der eigentliche Gewinn kommt dann, so spekulieren sie, viel später, aber umso reichlicher.

Das Wort Spekulation im vordergründigen Sinn läßt sich allerdings keineswegs auf die Transaktionen der japanischen Banken anwenden, sie sind im Grunde Banken ihrer Industrien. Darin ähneln sie den deutschen, die ebenfalls gleichsam die Kassen der Industrien darstellen und eigentliche Spekulationen wohl verabscheuen, sehr zum Unterschied von einigen anderen westlichen Geldinstituten. In einer fundamentalen Solidität gleichen sich beide Bankarten, sie verstehen sich als finanziell Verantwortliche für zwei fleißige Nationen. Während man das japanische Bankensystem wegen seiner großen Offenheit und damit auch die Industrie aus dem gleichen Grunde zu bewundern geneigt ist, gilt das nicht für bestimmte Aspekte der Zusammenarbeit bei einem Joint Venture, einer aus Vertretern von zwei oder mehreren Nationen gemischten Firma.

Bei der eventuellen Auflösung eines Joint Ventures oder einer sonstigen Verbindung mit einem japanischen Unternehmen fühlen sich die Japaner vielfach nicht an dieselben moralischen Gebote gebunden, die Ausländer, auch von verschiedenen Nationen, in einem solchen Fall wohl beachten. So muß man damit rechnen, daß die gemeinsam vermarkteten Produkte schon vor der Auflösung des Joint Ventures vom Partner für den Tag X der Trennung hergestellt und unter einem anderen Namen prompt auf den Markt geworfen werden. Als Erklärung für dieses Verhalten kann man hören, daß gerade darin die japanische Ethik, wenn überhaupt, bestehe, daß solche Methoden jedenfalls unter Japanern bei gleichen Umständen gang und gebe seien. Das verdeutlicht ein wichtiges Prinzip: In Japan muß sich der Ausländer darauf einstellen, mit den gleichen Methoden behandelt zu werden, wie Japaner sie unter sich praktizieren, was an sich ja nicht weiter verwunderlich ist. Er kann nicht erwarten, daß nur er mit Glacéhandschuhen angefaßt wird. Andererseits haben die Methoden, mit der japanische Unternehmen einander bekämpfen, vielfach den Ruf, äußerst rabiat zu sein.

Yakuza und Sôkaiya, fließende Übergänge zum organisierten Verbrechen

Vielleicht gilt das fundamentale Prinzip der Anpassung sogar in abgewandelter Form für das Verhalten „organisierten Verbrechern", den Yakuza, gegenüber und ebenfalls den bei den Aktionärsversammlungen auftretenden gewalttätigen „Ordnern", den Sôkaiya.

An sich widerspricht es ganz dem Rufe Japans, dem Preußen des Fernen Ostens und gleichsam seiner Ordnungsmacht, daß es neben Italien und den Vereinigten Staaten zu jenen Ländern gehört, in denen organisiertes Verbrechen von alters her als ein „reguläres Element" der Gesellschaft angesehen wird. In den letzten Jahren zählen die jährlichen Morde durch die Yakuza

Abb. 8: Beerdigung eines Mitgliedes der Yamaguchi-gumi, das von Gangster-feinden erschossen wurde (November 1977). Die Gesichter zeigen Zorn und Zynismus, sie laden kaum ein zur Verwirklichung jenes merkwürdigen Wortes: Den Dieb fassen und ihn als Sohn adoptieren. (Aus der Wochenzeitschrift ‚Shûkan Asahi')

nach Dutzenden und der Umsatz der von ihnen beherrschten Unternehmen nach Hunderten von Millionen Mark. (Trotz hoher Steigerungsrate halten sie noch keinen Vergleich aus mit den Dimensionen amerikanischer Gangstersyndikate.) Die Yakuza sollen zurückgehen auf jene Zeit vor 400 Jahren, als die Bürgerkriege in Japan zu Ende gingen und die Tokugawa zum Bau der neuen Residenz in Tokio Arbeiter benötigten. Es entstanden die ersten Gruppen, in denen herrenlose Samurai Geborgenheit und Arbeit fanden, „Gumi" (oder Kumi) genannt. Sie wurden zunächst für bestimmte Berufe organisiert, dann aber auch für fahrendes Volk und sehr bald für Wächter, die man für die Nacht anheuern konnte. Gerade diese Gruppe vergaß bei ihrer Tätigkeit auch den eigenen Vorteil nicht. Noch heute heißt es, daß bei den Bautrupps, die gewöhnlich in ein oder mehreren Baracken beieinander hausen, nicht nach dem Namen gefragt wird, was andeuten soll, daß dort mancher unterschlüpft, der Grund hat, sein Vorleben zu verbergen. Wer einen Bau oder eine bauliche Veränderung in Auftrag gibt, kann von wohlmeinenden Freunden den Rat bekommen, alle Türen und Fenster gut zu schließen und es geflissentlich zu übersehen, wenn manches vom Bau verschwindet, denn Bauarbeiter seien nun einmal besondere Leute. Niemand bezeichnet sie aber als Yakuza, obwohl diese ursprünglich aus den Bauhütten hervorgingen.

Ihre Haupteinkommen beziehen die offiziell auf 120000 bezifferten Yakuza aus Glücks-, meist Kartenspielen und vor allem aus dem bei Pferderennen üblichen Wetten. Dazu tritt der Vertrieb von Pornoheften und -filmen. Wegen der Verlagerung der Prostitution von den früher erlaubten Bordellen in die Bars und auf die Straßen oder in die zahlreichen „Türkischen Bäder" oder Massagesalons wurden diese ebenfalls eine Domäne der Yakuza. Als jüngster „Erwerbszweig" tritt der Handel mit Drogen hinzu.

Während die Yakuza immer mehr an wirtschaftlicher Bedeutung durch ihre eigenen, wenn auch zwielichtigen oder verbrecherischen Aktivitäten gewinnen, spielt die stark spezialisierte Gruppe der Sôkaiya eine ausgesprochen parasitäre Rolle. Auch sie geben vor, wie die Nachtwächter unter den Yakuza, helfen und beschützen zu wollen und erpreßten auf diese Weise zur Bestürzung der Öffentlichkeit in den letzten Jahren von sehr seriösen Banken und Unternehmen ganz beträchtliche Summen. Dabei arbeiten sie u. a. durch Zeitschriften, deren Inhalt mittels Ankauf von Artikeln von Fachleuten zum Teil ernst und sogar wissenschaftlich gestaltet wird, deren anderer Teil aber der Diffamierung von ganzen Unternehmen (etwa wegen angeblich unterlassener Beachtung von Umweltschutzvorschriften) oder von einzelnen Managern dient, die durchaus auch wegen ihrer persönlichen Verfehlungen angeprangert werden, zu denen sie, wenn nötig, noch vorher verführt wurden.

Die Grenze zwischen Gut und Böse gerade im wirtschaftlichen Gebaren im weitesten Sinne, d. h. in der Behandlung des Partners als Menschen, kann recht fließend sein. Das entspricht den früher dargelegten Prinzipien der Toleranz. Da, wo es nicht so sehr um „menschliche Probleme" geht, im Bereich des rechtlichen und technischen, vor allem da, wo es um Patente und Absprachen geht, ist man nicht zimperlich. „Das ist bei uns so", kann man da leicht und nicht ohne Erstaunen hören, wobei aber wichtig ist, daß es sich in der Tat nicht um eine besondere Bösartigkeit Ausländern gegenüber handelt, sondern um die Anwendung japanischer „Gepflogenheiten" auf ihn. Wenn man Amerika kennt, weiß man, daß, wo es gesellschaftlich etabliertes Berufsverbrechertum gibt, oft auch Verbindungen sonst seriöser Gruppen zu ihm bestehen. Man kennt ein Einsteigen auf Zeit, und auch die Verbindung über mehrere „Ecken", wie sie dem früheren Premierminister Tanaka nachgesagt wurde. Es ließen sich so zahlreiche derartige Verbindungen von Politikern der Regierungspartei und der Geschäftswelt feststellen, daß es sich der Einfachheit halber eher empfiehlt, Aufstellungen über solche Personen zu versuchen, die in keiner Weise mit dieser Unterwelt zu tun haben.

Der Name der zweiten Gruppe, die nur eine „Spezialeinheit" der Yakuza ist, Sôkaiya, leitet sich sprachlich von zwei Teilen ab: sôkai und ya. Sôkai heißt die Generalversammlung etwa eines Vereins und wird bei allen Organisationen benutzt; hier handelt es sich aber ausschließlich um die Generalversammlung der Aktionäre. Ya bedeutet die Person, die beruflich mit einer bestimmten Tätigkeit verbunden ist, also Sushiya, der Mann, der die Sushi (eine japanische Speise) verkauft. Sôkaiya könnte also leicht lustig mit „Aktionärsgeneralversammlungsmann" übersetzt werden. Er bietet seine Dienste an, damit das Management einer Firma bei der Aktionärsversammlung nicht durch unangenehme Fragen „belästigt" wird, droht aber zugleich verhalten dem Unternehmen mit Repressalien, falls seine Dienste abgeschlagen werden sollten. Um selbst an der Aktionärsversammlung teilnehmen zu können, kauft der Sôkaiya gerade so viele Aktien, wie zur Teilnahme berechtigen, eine Zahl, die in Japan vom Gesetzgeber (verdächtigerweise) sehr niedrig gehalten ist. Bei der Durchführung des Versprechens kann es recht handfest und lautstark zugehen, was insbesondere bei den Treffen der Fall war, wo sich unter den Aktionären Proteste gegen die Umweltverschmutzung zu artikulieren suchten. Das Management der Unternehmen ist froh, daß es die Hauptaktionärsversammlung in etwa zehn Minuten durchpeitschen kann, die Beziehungen zwischen Management und Sôkaiya spielt sich dann genau nach den Regeln der Höflichkeit ab, deren reiner Formcharakter hier ganz besonders deutlich wird. Es kann als sicher angenommen werden, daß über die Hälfte der japanischen Unternehmen mit den Sôkaiya zusammenarbeiten, vielleicht sind es sogar 80%.

Eliminierung der Störenfriede

Ohne diese Zustände verteidigen zu wollen, sei erwähnt, daß in Japan offizielle Meetings wie Vorstandskonferenzen eines eingetragenen Vereins oder einer Schul- oder Wohltätigkeitsorganisation durchweg recht kurz zu sein pflegen. Bemerkungen oder gar bohrende Fragen während des offiziellen Teils der Versammlung (etwa beim Jahresabschluß, der in den Statuten vorgeschrieben ist) werden fast immer als ungehörige Kritik an der Leitung, wenn nicht gar als Beleidigung angesehen. Man bespricht sich meist vorher, läßt dann die Konferenz gemäß den Statuten reibungslos ablaufen, genießt danach Essen und Trinken ausgiebig und berät dabei zwanglos und ohne Zeiteinschränkung weiter. Der offizielle Bericht kann dann noch ein wenig modifiziert werden. Zum Teil mag diese bemerkenswerte Praxis an Vorschriften von seiten der Regierungsorgane liegen, daß neben den Ausführungen des Vorsitzenden alle Einwendungen oder Fragen und natürlich die Antworten darauf, die während des offiziellen Meetings vorgetragen wurden, protokolliert und eventuell zur Kontrolle vorgelegt werden müssen. Außerdem werden die Niederschriften beim kommenden Meeting wiederum vorgelesen. Sie könnten dann, weil sich die Umstände inzwischen geändert haben, rüde wirken. Am meisten befürchtet man aber, daß amtliche Stellen zu endlosen und peinlichen Untersuchungen „gezwungen" werden könnten, was sie selbst und das Unternehmen nicht wollen.

Weil man in Japan bei diesen Gelegenheiten Wortmeldungen nicht wünscht, wäre es peinlich, wenn eines Ausländers wegen in einem bestimmten Gremium alles anders liefe als in hundert anderen. Der Ausländer würde von den anderen Herren, die meist in vielen Meetings dieser Art tätig sind, als störend empfunden. Seine eventuelle Eliminierung soll ihn, so darf man konstruieren, nicht als Ausländer treffen, sondern als nicht-adaptierten Fremdling, um nicht zu sagen: gedankenlosen Störenfried. Etwas Ähnliches ließe sich auch mit vielen Einschränkungen von der Gegenwart ausländischer Journalisten bei japanischen Pressekonferenzen behaupten. Ihre Fragen werden in der Sache und oft dazu noch im Ton als störend empfunden. Im weiteren Sinne gilt dies sogar von dem xenophobischen, fremdenfeindlichen Verhalten der japanischen Wirtschaft als ganzer. Der wirtschaftliche „Schaden", den ein ausländisches Unternehmen anrichtet, wenn es sich nicht elegant in die japanische Szene einfügt, erscheint ungleich geringfügiger als der psychische: die Störung eines nationalen Gebarens, das aus geistesgeschichtlichen und wirtschaftshistorischen Gründen so gewachsen ist, wie es heute Gestalt gefunden hat, und das zu ändern im Ernst wohl kaum möglich scheint und daher, so könnte man folgern, auch gar nicht versucht werden sollte.

Japanisches Finanzgebaren unterscheidet sich in vieler Hinsicht vom westlichen, besonders wohl vom deutschen. Der Brauch der Anfertigung von verschiedenen Bilanzen, einmal für die Versteuerung, dann für die Hausbank und endlich für die eigene Firmenzentrale kann aufrichtige Personen verwirren. Wer sehr lange in Japan gearbeitet hat, steht vor dem Dilemma, daß er entweder in westlicher, in diesem Falle, in deutscher Manier verfährt und dann bei allen japanischen Mitarbeitern und sogar beim Steueramt als unnötig ehrlich (baka ni shôjiki: dumm ehrlich) angesehen wird, oder er paßt sich den japanischen Gepflogenheiten an und könnte deswegen von seinen Kollegen leicht bei der Zentrale daheim als sehr merkwürdiger Herr verdächtigt werden. Beim Ankauf von Grundstücken aus privater Hand kann es sein, daß drei Verträge unterzeichnet werden müssen: einer (1) auf Grund der augenblicklichen Schätzung des Finanzamts, die natürlich höher liegt als in dem Vertrag (2) auf Grund eines längst veralteten Schätzwertes, den man eingereicht hatte, und dann ein weiterer, zweifellos wichtiger Vertrag (3) mit dem Verkäufer über die wirklich zu zahlende Summe. Die Folge dieser Vertragsvielfalt für die Buchführung läßt sich leicht vorstellen. Wer unbedingt das Vielfache an Steuern bezahlen will, das Japaner im gleichen Falle aufbringen, braucht sich nur streng an seine deutschen Gepflogenheiten zu halten ...

Man kommt in diesen etwas verzwickten Angelegenheiten nicht ohne eine japanische Führungskraft aus, die nicht nur diese Prozeduren genauestens kennt und sie schon jahrelang zur allseitigen Zufriedenheit an einer anderen Stelle angewandt hat, sondern die auch bei den Behörden über das nötige Ansehen verfügt, so daß man ihr vertraut. Während Vertrauen offenbar einen sehr hohen Stellenwert besitzt, versteht man andererseits, daß bei bösem Willen oder Mißbrauch die Möglichkeit von Erpressung in Japan ebenso gegeben ist wie die oben erwähnte Möglichkeit, einen in japanischen Usancen versierten und entsprechend handelnden Ausländer bei seiner Zentrale im fernen Westen gründlich zu diffamieren.

Für den Fall, daß deutsche und europäische wirtschaftliche Interessen in der früher vorgeschlagenen Zentrale in Tokio ihre Heimstatt finden, würden die eben angeführten Aspekte japanischer wirtschaftlicher Zwielichtigkeit, bzw. das Yakuza- und Sôkaiyawesen durchaus berücksichtigt werden müssen. Mißverständnisse zwischen Unternehmenszentralen in Europa und den Zweigunternehmen in Japan sollten am besten über einen Treuhänder geklärt werden, der nicht nur die komplizierte Situation in Japan richtig beurteilt, sondern sich auch ständig bemüht, daß sie daheim nicht als ein moralisch-rechtlicher Sumpf erscheint.

Organisationstalent

Zum vielschichtigen Problem der japanischen Organisationsfähigkeit weisen die Japaner selbst darauf hin, daß es ihnen im ganzen gerade nicht liegt, sich organisatorisch auf ein fernes Ziel auszurichten, daß sie vielmehr unter ausgesprochenem Termindruck stehen müssen, um wirklich mit großem Schwung zu arbeiten. Ein eventueller Gesichtsverlust bei Nichterreichen des gesteckten Zieles stellt bei ihnen ein außerordentlich wirksames Motiv dar. Als bekannte Beispiele lassen sich sowohl die olympischen Spiele in Tokio als auch die Weltausstellung in Osaka anführen. Die Olympiade verlief nach hektischen Vorbereitungen in letzter Minute organisatorisch so ungewöhnlich präzise, daß sie gerade deswegen kritisiert wurde. Man vermisse Spontaneität, echte Begeisterung, hieß es. Exakt durchorganisiert sind fast immer auch internationale Kongresse, die in Japan und in japanischer Regie abgehalten werden. Doch kommt es auf der Tagung selten zu jener Stimmung oder gar Euphorie, die sich die Teilnehmer vielleicht gewünscht hatten.

Man braucht nur die Jahres-Hauptveranstaltung einer Mittel- oder Oberschule, das Sportfest (undôkai) als Prototyp japanischer Organisation zu betrachten, um den Grund zu erkennen. Nach den Monate dauernden Vorbereitungen der einzelnen Sportarten fehlt nie einige Tage vor dem Fest die Generalprobe (yokô enshû), die nötigenfalls wiederholt wird. Auch für die jährlich abgehaltenen Eintritts- und Verabschiedungszeremonien der Schulen und Universitäten wird vorher oft bis ins Einzelne geprobt. Nur wenn die Generalprobe völlig zur Zufriedenheit verlaufen ist, fühlen sich die Beteiligten ganz vorbereitet. Das organisatorische Improvisieren, das gerade eine Eigenart des Nachkriegsdeutschland zu sein scheint, lieben Japaner nicht, obwohl sie bei kleinen Darbietungen wie Stegreifspielen recht geschickt auftreten. Sogar die Lieder und die sogenannten Kakushigei (Geheimkunststücke), zu denen jeder bei einer der sehr zahlreichen Parties aufgefordert zu werden pflegt, sind, trotz aller Versicherungen des Gegenteils, sehr gründlich einstudiert. Verständige Ausländer entdecken bald, daß sie durch Einüben der von den Japanern erwarteten Lieder – bei Deutschen „Lorelei", „Heidenröslein" und „Lindenbaum" – mit allen Strophen ebenfalls einen Beitrag bereithalten müssen, den sie nur nach wiederholtem Ablehnen und Demutsäußerungen darbieten, dann aber mit enormem Erfolg . . .

Die oben beschriebene Art, bei Feiern und Festivals die Programmpunkte schließlich mit mechanischer Präzision ablaufen zu lassen, scheint allgemein fernöstlich zu sein, sie wurde durch die kommunistischen Regime in Nord-Korea und China zur höchsten Perfektion gebracht. Auch die Sekte der Wertschöpfer vollbringt wahre Wunder organisatorischen Drills. In Europa kommen die kommunistischen Feste dem fernöstlichen Schema am nächsten, was vielleicht darin seinen Grund hat, daß durch die straffe Organisation einzelne Führer oder Führungsgruppen nicht nur ihre Macht demonstrieren können, sondern sich auch gegen jede unerwünschte Spontaneität verteidigen. Japanische Oberschüler haben seit Jahren gelegentlich ihrem Unmut dadurch Ausdruck verliehen, daß sie unmittelbar nach der übersteifen Abgangszeremonie mit einigen unbeliebten Lehrern handgreiflich abrechneten, wohl eine Reaktion auf den Druck, den straffe Organisation auf den Einzelnen ausübt.

Um das Potential japanischer Organisationseigenheit und -fähigkeit auszuschöpfen, wäre es nötig, auch im Wirtschaftlichen bestimmte Ziele zu setzen, die zu erreichen zu einer Prestigefrage aufgebaut wird. Unter weitgehender Mißachtung von traditionellen Arbeitszeiten und unter enthusiastischem Einsatz bei psychologischer, d. h. stimmungsmäßiger Führung oder durch helfende Mitwirkung eines oder mehrerer Ausländer ließen sich große Erfolge vorstellen. Japaner begrüßen es, wenn sie im Beruf mit ganzem Herzen dabei sein können, denn die Familie bietet den Männern nicht genug Ausgleich, und Religion oder andere höhere Ideale besitzen sie durchweg nicht.

Weltraumtechnik, Energiewirtschaft, Meerestechnologie

Neben den bekannten Industrien, die Japan seine Stärke auf dem Weltmarkt verleihen, wären die japanischen Versuche zu studieren, im Weltraum eine angemessene Rolle zu spielen, dann die Anstrengungen, das Energieproblem, das sich für das Land dringender stellt als für alle anderen führenden Industrienationen, auf Grund von eigenen Forschungen in den Griff zu bekommen und endlich ein Gebiet, auf dem Japan ganz sicher von sich reden machen wird: der Erschließung der Meere.

Bezüglich der Weltraumforschung kann Japan von dem klaren wirtschaftlichen Vorteil vor der Bundesrepublik ausgehen, daß es nicht an eine andere oder eine Gruppe von Nationen gekoppelt ist und darum besser zum Zuge kommt. Japan kann ganz frei handeln und folgt seinen bewährten Prinzipien, d. h. es übernimmt Raketen in Lizenz, baut sie nach, erkennt dabei Möglichkeiten der Verbesserung und Verbilligung, entwickelt ein eigenes Produkt, probt es daheim aus, blockiert eventuell Fremdes ab und will damit nach weiteren Verbesserungen auf dem Weltmarkt auftreten. Außer diesem letzten Schritt scheinen bereits alle Stufen dieser typischen Entwicklung, die auf so vielen technischen Gebieten zum Erfolg führte, durchlaufen. Langfristige Planung und großer Einsatz von Kapital sind ebenfalls unverkennbare Zeichen des japanischen Vorgehens. Die veranschlagten Gelder sind eindeutig reichlicher als das französische oder deutsche Budget für ähnliche Projekte. Der Plan sieht für 1985 eine Rakete mit fünf Tonnen und für 1990 eine von mindestens zehn Tonnen Nutzlast vor, also bequem ausreichend für ein japanisches Raumschiff mit Besatzung, mit dem man nach Lage der Dinge wohl schon früher rechnen kann. Es wird sicher die modernste Rakete werden, was ihre Technologie angeht, und man kann annehmen, daß sie im Gegensatz zu ihrem europäischen Gegenstück sehr bald funktioniert.[12]

Wegen höherer Rohstoff- und Energiepreise sowie der steigenden Lohnkosten strebt Japan zunehmend danach, den Export technologisch hochwertiger Produkte voranzutreiben, weil deren Herstellung zwar viel Intelligenz und Akribie, aber wenig Rohstoff und Energie bedarf. Unter diesen Entwicklungen nimmt die Meerestechnologie eine bedeutende Stellung ein. Im Unterschied zur Bundesrepublik, die nur noch über einen sehr eingeengten Meeresabschnitt verfügt, kann Japan in ganz freier Weise die Offshore-Technologie und den Meeresbergbau entwickeln. Durch die Seerechtskonferenzen der Vereinten Nationen und einseitige Bestimmungen der Entwicklungsländer wird das Land weder in seinen Bestrebungen bedenklich eingeschränkt noch in der Fortführung der Arbeiten bedroht. Japan kann ungehindert und zudem küstennah experimentieren.

So richtet sich in einer mutigen Verbindung von Meerestechnologie und Atomtechnik das Augenmerk der Japaner z. B. auf die im Meer vermuteten vier Milliarden Tonnen Uran, die etwa das Doppelte der ebenfalls nur geschätzten Festlandreserven ausmachen. Einer der Pläne sieht vor, daß ganze Buchten abgesperrt werden und daß durch geschickte Nutzung der Gezeiten das Meerwasser über sogenannte Absorptionsbetten geleitet wird, die dabei dem Wasser das Uran entziehen sollen. Ein Alternativplan will die Urangewinnung mit einem Meereskraftwerk koppeln. Auch die Idee eines riesigen Hafens auf einer Inselgruppe in der Nähe des Äquators weist auf den japanischen Willen hin, die weite Ausdehnung der japanischen Inseln über den Pazifik als eine Basis zum Fortschritt in der Meerestechnologie zu gestalten. Vielleicht geht es auch nur um die Verlegung großer Forschungsprojekte in die Außengebiete, da auch Atomkraftwerke mit einbezogen sind. Es zeugt für den Realismus des japanischen Volkes, daß die Nutzung von

Atomenergie trotz aller Erinnerungsfeiern an die Bomben von Hiroshima und Nagasaki nicht in Frage gestellt wird, es gibt weit mehr Atomkraftwerke als bei uns. Japan nimmt nach den Vereinigten Staaten den zweiten Rang ein unter den westlichen Nationen.

Auf dem für Japan lebenswichtigen Energiesektor scheint die Erzeugung von Strom aus der Kraft der Wellen bereits erfolgreich über ein erstes Experimentierstadium hinweg zu sein. Das Prinzip besteht darin, daß die Wellenhöhe durch im Meere schwingende Zylinder auf das Drei- bis Zehnfache überhöht wird. Eine Turbine, die sich automatisch auf die extreme Auf- und Abbewegung einstellt und dadurch in Rotation versetzt wird, wäre der eigentliche Energiegewinner, wobei allerdings noch zu erproben ist, wie der Werkstoff, aus dem die Turbine besteht, sich bei längerem Kontakt mit dem Meerwasser verhält.

Die drei Bereiche Weltraumfahrt, Energiewirtschaft und Meerestechnologie verdienen es, daß man sich nicht nur ständig über den hierin erzielten japanischen Fortschritt unterrichtet, sondern darüberhinaus durch Studenten und Austauschtechniker lebendigen Kontakt mit allen Phasen der Entwicklung hält. Ein Hinweis auf die Erdbebenforschung zeigt, daß in dieser Aufzählung noch nicht alle wichtigen Sektoren angesprochen wurden.

Der Dringlichkeit nach wäre die Beschickung solcher Industriezweige noch mehr zu empfehlen, die nicht nur in der Zukunft eine große Bedeutung haben könnten, sondern sie schon jetzt erreicht haben, wie Schiffsbau, Uhren- und Fotoindustrie (besonders die Herstellung von Spiegelreflexkameras), elektronische Industrie, Fernsehen (besonders Kabelfernsehen und Video), Stahlherstellung, Motorrad- und Autoindustrie und Optik. Es könnte sich zeigen, daß nichtjapanische Praktikanten schwerer in Japan Eingang finden als vordem Japaner im Westen. Dies würde aber ebensowenig auf eine fundamental und grundsätzlich ablehnende Haltung schließen lassen wie bei der oft behaupteten negativen Haltung ausländischen Produkten gegenüber. Auch hier gilt, daß man im Lande Gô nach den Regeln des Landes Gô vorangehen sollte, also mit großer Zähigkeit, mit unverbrüchlicher und offen zur Schau getragener Freundlichkeit und Demut, was in etwa den Forderungen der japanischen Etiquette entspricht, und endlich unter scharfsinnigem Einsatz aller jener Mittel, einschließlich politischer und diplomatischer, die schließlich zum Erfolg und damit zur echten Bewunderung in Japan führen und in der Auswirkung auch im Heimatland.

„Gewerkschaftsdenken"

Daß die japanische Industrie in der Beschaffung der Elektrizität aus Kernenergie wie gesagt bereits an zweiter Stelle in der westlichen Welt dasteht, offenbart den stets fortschrittlichen Charakter des Landes. Man kann annehmen, daß auch auf dem Gebiet der Mikroprozessoren schnelle Entwicklungen erreicht werden. Denn die Idee, daß Chips Arbeitsplätze wegnehmen, sehen die Japaner nicht als Grund an, eine in sich gute Sache unversucht zu lassen. Ähnlich wie beim Kabelfernsehen und der Kombination von Fernsprecher und Fernseher fragen sie nicht zuerst, ob dadurch Arbeitsplätze gefährdet werden, sondern ob der neue Schritt in sich betrachtet in die Richtung auf eine vollkommenere Kommunikationsgesellschaft geht. Wie bei dem machtvollen Ausbau des Eisenbahnnetzes und der Erhöhung der Zahl der Züge lassen sie sich offenbar mehr von solchen Erwägungen leiten als von der Frage, ob dadurch nicht etwa die Arbeitsplätze im Straßenbau gefährdet werden. Nicht ein falsch verstandenes „Gewerkschaftsdenken", wenn man es so nennen darf, sondern die Logik des Fortschritts bestimmt ihr Verhalten. Und dies, obwohl jeder sechste Manager in Japan aus den Gewerkschaften hervorgegangen ist.

Gewerkschaften sind für sie keine blinden Kräfte, wie auch Arbeiter trotz aller Austauschbarkeit oder vielleicht sogar deswegen keine Roboter sind. Japaner wundern sich, daß in den

Vereinigten Staaten beim Zusammenschweißen von Röhren die Arbeiter nur zwei Farbzeichen aneinanderzusetzen brauchen, eine Arbeit, die in der Tat erahnen läßt, daß sie unter Umständen auch in ferner Zukunft von Tieren verrichtet werden könnte. Man erinnert sich unwillkürlich an die bedauerlichen Versuche mit Schimpansen, die ebenfalls in den Vereinigten Staaten vorgenommen werden. Die Austauschbarkeit der Beschäftigung in Japan soll die geistigen Kräfte rege halten und die großen strukturellen Veränderungen, die die allgemeine Einführung von Mikroprozessoren bewirken wird, vorbereiten helfen. Nicht die größtmögliche Einfachheit der Arbeitsverrichtung ist das Ziel, sondern ihr Sinngehalt. Der gelegentliche Wechsel soll die ermüdeten Kräfte wiederbeleben und dadurch die Anstellung auf Lebenszeit (shûshin koyô) erträglich gestalten und dem früher in das Unternehmen Eingetretenen soviel Erfahrung verleihen, daß die Reihenfolge des Eintritts (nenkô joretsu) nicht nur eine schematische Ordnung ist, sondern in der breiten Sachkenntnis begründet erscheint. Natürlich kennt man jetzt auch in Japan den Gedanken des Arbeitswertlohns (shokunôkyû), aber im allgemeinen wird dies Prinzip nicht zur Grundlage der Entlohnung genommen, sondern höchstens als ein sekundärer Gesichtspunkt mit einbezogen, so daß die Endbesoldung dann einen Kompromiß aus traditionellen und modernen Erwägungen darstellt, wobei die letzteren die schwächeren sind.

Daß die Arbeitszeiten nicht streng an die Uhrzeit gekoppelt sind, stellt für die Japaner keine seelische Belastung dar, im Gegenteil, ein sklavisches Einhalten von Zeiten fällt ihnen schwer. Heute arbeiten auch die Ämter wieder an den Samstagen, weil sie mit den privaten Unternehmen zusammenschaffen müssen. Es kommt sogar vor, daß einzelne Ämter bis elf Uhr nachts mit sehr reduziertem Personal tätig sind, weil die Unternehmen, mit denen sie tun haben, dann noch aktiv sind. Die Flexibilität in dieser Frage könnte das typisch Japanische daran sein. Dennoch endet die Arbeitszeit heute im Schnitt zwischen sechs Uhr und sechs Uhr dreißig, allerdings mit Ausnahme der Handels(bôeki)- und Geschäfts(eigyô)-Abteilungen. Auch die Handelsgesellschaften verbleiben meist bis acht Uhr im Büro. Man kann davon ausgehen, daß ein Eigyô-man (Geschäftsabteilungsmann) nur einmal in der Woche frühzeitig nach Hause zurückkehrt, die anderen Abende verbringt er mit den Kunden zusammen in Restaurants und Bars, wobei die Firma natürlich bezahlt. Es gibt durchaus auch Sonntage, an denen gearbeitet werden muß, z. B. wenn ein wichtiger Kunde aus dem Ausland gerade an diesem Tage auf dem Flugplatz ankommt. Man muß ihn abholen, denn „er hat sicher nicht an den Zeitunterschied gedacht". Es ist bekannt, daß die japanischen Kaufhäuser an den Sonntagen geöffnet sind; Sonntagsarbeit wird in Japan nicht für so ungewöhnlich angesehen wie in Europa.

Für die Bezahlung der Überstunden gilt, daß für alle in den Gewerkschaften organisierten Arbeitnehmer für die Zeit nach fünf Uhr bestimmte Sätze berechnet werden. Nichtorganisierte bekommen nichts; auch die Zeit, die man mit einem Kunden außerhalb der Büroräume zubringt, wird nicht angerechnet.

Mitglieder des Managements können nicht auf Überstundenbezahlung rechnen. Es zeigt sich heute die Tendenz, Überstunden zu begrenzen, wie überhaupt eine generelle Annäherung an westliche Auffassungen unverkennbar ist. So hält man sich am Mittag ziemlich exakt an eine Stunde Pause, und am Morgen wird genau um 9 Uhr begonnen. Der gemeinsame Start hat einen hohen Stellenwert erreicht. Auch die mit dem Teetrinken verlorene Zeit ist stark eingeschränkt worden. Vielfach tragen die Frauen der Firma keinen Tee mehr auf, sondern es wird ein Selbstbedienungsgerät zur Verfügung gestellt, das alle bis zum Abteilungsleiter benutzen. Nur das oberste Management kann noch erwarten, daß ihm Tee persönlich serviert wird.

Im Verkehr mit dem Kunden gelten ebenfalls Regeln, die westlichen Einfluß zeigen. Der Vertrag ist die Grundlage des Verhältnisses zum Kunden, nicht mehr wie früher das Vertrauen oder das Gesicht. Dementsprechend kommt es heute viel häufiger vor als früher, daß man vor Gericht geht und eine Streitfrage klärt. Die Entwicklung läuft parallel zum Privatleben, wo ebenfalls, vor allem in Ehefragen, weit mehr prozessiert wird als vor einigen Jahren.

Bis zum vierzigsten Lebensjahr müssen sich die Arbeitnehmer bereithalten, daß sie von einem Werk der Firma in ein anderes in einem entfernten Teil Japans versetzt werden, danach geschieht dies nur noch selten. Man respektiert den allgemeinen Grundsatz, daß der japanische Mann in seinem Leben ein Haus bauen will, wozu er ein Grundstück erwerben und eine Art Stabilitas Loci erreicht haben muß. Die Zahl der Grundstücks- und Hausbesitzer ist weit höher als in der Bundesrepublik, die Mobilität daher bei fortgeschrittenem Alter gering, was in der Bundesrepublik oft noch früher der Fall ist und ein noch größeres Problem darstellt, weil die Wohnungen geräumig und schön eingerichtet sind. In Japan tragen Miethäuser oft zwar hochtrabende Namen wie „Château", „Mansion" oder „House" (Büros nennen sich mit Vorliebe „Center"), aber dahinter verbergen sich vielfach schlecht gebaute Wohnungen. Wenn sie einmal als Eigentum erworben sind, läßt sich trotzdem an ein Ausziehen nur schwer denken. Im Vergleich dazu hat die Mobilität der Amerikaner in ihren Wohnwagen bzw. anspruchslosen Häusern den Vorteil, daß man in der Lage ist, sehr schnell Experten für eine bestimmte Produktion von weit her zusammenzurufen, wobei sich ein sehr fähiges Team bilden kann, das nach vollendeter Arbeit wieder aufgelöst wird. Das geht in Japan nicht, wo der Arbeitnehmer auf Lebzeiten bei seinem Unternehmen bleibt. Mobilität ist daher identisch mit der Beweglichkeit innerhalb seines Unternehmens, die aber recht groß sein kann, wenn das Unternehmen selbst ansehnlich ist.

Ausländer können die japanischen Arbeitsgepflogenheiten nicht im Handstreich ändern. So wird allzu pünktliches Nachhausegehen um fünf Uhr von den japanischen Mitarbeitern als Härte empfunden. Weil aber die Tendenz zu mehr Exaktheit augenscheinlich ist, können ausländische Unternehmen sich mit anderen an die Spitze einer Entwicklung setzen, die dem Mann weit mehr Zeit für die Familie gibt. Mehr Zeit für „My Home" zu haben, wie die Japaner sich ausdrücken, kann als der Trend der Zeit bezeichnet werden, dem zum Erfolg verholfen werden sollte.

Die Eta, Bewohner von Sonder-Weilern

Als ein Beispiel für eine ganze Anzahl von sozialen Problemen, die in Japan noch der Lösung harren, kann das der Eta oder Burakumin (tokushu buraku: Sonder-Weiler) aufgeführt werden. Zu den drei Ständen der Tokugawa-Zeit, den Bauern, Handwerkern und Kaufleuten, kamen als Unterschicht die Bewohner von gesonderten Dörfern oder Weilern, die sich meist mit dem Herstellen von Lederwaren und der dazu gehörigen Gerberei befaßten. Mit der Modernisierung Japans sollten die Eta befreit werden. Der Name Eta wurde offiziell in Shinheimin (Neubürger) umgewandelt, was für die Diskriminierung fast das Gleiche bedeutete. Der moderne Staat wollte Wehrpflicht, Schulpflicht usw. auf alle Bewohner Japans ohne Ausnahme ausdehnen, und dazu war die Eingliederung dieser Unterschicht nötig. Man schätzt, daß es etwa zwei bis drei Millionen Eta im heutigen Japan gibt, die vor allem in der Osaka-Gegend und den Provinzen südlich und westlich davon konzentriert sind; aber auch in Tokio gibt es 230 Sondersiedlungen mit etwa 400 000 Burakumin (Bewohnern von Weilern). Da die Hälfte der Eta in der Kansai-Gegend wohnt, liegt die Einwohnerzahl eines Dorfes dort im Schnitt bei über 500, während sie nördlich von Tokio bedeutend kleiner ist. Vielfach liegen die Ansiedlungen wegen der alteingesessenen Diskriminierung an geographisch ungünstigen Stellen, so daß bei Naturkatastrophen wie Überschwemmungen gerade die Siedlungen der Eta besonders gefährdet sind. Heiraten zwischen Burakumin und anderen waren lange nur sehr schwer durchzuführen, so daß die Eta meist unter sich blieben. Die Gesellschaft zur Befreiung der Eta (kaihô dômei) hat durchgesetzt, daß seit 1968 die alten

Familienregister Japans, in denen leicht zu finden war, ob jemand aus dem Sonderweiler stammte, versiegelt wurden. Nur die Mitglieder der Familien selbst haben Einblick.

Allerdings entdeckte man 1975, daß etwa 140 Unternehmen, darunter Mitsui, Mitsubishi, Sumitomo, Toyota usw. gedruckte Verzeichnisse gekauft hatten, auf Grund deren sie bei einem Bewerber leicht feststellen konnten, ob er aus einem Buraku stammte. Man hatte auch Formulare ausgearbeitet, die so ausführlich waren, daß jedes geübte Auge sofort erkennen konnte, ob hier ein Eta versuchte, in die normale Gesellschaft Japans aufzusteigen.

Das Monopol der Gerberei und Lederindustrie, das die Burakumin lange innehatten, wurde ihnen schon in der Meiji-Zeit entrissen, als diese Industrien vor allem wegen der Nachfrage des Militärs anfingen, recht rentabel zu werden. Heute sind wohl die Mehrzahl der Männer in den Buraku bei der Müllabfuhr, Fäkalienbeseitigung und dem Einfangen und Töten von streunenden Hunden beschäftigt. Auch die Zahl der Arbeitslosen und der Tagelöhner ist unter den Eta besonders hoch, so daß sie wegen ihrer Geldnot und daraus hervorgehenden Arbeitswilligkeit zu sehr schlechten Bedingungen eine lohndrückende Funktion in der Arbeiterschaft ausüben. Es ist vor allem die sozialistische Partei, die sich der Burakumin insofern erfolgreich angenommen hat, als sie die Diskriminierung in aller Öffentlichkeit unmöglich machte. Man kann aber auch annehmen, daß die Beamtenschaft als Ganzes und die regierenden Kreise diesen Makel der japanischen Gesellschaftsstruktur möglichst bald beseitigt sehen möchten. Die Tendenz geht eindeutig zur Verwischung der Grenzen zwischen Burakumin und anderen Japanern, aber der Weg zur Erreichung des Zieles ist noch weit, vor allem weil wahrscheinlich ein bestimmter Prozentsatz von Burakumin inzwischen psychologisch so tief ins Abseits geraten ist, daß er nicht zurückkann. Sie wollen, beteuern sie, ihren Kindern ersparen, daß sie ständig in der Furcht leben müssen, entdeckt zu werden, und legen daher Wert darauf, daß sie nur ihresgleichen kennen und auch heiraten.

Es gibt verschiedene Spekulationen, wie diese Gruppe zustande kam. Die wahrscheinlichste Theorie ist wohl, daß die Beschäftigung mit dem Töten von Tieren nach den Gesetzen des Buddhismus verboten war, andererseits aber der Verbrauch von tierischen Produkten, wie Leder und Fleisch, jederzeit als notwendig angesehen wurde, so daß eine Gruppe von Menschen, die diese Funktion innehatte, eine negative Sonderstellung erhielt. Versuche, die Burakumin nach Hokkaidô auszusiedeln oder nach der Mandschurei zu verschicken, kamen über das Diskussionsstadium nicht hinaus.

Sicher ist, daß neben den „renommierten Unternehmen" vor allem die Familien vor der Zustimmung zur Heirat ihres Sohnes oder der Tochter unter Einschaltung von Privatdetekteien versuchen, Sicherheit darüber zu erlangen, daß der gewünschte Partner oder diskutierte Verwandtschaftszuwachs auf keinen Fall aus einem Sonderweiler stammt, und läge die Abstammung auch noch so weit zurück.

Auch die Religion half nicht, das Los der Eta zu erleichtern. Die meisten Weilerbewohner gehören der buddhistischen Shin-Sekte an, die aber traditionell gerade die Buraku dazu heranzieht, große und teuere Tempel zu errichten, sie aber nicht zu den Tempeln der anderen Dörfer und vor allem zu den jährlichen religiösen Festen zuließ. Die Sekte der Wertschöpfer hat bisher nur einen ganz geringen Prozentsatz der Burakumin aufgenommen, und von christlichen Aktivitäten ist ebenfalls wenig bekannt. Dies ist umso erstaunlicher, als die nach Millionen zählenden Burakumin sicher mehr Aufmerksamkeit verdienten als die kleine Gruppe der Bataya (Lumpensammler) in Tokio, die immer wieder Schlagzeilen machte, aber dann doch nur im Grunde das herbeisehnte, was ohne Zweifel ein kleiner Prozentsatz der Burakumin ebenfalls wünscht, nämlich mit sich selbst allein gelassen zu werden.

Ein großer Teil der Gerbereiindustrie ist weiterhin in den Händen von Burakumin, die sie meist als Kleinunternehmen betreiben. Vielfach sind nur Familienmitglieder angestellt, so daß auch durch eventuelle Aktivitäten von Gewerkschaften keinerlei Besserung zu erwarten ist. Lederwarenbetriebe in Asakusa in Tokio oder in Nishinari-Naniwa in Osaka gehören in diese Kategorie. Der Bezirk von Arakawa in Tokio bietet eine besonders schlechte Lage und kann daher typisch genannt werden für viele Weiler in Japan. Ashihara in Nishinomiya, Banchô in Kôbe und Sujin in Kioto sind alte Eta-Bezirke von solcher Größe, daß man schon nicht mehr von Weilern oder Dörfern sprechen kann.

Daß das soziale Gewissen der Japaner eigentümlich reagiert, zeigt das Verhalten gegenüber den Flüchtlingen aus Vietnam. Es waren u. a. die weißen Industrienationen, die sie aufnahmen, obwohl die Japaner wohl am stärksten vom Vietnam-Krieg wirtschaftlich profitierten und zu der Zeit in den Massenmedien immer wieder darauf hingewiesen wurde, wie sehr die Vietnamesen den Japanern an Aussehen ähnlich seien und offenbar als verachtete Asiaten Opfer von Napalm-Bomben geworden sind.

Futurologie und Zeit

Bei aller Jugendlichkeit und unbegrenzten Arbeitswilligkeit, die seine Wirtschaft inspirieren, bleibt Japan das Land mit einer sehr alten Geschichte. Es verdankt seine Existenz nicht einem ständigen Strom von Auswanderern wie die Vereinigten Staaten, Kanada oder Brasilien, fühlt sich aber in seiner Frische und seinem Optimismus von diesen Ländern innerlich angezogen.

So wundert es nicht, daß in Japan die Futurologie eine Ausprägung fand, wie sie etwa in der Bundesrepublik Deutschland nicht möglich war. Zu den etwa hundert japanischen Veröffentlichungen über dieses Thema treten noch etwa sechzig Übersetzungen futurologischer Arbeiten von Nicht-Japanern. Das Jahr 1967 stellte den Höhepunkt dieser geistigen Bewegung dar. Wie groß die Bedeutung solcher Studien bei Staat und Wirtschaft veranschlagt wird, zeigen die vielen Veröffentlichungen, die von der Regierung oder von halbstaatlichen Stellen in Auftrag gegeben wurden oder von Organen der Industrie, die sich mit den deutschen Industrie- und Handelskammern vergleichen lassen. Man wird erinnert an die Gruppe „Frankreich 1985", die ebenfalls in ihren Arbeiten von der französischen Regierung unterstützt wurde. Neben Japan und Frankreich ist die Futurologie vor allem in England zeitweilig sehr einflußreich gewesen, eine Tatsache, die sich vielleicht daraus erklärt, daß diese drei Nationen bei den weittragenden Veränderungen, die der Zweite Weltkrieg mit sich brachte, zwar ihre nationale Integrität bewahren konnten, aber ihre Überseeterritorien verloren und sich unter ganz neuen Voraussetzungen auf die Zukunft einstellen mußten. Wir wissen heute, daß Japan die beiden anderen Länder inzwischen auf dem wichtigen wirtschaftlichen Sektor weit hinter sich ließ, aber seine Krisenanfälligkeit, bedingt durch den Mangel an Rohstoffen, den engen Lebensraum, das Angewiesensein auf den Außenhandel und seine Umwelt- und Verkehrsprobleme, bleibt unverändert bedrohlich. Man wundert sich nicht, daß Japan Gastgeber der ersten Konferenz über Futurologie wurde, die 1970 in Kioto stattfand.

Die Frage, welches die Wesenszüge einer eigenständigen japanischen Futurologie seien, läßt sich nicht leicht beantworten. Dennoch scheinen die folgenden Punkte wert, hervorgehoben zu werden: das erste ist die Furcht vor dem Atom, die Atomangst. Man könnte glauben, daß es sich hier nur um eine Art literarisches Klischee handelt, aber die führenden japanischen Autoren sorgen sich sehr um diese Frage. Der in Japan außerordentlich bekannte Essayist Komatsu Sakyô etwa weist darauf hin, daß sich mit dem Ende des zweiten Weltkriegs die internationale Lage insofern verändert habe, als Japan, ähnlich wie die europäischen Mächte, keine führende Rolle mehr in der Weltpolitik spiele. Sein alleiniges Ziel müsse sein, eine Weltkatastrophe zu vermeiden, dazu beizutragen, eine Krisenabwehr aufzubauen, die wahrhaft global sei. Als zweiten adäquaten Gegenstand futurologischen Denkens betrachten viele führende Japaner die wirtschaftliche Entwicklung des Landes. Offenbar vom Marxismus inspiriert, weisen sie darauf hin, daß bis zum Beginn des Zweiten Weltkrieges die japanische Wirtschaft in engster Zusammenarbeit mit dem Militär florierte, während sie paradoxerweise heute blüht, weil Japan so geringe Verteidigungsausgaben macht. Sie fragen sich, was wohl in Zukunft geschehen könnte, wenn die Nachfrage vor allem auf den ausländischen Märkten in Schwierigkeiten geriete, sich aber andererseits Produktion für die Rüstung wegen einer echten oder vermeintlichen Bedrohung als wirtschaftlicher Ausweg anböte, eine Situation, die heute schon fast eingetreten zu sein scheint. Sollte Japans Beitrag zur Futurologie nicht darin bestehen, Wege zu zeigen, wie man ohne Rüstungsindustrie die Wirtschaft kräftig halten kann? Sie weisen auf den großen Schaden hin, den das Land aus einer zu engen Verbindung von Militär und Wirtschaft erlitten hat. Im Einklang mit der bekannten Tatsache, daß Japan unter den heute führenden Industrienationen wohl den höchsten Grad an Kommunikation erreicht hat, fragt man sich drittens, wohin diese Entwicklung führen könnte und sollte. Die große Zahl der zur Verfügung stehenden Fernsehkanäle ist ebenso bekannt wie die sehr langen Sendezeiten, so daß praktisch nur einige Stunden während der Nacht pausiert wird. Weniger verbreitet ist die Tatsache, daß die in mehreren Millionen erscheinenden Tageszeitungen Japans täglich gleich zweimal ins Haus geliefert werden und daß sie zwischen Redaktionsschluß und Auslieferung totz der zu bewältigenden Setzarbeit mit 2000 Schriftzeichen nur einen Bruchteil der Zeit brauchen, die sich die weit behäbigeren westlichen Zeitungen leisten. Die ernsten Versuche mit dem Kabelfernsehen entsprechen diesem nationalen Trend zur Kommunikationsgesellschaft, der auch dadurch beschleunigt wird, daß die Mehrheit der Bevölkerung in einer gigantischen Megapolis wohnt, die sich, wie früher beschrieben, von nördlich Tokio über die ganze Südseite von Honshû bis nach Nordkyushû erstreckt. Eine städtische Kultur produziert ihren eigenen Dynamik folgend stets schnellere Kommunikation.

Daß Japaner für die Zukunft planen, entspricht jedoch nicht ganz dem Volksgefühl, wie es sich in drei Sprichwörtern nie-

230

derschlägt. Eines der bekanntesten besagt: Wenn man vom nächsten Jahre spricht, lachen die Teufel. Etwas pragmatischer hört sich an: Morgen wird der Wind von morgen blasen. Geradezu pessimistisch ist: Nur einen Zoll weiter, und alles liegt im Dunkel. Hier klingt sicher die weltverneinende Note des Buddhismus durch, die Philosophie der Vergänglichkeit, die nicht nur zum katastrophenhäufigen Klima Japans paßt, sondern auch zu dem leichten Häuserbau aus Holz, der Jahrhunderte lang vorherrschte. Man baute lange nicht für die Zukunft, tut es aber heute, und dies nur, weil die Technik selbst es so gebietet. Damit tritt die andere Komponente des japanischen Charakters in den Vordergrund, die schintoistische, der eindeutig unbekümmert diesseitige und in diesem Sinne optimistische Wesenszug. Während früher das politische Geschehen mit dem Kaiserhaus als namengebendem Mittelpunkt die Vergangenheit mit der Gegenwart und der Zukunft verband, sind es heute auf völlig anderer Ebene die Zentralen der großen Unternehmen durch ihre langfristigen Planungen.

Zweifellos zeigt sich sowohl in der japanischen Futurologie als auch in der tangierenden Problematik der Wirtschaftsprognostik, daß die Welt bezüglich des Verständnisses dessen, was Zeit ist, nicht mehr wie früher in Ost und West eingeteilt werden kann. Lange galt es als eines der Wesensmerkmale östlicher Philosophie, insbesondere des Buddhismus, daß Raum und Zeit keine Realitäten eigenen Rechtes seien, daß sie das Selbst, das die eigentliche Realität sei, einhüllende Illusionen darstellten. Man könnte auf die chinesische Geschichtsschreibung hinweisen, die zwar unendlich viele Tatsachen zusammentrug, aber keine innere Beziehung zwischen ihnen entdeckte. Die Fakten stehen in ihr fast unmittelbar nebeneinander, während der westliche Mensch versucht, eine innere Beziehung wenigstens einzelner Elemente nachzuweisen und die Entwicklung gern mit dem in diesem Zusammenhang sich anbietenden Adjektiv „organisch" bezeichnet, wenn er nicht sogar zu der Behauptung fortschreitet, daß der Prozeß der historischen Entwicklung mit innerer Notwendigkeit in dialektischer Form vor sich geht. Der Osten kennt so extremen Erkenntnisoptimismus nicht, wohl aber den Begriff wahrhaft großer Zeiträume.

Ein Kalpa im Sinne des Hinduismus etwa könnte auch im Zeitalter der modernen Naturwissenschaften eher als mögliches Zeitmaß gelten als die eindeutig viel zu kurzen Zeitvorstellungen des westlichen religiösen Denkens. Ein Kalpa baut sich in folgender Weise auf: Ein Götterjahr entspricht 360 Menschenjahren, ein Menschenjahr etwa einem Göttertag. 4000 Götterjahre ergeben das erste Weltalter, das von einer Morgen- und einer Abenddämmerung umschlossen wird. Es folgen zwei weitere Weltalter von 3000 bzw. 2000 Götterjahren. Den Abschluß bildet ein Weltalter von 1000 Götterjahren. Rechnet man die Dauer der jeweiligen Dämmerung hinzu, addieren sich 12000 Götterjahre für alle vier Weltalter zusammen. Tausend Weltalter ergeben die längste Zeitperiode, das oben erwähnte Kalpa. Es handelt sich offenbar um eine Dauer von astronomischen Ausmaßen, wozu noch die Lehre tritt, daß das Universum zwar vergeht, aber sich wieder neu aufbaut. Auch Plato scheint dieser zyklischen Denkweise zugeneigt gewesen zu sein. Erst Augustinus setzt im Westen die Auffassung einer geradlinig verlaufenden Entwicklung durch, die mit den Begriffen der christlichen Heilsgeschichte von nun an vorherrschend wurde. Kant vertiefte westliche philosophische Spekulationen über die Zeit dadurch, daß er sie als Bedingung der inneren Wahrnehmung bestimmte. Sie ist nicht Eigenschaft eines Dinges an sich, lehrt er, und wird nicht durch Erfahrung erkannt, sondern a priori, sie ist in diesem Sinne nicht real. Eine Annäherung an östliche Ideen scheint unverkennbar. Heidegger geht einen Schritt weiter, wenn er sagt, daß das jeweilige Dasein – der Mensch – wesentlich in der Zeit ist und daß seine Welt die je-seinige sei. Die Konzentration auf das Selbst, die immer nur die je-meinige Philosophie erlaubt, nicht aber generelle Behauptungen, die für andere gelten, ist der Grund dafür, daß viele östliche Denker sich von Heideggers Philosophie angezogen fühlten. Zeit und Raum schienen hier fast so illusorisch wie im Buddhismus. Aber ist es die Zukunft auch?

Für die Wirtschaftsplanung erweist sich der illusionäre Zeitbegriff nur in dem Sinne als wertvoll, als er hilft, die Zukunft ohne jede Hast und ohne Druck zu durchdenken. In der meditativen Ruhe lassen sich Elemente kommender Möglichkeiten vorausschauen. Die Brisanz der Probleme kann im Vorgriff auf die Zukunft entschärft werden. Das Ziel jeder Entwicklung bleibt aller Philosophie zum Trotz unverändert. Es kann nur jene höhere Bewußtseinsstufe sein, die wir heute ahnend die vollkommene Kommunikationsgesellschaft nennen. Als zu meidende Gefahr sollte unter vielen die mit der Atomkraft in Krieg und Frieden verbundene besonders erwähnt werden. Mehr als je scheint die Zukunft in der Hand des Menschen zu liegen. Auch darin gleichen sich die Nationen einander an. Die Verantwortung der Führenden unter ihnen – und dazu rechnet Japan ohne Zweifel – kann als besonders schwerwiegend angesehen werden.

Anmerkungen

1 Bezüglich der Aussprache des Japanischen vergleiche das alphabetische Register der japanischen Wörter, Ausdrücke und Namen (außer Personennamen): S. 237.
2 Suzuki, Daisetsu T.: Zen und die Kultur Japans.
3 Shiba, Ryôtarô: Rekishi no naka no Nihon. Mori no himitsu gishiki.
4 Sôrifuseinentaisakuhombu: nihon no seinen. SS. 133–137.
5 Asahi Shimbun, 30. Januar 1979.
6 Übersetzung aus dem Japanischen von Gerd F. Coudenhove in: Japanische Jahreszeiten, Tanka und Haiku aus dreizehn Jahrhunderten, Manesse Bibliothek der Weltliteratur, Zürich 1963, S. 124.
7 ebd. S. 246.
8 ebd. S. 367.
9 ebd. S. 377.
10 Deutsche Verlags-Anstalt. Übersetzt von Helmut Erlinghagen.
11 Vgl.: Japan. Ein deutscher Japaner über die Japaner, Deutsche Verlags-Anstalt, Stuttgart 1974.
12 FAZ, 4. August 1977, Nr. 179, Artikel von Anatol Johansen.

Namenregister

Alphabetisches Register der japanischen Wörter, Ausdrücke und Namen (außer Personennamen)

Die in Japan allgemein bekannte Umschrift in lateinischen Buchstaben geht vom Englischen aus. Als Längezeichen wird das ˆ benutzt. Als Sch, etwa in Schimonoseki wird Sh geschrieben, Tokio wird zu Tôkyô, Kioto zu Kyôto. Das deutsche J wird zu Y, ch wird wie tsch ausgesprochen, z ist ein weiches S wie in Suppe, j ebenfalls weich wie in Jalousie, ei klingt wie ein langes ee, ai aber wie im Deutschen. Auf dem doppelten Konsonanten macht man wie im Italienischen eine kleine Pause. Für Deutschsprechende ist wichtig, daß am Ende des Wortes und auch sonst das e wie ein kurzes ä ausgesprochen wird, nicht wie ein kurzes ö. Der Akzent ist schwach, aber doch oft vorhanden.

Wegen der sino-japanischen Zeichenschrift haben vielfach Worte, die in gleicher Weise ausgesprochen werden, verschiedene Bedeutung. So kann ko See, aber auch Kind heißen, was die ursprüngliche Bedeutung am Ende von vielen Mädchennamen ist. Ähnlich heißt san Berg, wird aber auf Grund eines anderen Zeichens den Personennamen bei der Ansprache angehängt und heißt dann eben: Person, Herr, Frau usw.

Im Text dieses Buches bin ich der gebräuchlichen deutschen Schreibweise gefolgt, im Verzeichnis aber der allgemein bekannten Hepburn–Umschrift.

Zum Schluß ein Wort des Dankes an Fräulein Takahashi für die Erstellung des Verzeichnisses.

Buchanzeigen

Länderkunden in der Beck'schen Schwarzen Reihe

Heinrich Händel
Großbritannien
Band 1: Staat und Verwaltung
1979. 329 Seiten mit 8 Textabbildungen. (BSR 203)
(Einführungen in die Landeskunde / Hrsg. von Günther Haensch)

Günther Haensch · Alain Lory
Frankreich
Band 1: Staat und Verwaltung
1976. 245 Seiten mit 3 Karten. (BSR 148)
(Einführungen in die Landeskunde/Hrsg. von Günther Haensch)

Tim Guldimann
Lateinamerika
Die Entwicklung der Unterentwicklung
1975. 167 Seiten. (BSR 135)

Helmut Riege
Nordamerika
Vereinigte Staaten und Kanada
Band 1: Geographie, Geschichte, Politisches System, Recht
1978. 253 Seiten mit 2 Abbildungen im Text. (BSR 174)
Band 2: Wirtschaft, Gesellschaft, Religion, Erziehung
1978. 197 Seiten. (BSR 179)
(Einführungen in die Landeskunde/Hrsg. von Günther Haensch)

Steinbach / Hofmeier / Schönborn (Hrsg.)
Politisches Lexikon Nahost
1979. Etwa 300 Seiten mit einer Karte. (BSR 199)

Werobèl-La Rochelle / Hofmeier / Schönborn (Hrsg.)
Politisches Lexikon Schwarzafrika
1978. 541 Seiten. Mit einer Karte. (BSR 166)

Verlag C. H. Beck München

Beck'sche Schwarze Reihe

Die zuletzt erschienenen Bände

Verlag C.H. Beck München